लेखक का सिनेमा

# लेखक का सिनेमा

कुँवर नारायण

सम्पादक
गीत चतुर्वेदी

राजकमल प्रकाशन

ISBN : 978-81-267-3047-6

**मूल्य :** ₹495



**पहला संस्करण :** 2017

**प्रकाशक :** राजकमल प्रकाशन प्रा. लि.
1-बी, नेताजी सुभाष मार्ग, दरियागंज
नई दिल्ली-110 002

**शाखाएँ :** अशोक राजपथ, साइंस कॉलेज के सामने, पटना-800 006
पहली मंजिल, दरबारी बिल्डिंग, महात्मा गांधी मार्ग, इलाहाबाद-211 001
36 ए, शेक्सपियर सरणी, कोलकाता-700 017

वेबसाइट : www.rajkamalprakashan.com
ई-मेल : info@rajkamalprakashan.com

**मुद्रक :** यश प्रिंटोग्राफिक्स
नोएडा-201301 (उत्तर प्रदेश)

LEKHAK KA CINEMA
*by* Kunwar Narain
*Edited by* Geet Chaturvedi

किताब में तसवीरें कॉपीराइट-फ्री 'क्रिएटिव कॉमन्स एट्रीबुशन-शेयर अलाइक 3.0 अनपोर्टेड' के तहत इस्तेमाल की गई हैं। फ़िल्मों के दृश्य डीवीडी से लिए गए स्नैपशॉट्स हैं. यथोचित जगहों पर स्रोत का उल्लेख आभार के साथ किया गया है।

बढ़ती हुई व्यावसायिकता और स्पर्धा
से जो अभी भी बचे हुए हैं
उनको समर्पित

—कुँवर नारायण

# पूर्वकथन

बीसवीं सदी तीव्र अन्तर्विरोधों की जटिल सदी रही है। दो भीषण महायुद्धों के साथ एक छोर पर हिटलर का विध्वंसात्मक हिंसा का अतिवाद तो दूसरे पर गांधी का अहिंसात्मक सत्याग्रह। इसी के साथ मार्क्स, फ्रायड, आइंस्टाईन आदि के विचारों का इतना बड़ा प्रभाव रहा कि उसने लगभग सभी कलाओं और साहित्य पर स्थायी असर डाला।

इसी सदी में सिनेमा जैसी सम्पूर्ण कला का आविर्भाव, विकास, प्रौढ़ता तथा तकनीक और कलाओं का सहयोगी अभियान हुआ। सिनेमा की जो सैद्धान्तिकी विकसित हुई उसका साहित्य से निकट सम्बन्ध रहा है। एक बारीक़ अन्त:प्रक्रिया ने दोनों को अनुप्राणित किया है। फ़िल्मों के महत्त्व को सोचें तो उनसे बीसवीं सदी का सर्वेक्षण और परीक्षण का अत्यन्त प्रामाणिक विवरण भी बनता है। फ़िल्मों के माध्यम से देश-विदेश के जीवन से इतने कम समय में परिचित हो पाना अनूठा अनुभव था। वह केवल फ़िल्म देखना ही नहीं उनको विचारशील ढंग से पढ़ना भी था। आज का समय जीवन में मानवीय संवेदना को लेकर लगभग निरपेक्ष है। व्यावहारिकता ने इसको दबा-सा दिया है। कई फ़िल्में देखते हुए मुझे सुखद अनुभव हुआ कि यह पक्ष भी उनकी भाषा में बारीक़ी से सुरक्षित है। बड़े उपन्यासों पर बनी फ़िल्में किस हद तक उन्हें अपने समय में समेटने में सफल रहीं हैं ? कई फ़िल्में इतिहास की न्यूनतम सामग्री का इस्तेमाल करते हुए भी उस समय का सटीक चित्रण कर पाती हैं। सिनेमा के मनोरंजन पक्ष से उसके इस रचनात्मक पक्ष ने मुझे इस तरह की फ़िल्में देखने और उन पर लिखने की ओर आकृष्ट किया।

इस पुस्तक में संग्रहीत मेरे अधिकांश लेख भारत में दिखाए जाने वाले अन्तर्राष्ट्रीय फ़िल्मोत्सवों की फ़िल्मों पर केन्द्रित हैं। बीसवीं

सदी के उत्तरार्द्ध में बनी कई देशी और विदेशी फ़िल्मों का ज़िक्र है। इन समीक्षाओं में लेखकीय दृष्टिकोण प्रमुख है। इसका औचित्य सिनेमा के उस आन्दोलन से जुड़ा है जिसमें नई लहर (न्यू वेव) को साहित्य से जोड़ा गया। फ़िल्में इस आन्दोलन के बाहर भी विकसित होती रही हैं। यहाँ साहित्यिक दृष्टि से विचार दोनों विधाओं को समझने में सहायक होगा, ऐसा विश्वास है। मेरे लेखों में कुछ निर्देशकों को विशेष महत्त्व दिया गया है ताकि उनके माध्यम से कुछ जटिल अन्तर्द्वन्द्व उजागर हो सकें। कुछ भारतीय फ़िल्में जिन पर लिखा गया है ख़ास तौर पर वे हैं जो भारत की सामाजिक और सांस्कृतिक समस्याओं से सम्बन्ध रखती हैं। समीक्षाएँ न केवल फ़िल्म के रचनाशील पक्ष पर हमारा ध्यान खींचेगी बल्कि उन कठिनाइयों की ओर भी जिनसे हमारा जीवन आज भी जुड़ा है।

इस पुस्तक को गीत चतुर्वेदी ने सम्पादित किया है जिनका विशेष आभार। प्रकाशन स्तर पर अनुराग वत्स और सुनील कुमार मिश्र के योगदान के लिए उनको अनेक धन्यवाद।

**—कुँवर नारायण**

## ‘सबमें प्रवाहित, लेकिन अन्तर्ध्यान’

बीसवीं सदी के मध्य में जब फ्रांस में ‘नई लहर’ की फ़िल्मों की शुरुआत हुई, तो उसी के आसपास वहाँ फ़िल्म-निर्माण को लेकर एक दृष्टिकोण का सूत्रपात भी हुआ—‘ओतर थियरी’, जिसका सपाट हिन्दी अनुवाद होगा—लेखक सिद्धान्त। इसमें ‘ओतर’ यानी लेखक शब्द प्रमुख है, इसकी कल्पना भी मूल रूप से लेखकों ने की थी, लेकिन लागू यह फ़िल्मकारों पर होता है। इसकी शुरुआत होने में फ्रेंच फ़िल्म आलोचक आन्द्रे बाज़ां और आलोचक से फ़िल्मकार बने अलेक्ज़ांद्र आस्त्रूक का विशेष योगदान है। 1948 में आस्त्रूक ने ‘कैमरा-स्टाइलो’ यानी ‘कैमरा-क़लम’ की अवधारणा दी और कहा, ‘फ़िल्मकार को अपने कैमरे का प्रयोग उसी तरह करना चाहिए, जैसे कोई लेखक अपनी क़लम का करता है।’ जल्द ही उनके इस विचार को कई दूसरे लेखकों-फ़िल्म आलोचकों का समर्थन मिला। कुछ ही बरसों में यह, सिनेमा बनाने-देखने-समझने के एक सिद्धान्त की तरह स्वीकृत हो गया। जो समीक्षक-लेखक शुरुआती दिनों में अपने लेखों में इस ‘ओतर थियरी’ के हिमायती थे, उनमें से कुछ लेखक आगे चलकर नई लहर के प्रमुख फ़िल्मकार बने, जैसे त्रूफ़ो, गोदार, रीवेत, शाब्रोल। यानी यह सिद्धान्त मूल रूप से लेखकों द्वारा प्रवर्तित किया गया था, जो फ़िल्म-निर्देशक को अपना काम लेखक की तरह करने पर ज़ोर देता था। निर्देशक, जो फ़िल्म के ध्वनि और दृश्य तत्त्वों पर पूरी तरह नियंत्रण रखता है, उसे फ़िल्म का ‘लेखक’ माना जाना चाहिए, न कि सिर्फ़ पटकथाकार को फ़िल्म का लेखक माना जाए। जिस तरह एक लेखक अपनी कृतियों के ज़रिए अपनी रचनात्मक देह का निरन्तर निर्माण और विकास करता रहता है, उसी तरह फ़िल्मकार के काम को भी उसकी समग्रता में, लेखक की ही तरह, उसकी निरन्तर विकसित होने वाली रचनात्मक देह माना जाए।

यह 'लेखक का सिनेमा' है। इस किताब में, एक तरह से, लेखक द्वारा बनाए गए सिनेमा पर लेखक द्वारा देखे गए सिनेमा की तरह विचार किया गया है। बनाने की तरह सिनेमा देखने के भी कई तरीक़े हो सकते हैं। ओतर थियरी के निर्देशक, आम निर्देशकों की तरह नहीं, बल्कि लेखक की तरह फ़िल्म बनाते थे। कुँवर नारायण आम दर्शक की तरह नहीं, बल्कि एक लेखक की तरह फ़िल्म देखते हैं। यह अनायास ही नहीं है कि कुँवर नारायण उन फ़िल्मकारों के प्रति गहरा जुड़ाव महसूस करते हैं, जो सीधे या ढँके तौर पर ओतर थियरी से जुड़े रहे या जिनकी संवेदनात्मकता के मूल में साहित्यिक मूल्य रहे हों। लेकिन यहाँ सिर्फ़ उस थियरी से जुड़े फ़िल्मकार ही नहीं, बल्कि उनका एक विशाल कुटम्ब है, अलग-अलग पाठशालाओं से आए हुए फ़िल्मकार। कुँवर नारायण का यह 'देखना' कितना गहरा, अन्वेषी, संवेदनशील और विचारवन्त है, यह पुस्तक उसका दृष्टान्त है। यह एक लेखक द्वारा सिनेमा के साथ किया गया आत्मीय, आलोचनात्मक, सहकारी, समावेशी संवाद है। यह सिनेमा देखने के एक नए तरीक़े की प्रस्तावना भी करता है, जो कि इन बरसों में दुर्लभ है।

कुँवर नारायण अन्तर्राष्ट्रीय स्तर पर प्रतिष्ठित हिन्दी कवि हैं। वह विश्व-सिनेमा के गहरे जानकारों में भी हैं। उन्होंने आधी सदी तक सिनेमा पर गम्भीर, विवेचनापूर्ण लेखन किया है, व्याख्यान दिए हैं। यह किताब उन्हीं में से कुछ प्रमुख लेखों, टिप्पणियों, व्याख्यानों और संस्मरणों से बनी है। उनकी कविता का एक प्रमुख अंग है—सिनेमाई छवियों-औज़ारों का कविता के भीतर प्रयोग। इस किताब में वह कला, जीवन, समाज और सिनेमा, इन सबके बीच के सम्बन्धों को परिभाषित, विश्लेषित करते हुए चलते हैं। एक कवि, दूसरे कला-माध्यम के साथ संवाद करते हुए, अपनी कला के लिए कैसे नये सूत्रों की अर्जना करता है, यह किताब इसका भी उदाहरण है। इसमें न सिर्फ़ सिनेमा के व्याकरण की आत्मीय मीमांसा है, बल्कि कुँवर नारायण की कविताओं के क़रीबी पाठक उनकी कविता के कई बीज-तत्त्वों को इसमें आकल्पित, विकसित होता देख सकते हैं। यहाँ देख डालने, सोच डालने की जल्दबाज़ी नहीं है, बल्कि विचार की एक लम्बी, निरन्तरता से भरी प्रक्रिया है, जो उतनी ही गझिन है, जितनी फ़िल्म बनाने की प्रक्रिया।

इसमें 1976 से 2008 तक कुँवर नारायण द्वारा सिनेमा पर लिखे विभिन्न लेखों का संग्रह है। अन्तर्राष्ट्रीय फ़िल्मोत्सवों की विशेष रपटें

हैं, क्योंकि उस ज़माने में विश्व-सिनेमा देखने का वे ही प्रमुख ज़रिया / अवसर थे। ये लेख उस समय पत्रिकाओं में छपे थे, लेकिन उनमें से अधिकांश पत्रिकाएँ अब लगभग अप्राप्य या दुर्लभ होंगी। इसीलिए, हिन्दी किताबों से जुड़ी नई पीढ़ी, जो विश्व-सिनेमा में दिलचस्पी रखती है, के लिए इस किताब का एक दस्तावेज़ी महत्त्व भी है। प्रसिद्ध फ़िल्मों व निर्देशकों के अलावा उन निर्देशकों व फ़िल्मों के बारे में पढ़ना एक धनात्मक अनुभव होगा, जिनका नाम इक्कीसवीं सदी के इस दूसरे दशक तक नहीं आ पाया या कम ही आ पाया। यह इंटरनेट का समय है। जिज्ञासु पाठकों की सुविधा के लिए प्रमुख फ़िल्मकारों पर अलग से परिचयात्मक टिप्पणियाँ दी गई हैं, साथ ही उनके नामों की अंग्रेज़ी वर्तनी भी। चयन और संयोजन में वर्षानुक्रम का ध्यान रखा गया है, ताकि कला और सिनेमा के साथ लेखक के संवाद का विकास भी दिखता रहे।

अर्जेंटीना के लेखक बोर्हेस की प्रसिद्ध पंक्तियाँ हैं : ''मैं वे सारे लेखक हूँ जिन्हें मैंने पढ़ा है, वे सारे लोग हूँ जिनसे मैं मिला हूँ, वे सारी स्त्रियाँ हूँ जिनसे मैंने प्यार किया है, वे सारे शहर हूँ जहाँ मैं रहा हूँ।'' कुँवर नारायण के सन्दर्भ में इसमें यह जोड़ा जा सकता है कि मैं वे सारी फ़िल्में हूँ जिन्हें मैंने देखा है। कुँवर नारायण की ही एक पंक्ति है—''सबमें प्रवाहित लेकिन अन्तर्ध्यान।'' सिनेमा की इस अन्तर्धारा को कुँवर नारायण के अन्य साहित्य में महसूस किया जा सकता है, तो किताब के भीतर इन फ़िल्मों पर हुए संवादों में कुँवर नारायण को एक अन्तर्धारा की तरह प्रवाहित होते अनुभव किया जा सकता है, लेकिन दोनों ही जगह, अन्तर्ध्यान प्रवाह। लेखक और सिनेमा के बीच रिश्ते का यह सबसे महीन धागा है।

**—गीत चतुर्वेदी**

# अनुक्रम



## खंड : एक

## खंड : दो

# खंड : एक

# सात फ़्रेंच फ़िल्में[1]

'इंडो-फ़्रेंच कल्चरल एक्सचेंज प्रोग्राम' के अन्तर्गत अभी हाल ही में सात फ़िल्में लखनऊ में दिखलाई गई थीं। मैंने इन फ़िल्मों को जिस तरह देखा और समझा है, ज़रूरी नहीं कि इन्हें देखने और समझने का यही एकमात्र, या सबसे सही, तरीक़ा हो। फ़िलहाल इन्हें एक साहित्यिक दृष्टिकोण से जाँचने-परखने के पीछे मेरे अपने पूर्वग्रह तो रहे ही हैं—लेकिन उनसे अधिक एक ठोस कारण भी रहा है। इन फ़िल्मों की अपनी संवेदना और प्रकृति का भी मूलतः साहित्यिक और कलात्मक होना। ये फ़िल्में निश्चित ही उन फ़ॉर्मूला फ़िल्मों से भिन्न थीं, जिनके बनाए जाने के पीछे केवल व्यावसायिक उद्देश्य होते हैं। एक हद पर अगर वे 'कला कला के लिए' वाली ज़्यादतियों से अपने को बचाए रहीं, तो दूसरी हद पर इस ओर से भी पूरी तरह सावधान रहीं कि वे 'कला व्यवसाय के लिए' की बातों वाली ज़्यादतियों का शिकार न हो जाएँ। कलात्मक और व्यावसायिक दोनों माँगों के बीच ये फ़िल्में एक आदर्श समझौता-सा प्रस्तुत करती लगीं।

सभी फ़िल्मों में मनुष्य, आज के मनुष्य, को लेकर किसी-न-किसी जीवन्त समस्या पर विचार है। हमारा ध्यान बार-बार इस ओर खिंचता है कि इन फ़िल्मों की कोशिश केवल हमारा मनोरंजन करना नहीं, बल्कि मनोरंजन के द्वारा सामाजिक, मनोवैज्ञानिक और राजनीतिक यथार्थों से हमारा सामना कराना भी है। ये सेक्स, मारधाड़, नशाखोरी, सस्ते नाच-गाने, भव्य और क़ीमती सेट्स के चटपटे प्रसंगों को लगभग ख़ारिज करते हुए एक ख़ास तरह की सादगी को अपनी कला का उपकरण बनाती हैं और अपने समाज एवं कला के प्रति एक स्वस्थ, जागरूक प्रतिबद्धता और ज़िम्मेदारी का परिचय देती हैं। समकालीन फ़्रांस इस समय अपने वर्तमान समाज, राजनीति, इतिहास, रहन-सहन, मनोविज्ञान, मनुष्य और मनुष्य के बीच आपसी सम्बन्धों आदि को किस प्रकार सोच-विचार रहा है—इसे प्रस्तुत करते हुए ये फ़िल्में हमें कला और मनोरंजन के प्रति एक नई दृष्टि भी देती हैं, जिसका भारतीय सिनेमा के सन्दर्भ में विशेष महत्त्व है।

---

1. 'छायानट' पत्रिका, मार्च-जून, 1977

**फ्रांस्वा त्रूफ़ो की फ़िल्म 'द स्टोरी ऑफ़ अदील एच' ( 1975 ) का एक दृश्य**

ऐतिहासिक फ़िल्मों के बारे में यह आम धारणा है कि वे बिना असाधारण ख़र्चे के नहीं बन सकतीं, लेकिन फ्रांस्वा त्रूफ़ो (1932–1984) की 'द स्टोरी ऑफ़ अदील एच' (1975) इस तथ्य को पुष्ट करती है कि इतिहास के किसी काल–विशेष की प्रामाणिक अनुभूति कराने के लिए ज़रूरी नहीं कि उस समय की 'चीज़ों', पोशाकों, भव्य दृश्यों, लड़ाइयों आदि पर ही ज़ोर दिया जाए—उस समय की भावनाओं और विचारों को भी इस तरह केन्द्र में रखा जा सकता है कि वे उस समय की जीवन्त और प्रामाणिक अनुभूति करा सकें। अदील की रोमांटिक भावना के साथ केवल उसका अलबर्ट पिन्सन के लिए प्यार ही नहीं जुड़ा है, उस पूरे युग की मूल रोमांटिक विचारधारा जुड़ी है, जिसे हम उसके पिता विक्टर ह्यूगो के लेखन का भी एक अनिवार्य हिस्सा पाते हैं। रोमांटिक भावावेश में पूरी तरह बह जाने वाले युग की इसी नाज़ुक धड़कन को त्रूफ़ो ने अदील की जीवनी में पकड़ा है। त्रूफ़ो की फ़िल्म–कला को सोचते हुए दो-एक बातों की चर्चा यहाँ ज़रूरी है। चारित्रिक विशेषताओं के सूक्ष्म निरीक्षण की अद्‌भुत क्षमता ने त्रूफ़ो को अक्सर आत्मकथात्मक शैलियों और विषयों की ओर आकर्षित किया है—विशेष रूप से असामान्य सामाजिक चरित्रों की

ओर। इस शैली में उनकी 'बेड एंड बोर्ड' (1970) तथा 'टू इंग्लिशवीमेन ऑन द कॉन्टीनेंट' (1971) प्रसिद्ध फ़िल्में हैं। अक्सर त्रूफ़ो ने अभिनेता ज्याँ-पियर लिओद को अपनी कई फ़िल्मों में एक ही-से पात्र के रूप में रखकर, तथा 'डे फॉर नाइट' में स्वयं भी एक डायरेक्टर तथा पात्र की भूमिका निभाकर, आत्मकथात्मक शैली के प्रति अपने लगाव को पुष्ट किया है। वैसे भी त्रूफ़ो 'ओतर थियरी' के हिमायती रहे हैं, यानी किसी लेखक की ही तरह फ़िल्मकार की भी विभिन्न फ़िल्मी कृतियों में एक विषयगत निरन्तरता व्याप्त होती है ('पूरी दीवार में जैसे एक ईंट...'), जिसका स्रोत उसके अपने अनुभवों और मनोविज्ञान में होता है। मनुष्य उनकी कला की मुख्य चिन्ता है, चीज़ों की भीड़भाड़ और चमक-दमक नहीं। त्रूफ़ो के सिनेमा में एक ख़ास तरह का अस्वीकार है—उन सम्बन्धों का अस्वीकार, जो आदमी और आदमी के बीच सीधे नहीं बनते, चीज़ों के मार्फ़त बनते हैं। बच्चों के जीवन पर बनी उनकी फ़िल्में (अभी हाल ही में 'स्मॉल चेंज') हमें याद दिलाती है कि त्रूफ़ो बार-बार मनुष्य स्वभाव के बुनियादी तत्त्वों की ओर लौटते हैं। उनकी कला का एक स्वस्थ लक्षण यह है कि उनकी फ़िल्मों के अधिकांश में आदमी चीज़ों के आतंक से दबा हुआ नहीं दिखता। लेकिन इसका यह मतलब नहीं है कि उनकी फ़िल्मों में किसी तरह की व्यग्रता या आवेग नहीं। अदील की निरंकुश भावुकता उसे तथा उसके सम्पर्क में आने वाले लोगों को एक स्तर पर नष्ट करती है। मनुष्य स्वभाव की इन घाती, प्रतिघाती या आत्मघाती प्रवृत्तियों की छद्म हिंसा को भी त्रूफ़ो उतनी ही कुशलता से उभारते हैं, जितना इन प्रवृत्तियों की पोषक शक्तियों को। एक बिन्दु पर पिन्सन की कामुकता और अदील की भावुकता में बहुत कम फ़र्क़ रह जाता है, क्योंकि दोनों ही बराबर विनाशक दिखते हैं। अमूर्त भावनाओं को बिम्बों की सटीक भाषा में उतार सकने की विचित्र क्षमता त्रूफ़ो की कला में है।

शैली की दृष्टि से भी 'नूवेल वाग' (नई लहर) आन्दोलन के साथ जुड़े फ़िल्मकारों की कोशिशों ने फ़िल्म निर्माण को प्रभावित किया—विशेष रूप से सम्पादन की दृष्टि से सुगठित सिलसिलेवार बनी फ़िल्मों की अपेक्षा डायरेक्टर की निजी स्वतंत्रता और अभिव्यक्ति को ज़्यादा महत्त्व देते हुए अपनी निजी शैलियों को विकसित करने की कोशिश की गई। बाद में फ्रांस के वामपन्थियों ने असन्तोष भी प्रकट किया कि यह सिनेमा आन्दोलन राजनीतिक परिस्थितियों से बिल्कुल कटा हुआ है, जिसके कारण ही शायद ज्याँ-लुक गोदार (1930) जैसे फ़िल्मकार राजनीतिक सिनेमा की ओर झुके।

इस माने में कोस्ता-गावरास (1933) की फ़िल्म 'ज़ेड' (1968) विशेष रूप से आकर्षित करती है। कोस्ता-गावरास बचपन से ही फ्रांस में रहे हैं, लेकिन

फ्रेंच नहीं, रूसी-ग्रीक हैं। 'ज़ेड' की पृष्ठभूमि में राजनीति तथा पुलिस के जुर्म व ज़्यादतियों की मार्मिक कहानी है। ग्रीस के उदारपन्थी नेता लम्बारकीस की राजनीतिक हत्या, उसकी तहक़ीक़ात के सिलसिले में पुलिस का घोटाला और फिर इस घोटाले का भंडाफोड़—'ज़ेड' की मुख्य कथावस्तु है। दृष्टव्य है कि बॉक्स ऑफिस पर सफलता की दृष्टि से इस फ़िल्म ने 1970 में तहलका मचा दिया था। एक संगीन राजनीतिक षड्यंत्र को अमेरिकी क्राइम थ्रिलर्स की फ़िल्मी तकनीक से जोड़कर कोस्ता-गावरास ने अपने विषय को एक दिलचस्प और प्रभावशाली आयाम दिया है। 1970 में कोस्ता-गावरास तथा इसी फ़िल्म के लेखक जॉर्ज सेम्प्रन ने मिलकर 'बयान' (द कन्फेशन) बनाई थी जो कि आर्तर लन्दन के संस्मरणों पर आधारित थी तथा जिसमें 1962 वाली चेक पृष्ठभूमि को लेकर दूसरी तरफ़ वाली राजनीति का भंडाफोड़ किया गया था। इसी तरह कोस्ता-गावरास की फ़िल्म 'घेरे में' (स्टेट ऑफ़ सीज़, 1972) दक्षिण अमेरिका की घरेलू राजनीति में अमेरिकी हस्तक्षेपों पर आधारित थी। वॉशिंगटन केनेडी सेंटर पर प्रदर्शन के समय इस फ़िल्म को लेकर काफी विवाद उठ खड़ा हुआ था कि इस फ़िल्म में एक तरह से राजनीतिक़ हत्याओं का समर्थन है, क्योंकि इसमें कुछ गुरिल्ला सिपाही एक अमेरिकी राजनीतिज्ञ का अपहरण कर लेते हैं और बाद में उसकी हत्या को अपने साथी बंदियों को छुड़ाने के लिए इस्तेमाल करते हैं। सच पूछा जाए, तो कोस्ता-गावरास की ये फ़िल्में, और ख़ासतौर पर 'ज़ेड', किसी दल-विशेष की राजनीति की तरफ़दारी नहीं करतीं। वे उन जुर्मों के ख़िलाफ़ मनुष्य की ओर से सशक्त आवाज़ उठाती हैं, जो राजनीति के नाम पर पनपते हैं। इन सबके दौरान उनकी फ़िल्में उन क़ानूनी कार्रवाइयों की कमज़ोरियों पर भी उँगली रखती चलती हैं, जिनकी आड़ में राजनीतिक और साधारण भी, दोनों जुर्म से बच निकलते हैं और बेगुनाह को फँसा देते हैं। यह फ़िल्म राजनीति से अधिक इस समस्या की ओर हमारा ध्यान खींचती है कि आदमी की जायज़ आज़ादी और अधिकारों के ख़िलाफ़ बर्बर शोषक और अत्याचारी न बन सके।

तकनीक के अध्ययन की दृष्टि से आरिआन मूशकीन (Ariane Mnouchkine, जन्म : 1939) की फ़िल्म '1789' ख़ासी दिलचस्प है। 1789 की फ्रेंच क्रान्ति की ऐतिहासिक भूमिका, 'थिएत्र द्यू सोलील' की दर्शकों के बीच अनेक मंचों पर नाट्य-प्रदर्शन-विधि, जिसमें दर्शकों की उपस्थिति का मूल नाट्य सामग्री के साथ कुशल इस्तेमाल किया जाता है, इन सबको देखते-दिखाते हुए कैमरा और प्रकाश की अत्यन्त रोचक गतियाँ—ये सब एक ऐतिहासिक घटना को और उसके समकालीन मतलब को कई कलात्मक स्तरों पर एक साथ उद्घाटित करते हैं। इस फ़िल्म में केवल एक नाटक की स्क्रिप्ट को ही

नहीं, बल्कि स्क्रिप्ट सहित उस नाटक की सम्पूर्ण प्रदर्शन-विधि को ही एक फ़िल्म की स्क्रिप्ट की तरह इस्तेमाल किया गया है। एक घटना को नाटक के साथ-साथ फ़िल्म के माध्यम से भी देखना परिप्रेक्ष्य में एक नया आयाम भी जोड़ता है।

कथानक में इस संयोग को महत्त्वपूर्ण बताया गया है कि दूसरे दिन जब 1791 में लफ़ेत के सिपाहियों ने लुई सोलहवें के तुरन्त इस्तीफ़े के लिए प्रदर्शन करनेवाली भीड़ पर गोली चलाई थी, कुछ नटों ने एक नाटक खेला था जिसमें क्रान्ति की ख़ास-ख़ास घटनाओं का ब्यौरा था : साथ ही नाटक की विधा द्वारा लोगों के इस क्षोभ को वाणी दी गई थी कि सामन्तों की जगह अब रईसों की ज़्यादतियाँ शुरू हो गई हैं।

मूशकीन का नाम मुख्यत: नाटक के साथ जुड़ा है : उन्हीं की प्रेरणा से 1964 में 'थिएत्र द्यू सोलील' की स्थापना हुई, जिसका आरम्भ मज़दूरों की एक सहयोगी नाट्य संस्था के रूप में हुआ था।

नाटकों के फ़िल्मांकन में एक नाटक के मंच पर प्रस्तुत करने की शैली विशेष को तथा उसके दर्शकों को भी शामिल कर लेना स्वयं फ़िल्म की अपनी नाटकीय सम्भावनाओं को भी बढ़ाता है। कुछ समय पहले जब मशहूर लेखक व नाट्य-निर्देशक रिचर्ड शेकनर (1934) भारत में ब्रेख्त के प्रसिद्ध नाटक 'मदर करेज' का मंचन कर रहे थे, तो वे अपने साथ 16 मिमी में बनी अपने दो अन्य नाटकों, 'डायोनाइसस' तथा 'टुथ ऑफ़ क्राइम', के प्रस्तुतीकरण की फ़िल्में भी लाए थे, जिन्हें देखने का अवसर मिला था : इन फ़िल्मों में भी मुझे यह बात दृष्टव्य लगी थी कि एक फ़िल्मकार, एक नाटककार के पूरे जगत को देखते हुए कथानक में एक अतिरिक्त आयाम की रचना करते हुए भी चलता है। इसी तरह त्रूफ़ो ने भी अपनी फ़िल्म 'डे फॉर नाइट' में, जो कुछ समय पहले यहाँ दिखाई गई थी, एक फ़िल्म डायरेक्टर की पूरी दुनिया को एक ख़ास कोण से दिखाया है।

क्लोद सोते (Claude Sautet, 1924-2000) की फ़िल्म 'विन्सेन्त, फ्रांस्वा, पॉल एंड अदर्स' (1974) कुछ पात्रों तथा उनके अन्तर्सम्बन्धों को केन्द्र में रखकर मनुष्य के जटिल आपसी रिश्तों की छानबीन प्रस्तुत करती है। व्यापार में अचानक घाटा, ऋण की समस्या, मदद की ज़रूरत, वैवाहिक सम्बन्ध की असफलता आदि अनेक व्यावहारिक प्रसंगों को छूते हुए भी फ़िल्म एक कलात्मक सौष्ठव और बारीक़ी बनाए रखती है, जबकि इस तरह की समस्याएँ आसानी से एक फ़िल्म को सपाट बना दे सकती हैं। मित्रता की ऊपरी सतह के नीचे-नीचे व्यक्तिगत सफलता और होड़ की एक दूसरी धारा भी साथ-साथ चलती रहती है, जो फ़िल्म के सारे वातावरण में एक तनाव और नाटकीयता पैदा करती है। चार पात्रों को इस

तरह बराबर से केन्द्र में रखा गया है कि उनकी स्वतंत्र और सापेक्ष—दोनों पहचानें एक साथ साफ़-साफ़ उभरती हैं। प्रसिद्ध फ़िल्म अभिनेता ईव्ज़ मोता, जो कोस्ता-गावरास की फ़िल्मों में भी प्रमुख भूमिकाएँ अदा करते रहे हैं, इस फ़िल्म में एक नये रूप में सामने आते हैं, लेकिन ध्यान जाता है कि दोनों ही फ़िल्मों में उनके एक-से ही स्वभाव का आभास होता है।

**क्लोद सोते की फ़िल्म 'विन्सेन्त, फ्रांस्वा, पॉल एंड अदर्स' ( 1974 )**

ज़्हाक अर्तो (Jacques Ertaud, 1924-1995) की फ़िल्म 'द डेथ ऑफ़ अ गाइड' (1975) मनुष्य के स्वभाव की गूढ़ और साहसिक तहों को खोलती है। सफलता के उच्चतम शिखर तक पहुँचने की ललक, प्रकृति पर विजय, होड़, स्वाभिमान, महत्त्वाकांक्षा, बलिदान—इन अनेक भावों को समेटती और प्रतीकित करती हुई यह फ़िल्म एक ऐसे गाइड की कहानी है, जिसकी अपनी महत्त्वाकांक्षा पहले तो एक पर्वतारोही की जान ले लेती है और बाद में मानो उसके प्रायश्चित स्वरूप ही वह उसके भाई को बचाने के लिए अपने प्राणों की बलि दे देता है। पहाड़ों के अनुरूप ही सर्वोज के मानसिक धरातल की भी रचना है—अनगढ़, कठोर, दुरूह, अगम्य, रहस्यमय, सौम्य और अकेला; फ़िल्म की सम्पूर्ण संरचना में दृश्य और अदृश्य के दो परस्पर सहायक अर्थों का कुशल निर्वाह हुआ है। सर्वोज अपने मनचाहे पर्वत शिखर पर तो नहीं पहुँच पाता, लेकिन इस कोशिश में बलिदान के सर्वोच्च शिखर पर ज़रूर पहुँच जाता है।

ईस रोबेयर (Yves Robert, 1920-2002) की 'सेल्यूट टु द आर्टिस्ट' (वैकल्पिक नाम : हेल द आर्टिस्ट, 1973) हास्य विधा की फ़िल्म है। एक पेशेवर

साधारण अभिनेता की बौखलाहट-भरी ज़िन्दगी, जो एक साथ कई जगह ठेके पर काम करता है, उसका सारा दिन इस तरह भागदौड़ में निकल जाता है कि मानो उसका अपनी असली ज़िन्दगी से कभी सामना ही नहीं होता। फ़िल्म में हँसाने के अनेक परिचित फ़ॉर्मूले इस्तेमाल किए गए हैं, लेकिन वे फ़िल्म के इस मार्मिक पक्ष को नष्ट नहीं करते कि आज का आदमी सचमुच एक ऐसी ही बौखलाहट-भरी ज़िन्दगी जी रहा है कि उसके लिए असली और नक़ली के बीच फ़र्क़ करना मुश्किल हो गया है। इस मुश्किल को मनोरंजक हास्य के कोण से देखा गया है। विश्वप्रसिद्ध अभिनेता मार्चेलो मैस्ट्रोइआनी, जो मोता की ही तरह इतालवी हैं और फ्रेंच तथा अंग्रेज़ी फ़िल्मों में भी आ चुके हैं, आज के आदमी की इस सूरत को, उसकी हैरानी और सिड़ीपन को, सहज और आत्मीय अभिव्यक्ति देने में बेजोड़ हैं।

विषय और विचारवस्तु की दृष्टि से बरत्रां तावर्निए (Bertrand Tavernier, 1941) की 'द जज एंड द असेसिन' (1976) सशक्त है और दूसरी फ़िल्मों से अलग रखी जा सकती है। उसकी तकनीक सामान्य है और शायद तकनीक का सामान्य होना भी एक तरह की तकनीक है कि दर्शक का ध्यान फ़िल्म के कथ्य और विचार-पक्ष की ओर जाए। एक जज और एक हत्यारे के प्रयत्न जिस बिन्दु पर एक-दूसरे को काटते हुए दूर निकल जाते हैं, उसी बिन्दु पर एक बेचैन करने वाला दार्शनिक प्रश्न सामने आता है। हत्यारा कहता है—'मैं ईश्वर (प्रकृति) की अराजकता हूँ, मैं अपने स्वभाव के अनुसार प्यार और हत्या करता हूँ। मैं ईश्वर के अलावा और किसी अन्य नियम से अनुशासित नहीं, दूसरे के लिए मैं पागल हो सकता हूँ, लेकिन अपराधी नहीं हूँ—अपराधी समझते हैं, बीमार नहीं।' जज यह जानते हुए भी कि 'एक हत्या का मतलब होता है फाँसी, मगर दस हत्याओं का मतलब हुआ करता है पागलख़ाना', हत्यारे के पागलपन पर शक करता है। जज का पक्ष है कि मैं कानून हूँ, मैं समाज के नियम हूँ, मैं तुम्हारे क़सूरवार होने या न होने की दलील हूँ, मैं तुम्हें सज़ा देने की ताक़त हूँ, लेकिन मैं 'मैं' भी हूँ, जो एक सफल जज बनने की महत्त्वाकांक्षा है, तुमसे अपने मन-मुताबिक़ बयान निकलवा ले सकने की चालाकी है। धीरे-धीरे जज हत्यारे का जुर्म क़बूल करवा लेने में सफल होता है। अन्त तक आते-आते हम अस्तित्व की उस बुनियादी तर्कहीनता को लगभग एक झटके के साथ महसूस करते हैं कि जज की अपनी मनोवृत्ति, उसकी अपनी प्रकृति भी शायद उतनी ही आक्रामक और घातक है, जितनी उस हत्यारे की, जिसे वह फाँसी के तख़्ते पर भेज रहा होता है—केवल दोनों के अस्त्र अलग-अलग हैं। मनुष्य होने का असली मतलब फिर भी कहीं न कहीं दोनों के तर्क से परे है।

जज की भूमिका में प्रसिद्ध अभिनेता फीलीप न्वारे (Philippe Noiret) का अभिनय अपनी स्पष्टता और सादगी से आकर्षित करता है।

पिछले दस बरसों में जिन नये फ्रेंच फ़िल्म निर्देशकों के नाम उभरकर आए हैं, उनमें तावर्निए ख़ासा महत्त्व रखते हैं। इनकी दूसरी फ़िल्म 'द क्लॉकमेकर' के प्रदर्शन के बाद कुछ समीक्षकों ने इनकी तुलना रेनुआँ और क्लेर जैसे अत्यन्त प्रतिष्ठित निर्देशकों से की थी। तावर्निए के बारे में यह भी उल्लेखनीय है कि गोदार, त्रूफ़ो आदि की तरह ये भी पहले फ़िल्म समीक्षक रहे हैं और बाद में फ़िल्म बनाने की ओर झुके। लेखन से फ़िल्म विधा की ओर आकृष्ट होने वाली प्रतिभाओं ने फ़िल्म-निर्माण को एक निश्चित दिशा और संवेदना दी है, जिसका प्रत्यक्ष या परोक्ष असर संसार-भर के सिनेमा पर पड़ा है।

# फ़िल्म के दो पहलू

इस सदी की एक प्रमुख कला के रूप में सिनेमा भी अब दूसरी ललित कलाओं के दर्जे की प्रतिष्ठा प्राप्त कर चुका है। दूसरी कलाओं की अपेक्षा सिनेमा का व्यवसाय-पक्ष ज़्यादा सफल रहा है और इस सफलता का एक नतीजा यह भी रहा कि सिनेमा ने कलाकारों से ज़्यादा, पूँजी लगा सकने वालों को आकर्षित किया। शुरू से ही सिनेमा पर पूँजी का दबाव हावी रहा क्योंकि दूसरी कलाओं की अपेक्षा सिनेमा में ही पूँजी की माँग सबसे ज़्यादा थी। कम लागत की फ़िल्मों या शौक़िया फ़िल्मों या छोटी फ़िल्मों का आन्दोलन जो फ्रांसीसी सिनेमा के साथ सामने आया और जिसके साथ गोदार, त्रूफ़ो, रोमर, शाब्रोल आदि के नाम जुड़े हैं, एक तरह से हॉलीवुड में 1940-55 के बीच बनने वाली महँगी फ़िल्मों की उस परम्परा के ख़िलाफ़ विद्रोह था जो निर्देशक की अपेक्षा सितारों को प्रमुखता देते हुए चमक-दमक वाली व्यावसायिक फ़िल्मों के निर्माण को महत्त्वपूर्ण मानती थी। पूँजी की लागत और आमदनी दोनों ही दृष्टियों से फ़िल्में कुछ ऐसे बँधे-चुने नुस्ख़ों पर बनाई जाती थीं जिनकी व्यावसायिक सफलता आज़माई जा चुकी हो। बाद में बम्बइया सिनेमा भी हॉलीवुड की इसी व्यावसायिकता-प्रधान, फ़ॉर्मूला फ़िल्मों के अनुसरण पर विकसित हुआ। हालाँकि बम्बइया फ़िल्मों के नुस्ख़े बहुत-कुछ देसी रुचि को बनाते-बिगाड़ते हुए अपनी तरह से बने। शुरुआती बम्बइया फ़िल्मों की रूपरेखा घरेलू रोमांस, कोमल भावनाएँ, प्रेमोद्‌गार, भक्ति आदि को लेकर बनी। इसी समय में हॉलीवुड में भी इस तरह की फ़िल्मों का एक ख़ासा बाज़ार तैयार किया गया। हिंसा और मारधाड़ की फ़िल्में उस समय भी बनती थीं लेकिन उस समय तकनीक की दृष्टि से वे इतनी असरवाली नहीं होती थीं जितनी आज हैं। शायद इसीलिए बेअसर मारधाड़ से असरदार रंग-रस-रोमांस ही ज़्यादा पसन्द किया जाता था। बिल्लिमोरिया या नाडिया की फ़िल्मों की मारधाड़ सर्वथा काल्पनिक लगती थी, अपेक्षाकृत सहगल का 'देवदास' या सन्त तुकाराम की भक्ति जन-मानस की भावनाओं को कहीं अधिक गहरे छूते थे। हिंसा और मारधाड़ वग़ैरह की अधिकांश अपील तो तकनीकी उत्कृष्टता और रंगीन फ़िल्मों पर आश्रित है, जबकि ऐसी

फ़िल्म जो सही अर्थों में मानवीय हो, कला पर निर्भर करेगी—कैमरा, तकनीकों और रंग-बिरंगेपन पर उतना नहीं।

यह नितान्त आकस्मिक नहीं कि संसार के कुछ सर्वश्रेष्ठ फ़िल्म निर्देशकों ने अपनी फ़िल्मों के लिए रंगीन के बजाय काले-सफ़ेद को ही चुना है। गम्भीर फ़िल्मों के लिए रंग हमेशा बेहतर रहे हों, ऐसा नहीं। एक उदाहरण तोल्स्तोय का उपन्यास 'अन्ना कैरेनिना' है जिसके काले-सफ़ेद में बने संस्करण को रंगीन संस्करण से बेहतर समझा गया। आज जेम्स बॉन्ड फ़िल्मों की सफलता मुख्य रूप से उन तकनीकों की सफलता है जिनका निर्देशक की कला से बहुत कम ताल्लुक है। प्रसिद्ध फ़िल्म निर्माता रेनुआँ ने चिन्ता व्यक्त की थी, "मुझे डर है, कहीं आधुनिक फ़िल्मों में उनका दिनोदिन विकसित हुआ तकनीक-पक्ष उनके कला-पक्ष को दबोच न ले और एक ऐसा समय भी आ जाए जब फ़िल्मों का निर्माण सरासर एक तकनीक-भर रह जाए, कला नहीं।" जापान, हांगकांग, हॉलीवुड आदि जगहों में आज अनेक ऐसी फ़ॉर्मूला फ़िल्मों का धड़ाधड़ उत्पादन हो रहा है जिनकी नज़र फ़िल्मों के बाज़ार पर होती है, कला पर नहीं।

सिनेमा के कला-पक्ष और व्यवसाय-पक्ष के बीच इस गहरे तनाव का समाजशास्त्रीय कोण भी है। दूसरी कलाओं की अपेक्षा सिनेमा एक संचार-माध्यम के रूप में सबसे अधिक सशक्त है और जनता की रुचि को सीधे बनाने या बिगाड़ने के उन सारे साधनों से सम्पन्न है, जो और किसी भी कला के पास नहीं हैं। फ़िल्म-निर्माण के साथ पूँजी का गठबन्धन अनिवार्य है। दूसरी कलाओं के लिए पूँजी उस रूप में अनिवार्य नहीं, तथा पूँजी के बिना भी उनका अस्तित्व सम्भव है। प्रचार-माध्यम से मेरा मतलब केवल एक फ़िल्म के निर्माण से ही नहीं है, निर्माण के बाद भी उन सारे साधनों के उपयोग से है जो पूँजी सम्भव बनाती है, जैसे उनका प्रचार, वितरण-तंत्र वग़ैरह। फ़िल्म किसी का अकेला प्रयास नहीं होती, उसके पीछे एक पूरी व्यवस्था, कम्पनी होती है जिसके व्यावसायिक हित उस फ़िल्म की सफलता से जुड़े होते हैं—सफलता कला के अर्थों में नहीं, व्यावसायिक अर्थों में। कला की दृष्टि से फ़िल्म उत्कृष्ट है या नहीं, इसकी चिन्ता निर्देशक को भले हो, उस फ़िल्म से जुड़े बाक़ी लोगों का हित तो मुख्य रूप से आर्थिक ही होता है। निर्देशक भी उस हद तक एक फ़िल्म के व्यवसाय-पक्ष की अवहेलना नहीं कर सकता, जिस हद तक शायद एक चित्रकार, संगीतकार या लेखक के लिए सम्भव है, क्योंकि निर्देशक अपने ही नहीं, दूसरों की पूँजी और पेशों को भी लेकर ख़तरा उठा रहा होता है। अत: फ़िल्म निर्माण शुरू से ही निर्देशक के लिए एक असाधारण चुनौती रही है—कि वह अकेला नहीं, कई लोगों के साथ इस नवीनतम माध्यम के साथ प्रतिबद्ध या अनुबद्ध है। किसी हद तक आरम्भ से ही हर जागरूक निर्देशक ने अपनी कला की आज़ादी पर यह अनिवार्य आर्थिक बोझ हमेशा महसूस भी किया तथा उसी से एक रास्ता

निकालने की कोशिश भी की। व्यावहारिक दृष्टि से भी उनके लिए इस हठ का निर्वाह मुश्किल था कि वे फ़िल्म-निर्माण के आर्थिक पक्ष की परवाह न करके प्रयोग-पक्ष को ही आगे रखें। सत्यजित राय जैसे जागरूक फ़िल्मकार ने भी फ़िल्म के आर्थिक पहलू को फ़िल्म-निर्माण की एक भीतरी शर्त माना, कोई ऐसा बाहरी दबाव नहीं, जिसकी अवहेलना की जा सके। एक तरह से देखा जाए, तो विशुद्ध समाजशास्त्रीय दृष्टि से भी एक फ़िल्मकार उस दर्शक की अवहेलना नहीं कर सका, जो उसकी फ़िल्म का अनिवार्य हिस्सा है—इस तरह वह 'कला, कला के लिए' वाली ज़्यादतियों का शिकार होने से बची रही। यद्यपि यह कहना मुश्किल है कि दर्शक फ़िल्मों के व्यावसायिक पक्ष की ज़्यादतियों और हथकंडों से भी बचे रहे।

ख़र्चीली फ़िल्मों के ख़िलाफ़, हॉलीवुड की अभिनेता-प्रधान फ़ॉर्मूला फ़िल्मों के ख़िलाफ़, जिस आन्दोलन की ज़मीन फ्रांस में तैयार हुई, उसने दुनिया-भर के फ़िल्म निर्माताओं पर गहरा असर डाला। हाल ही में, 1976 में, जो सात फ्रांसीसी फ़िल्में लखनऊ में दिखाई गईं, वे एक ख़ास दृष्टिकोण से देखी जाएँ, तो अत्यन्त महत्त्वपूर्ण हैं। ये फ़िल्में विशुद्ध रूप से न तो व्यावसायिक कोटि की हैं न प्रयोगात्मक—फिर भी ये विभिन्न स्तरों पर दोनों ही हैं। अपनी पहचान बनाए रखने की जिद ने फ्रांस की व्यावसायिक फ़िल्मों पर भी एक स्वस्थ असर डाला है, जिसे वहाँ की साधारण फ़िल्मों में भी देखा जा सकता है। इस तरह का असर आज हम बम्बई की अनेक व्यावसायिक फ़िल्मों में भी देख सकते हैं, जो व्यावसायिक होते हुए भी अपने को 'सार्थक फ़िल्मों' की मर्यादा से आलोकित देखना चाहती हैं। उनके प्रयास अक्सर फूहड़ लगते हैं, लेकिन किसी-न-किसी स्तर पर उनमें भी कला की उच्चतर मर्यादाओं के लिए ललक तो दिखती ही है—चाहे यह ललक उन फ़िल्मों में एक हीनभावना के रूप में ही क्यों न प्रकट होकर रह जाती हो।

फ़िल्मों में भाषा की समस्या भी बहुत कुछ उनके आर्थिक पहलू के साथ ही जुड़ी हुई है। अंग्रेज़ी भाषा में बनी फ़िल्मों का बाज़ार दूसरी भाषाओं की अपेक्षा बहुत बड़ा है और ख़र्चीली फ़िल्मों में भी घाटे का ख़तरा बहुत कम हो जाता है। कुछ-कुछ यही बात हिन्दी फ़िल्मों के साथ भी है, जिनका बाज़ार दूसरी प्रादेशिक भाषाओं की अपेक्षा ज़्यादा बड़ा है। इस आर्थिक पहलू ने भी इधर सत्यजित राय (शतरंज के खिलाड़ी) और कारन्त (जो अपनी इस समय निर्माणाधीन फ़िल्म को कन्नड़ और हिन्दी दोनों भाषाओं में बनाने की सोच रहे हैं) जैसे फ़िल्मकारों को हिन्दी में फ़िल्म बनाने के लिए आकर्षित किया है, क्योंकि सीमित भाषा-क्षेत्र के लिए महँगी फ़िल्में बनाने का मतलब है घाटे का ख़तरा उठाना। यों भी, जैसा कि राय का कहना है, अगर उनकी फ़िल्मों को विदेशी बाज़ार का सहारा न हो, तो उनके लिए आर्थिक दृष्टि से अपने पैरों पर खड़े होना मुश्किल हो जाता है।

# सातवाँ अन्तर्राष्ट्रीय फ़िल्म समारोह एक साहित्यिक की दृष्टि से[1]

सातवें अन्तर्राष्ट्रीय फ़िल्म समारोह (दिल्ली : 3–17 जनवरी, 1979) में जो फ़िल्में दिखाई गईं, उन पर कहानी तथा अन्य साहित्यिक विधाओं को केन्द्र में रखकर यहाँ बातें की हैं। इसलिए ज़्यादा फ़िल्मों पर कहने के बजाय, कुछ ख़ास फ़िल्मों पर कहना बेहतर होगा। बात को इस तरह शुरू किया जा सकता है कि अधिकांश फ़िल्मों का विषय कहानी कहना नहीं था—उन अर्थों में कहानी नहीं थी, जिन अर्थों में कविता, नाटक, ललित निबन्ध, यात्रा विवरण, इतिहास, मनोविज्ञान, नृशास्त्र, विचार-लेख आदि मुख्यत: कहानी नहीं होते यद्यपि उन सभी में कहानी के कुछ गुण या तत्त्व मौजूद हो सकते हैं। अधिकांश फ़िल्में सबसे पहले इस मिथ को तोड़ती लगती थीं कि बिना मज़बूत प्लॉट के एक सशक्त या महत्त्वपूर्ण फ़िल्म नहीं बन सकती। थोड़ी देर के लिए यदि हम फ़िल्म माध्यम को एक साहित्यिक विधा की तरह सोचें, तो महसूस करेंगे कि नई कहानी की ही तरह शायद नई फ़िल्में भी सुगठित प्लॉट के अधीन न रहकर अपनी सम्भावनाओं का विस्तार साहित्य की अन्य विधाओं के नज़दीक जाकर करती हैं। शायद इसलिए अगाथा क्रिस्टी से लिए गए कथानक पर आधारित 'डेथ ऑन द नाइल' जैसी फ़िल्मों की अपेक्षा या तो एरमानो ओल्मी की 'द ट्री ऑफ़ वुडेन क्लॉग्स' और ज़ोल्तान फाबरी की 'हंगेरियन्स' जैसी फ़िल्मों का बिल्कुल यथार्थवादी स्तर का अनगढ़ शिल्प हमारी आधुनिक संवेदना के अधिक नज़दीक पड़ता है, या फिर उस प्रकार की फ़िल्में हैं, जिन्हें हम विचारशील, मनोवैज्ञानिक, काव्यात्मक या फंतासी जैसे विषयों की कोटि में रखेंगे—यानी फ़िल्में जो जीवन को केवल एक ख़ास तरह देखती और सुनती ही नहीं, बल्कि सोचती और रचती भी हैं : मेरा मतलब उन फ़िल्मों से है, जो केवल दिलचस्प चित्रों का संग्रह मात्र नहीं, चित्रों की ऐसी संरचना प्रस्तुत करती हैं जिसे हम भाषा की तरह पढ़ और विचारों की तरह सोच सकते हैं। आन्द्रे तारकोव्स्की की 'सोलारिस' और 'आन्द्रे रुबलेव', क्रिश्तोफ़ ज़ानुसी

1. सारिका, 16 मार्च, 1979

की 'स्पाइरल', मिकलोश यान्चो की 'आग्नुस देई', येर्ज़ी स्कोलीमोव्स्की की 'शाउट' आदि मुझे इसी प्रकार की फ़िल्में लगीं।

आन्द्रे तारकोव्स्की (1932-1986) की तीनों फ़िल्में 'इवान्स चाइल्डहुड' (1962) जो कि उनकी पहली लम्बी फ़िल्म है, 'आन्द्रे रुबलेव' जो 1966 में बनी, लेकिन रूस में 1971 में दिखाई गई और 'सोलारिस' (1971), इस बार दिल्ली में दिखाई गई थीं। तारकोव्स्की संसार के अत्यन्त प्रतिष्ठित फ़िल्म निर्देशकों में से एक हैं, लेकिन रूस के बाहर उन्हें जितनी मान्यता प्राप्त है, उतनी रूस में नहीं। उनकी फ़िल्में सहज बोधगम्य नहीं और एक ऐसे समाज में जहाँ सामान्यीकरण और लोकप्रियता को सबसे पहले ज़रूरी माना जाता हो, वहाँ उन फ़िल्मों की अत्यन्त जटिल शैली सहसा कठिनाई उत्पन्न कर सकती है। 'रूबलेव' में अगर आत्मकथात्मक तत्त्व भी पढ़े जाएँ, तो रूस में एक, दूसरे स्तर पर भी कठिनाई उत्पन्न हुई होगी—मध्ययुगीन कलाकार रुबलेव (1370-1430) की जीवनी को माध्यम बनाकर तारकोव्स्की ने उस समय की बर्बरता को चित्रित किया है, जिससे परेशान होकर रुबलेव ने कला छोड़कर अन्त में संन्यास ले लिया था। फ़िल्म बहुत ही कुशलता से अनुभूति के दो भिन्न स्तरों पर चलती है—एक तो रुबलेव के अत्यन्त संवेदनशील मानसिकता के स्तर पर और दूसरी ओर उतने ही नृशंस ऐतिहासिक तथ्यों के स्तर पर। 'सोलारिस' में हम तारकोव्स्की को इस अत्यन्त आत्मान्वेषी और प्रयोगशील कला को मानव मन के एक बिल्कुल दूसरे आयाम को खोजते देखते हैं—इस खोज में उनकी कला साइंस-फिक्शन और रहस्यात्मक चिन्तन की उस सन्धि पर विचरती हैं जहाँ कुछ अन्तरिक्ष यात्री अपने पिछले जीवन को फिर से जीते और अपनी ग़लतियों को महसूस करने के लिए विवश होते हैं।

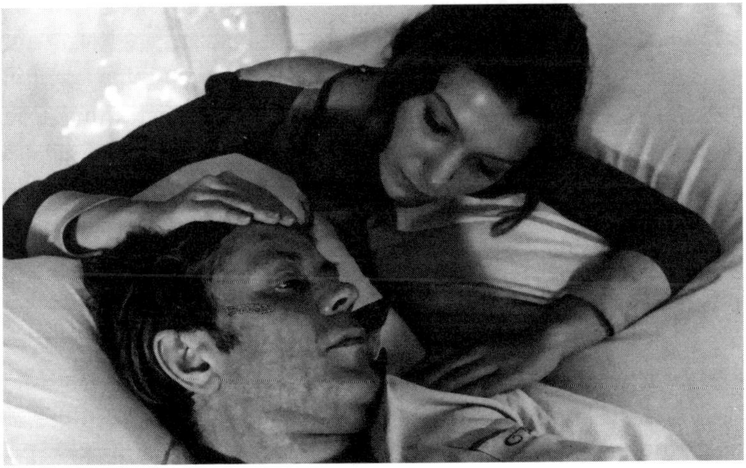

**आन्द्रे तारकोव्स्की की 'सोलारिस' (1971) का दृश्य**

तारकोव्स्की की फ़िल्मों की गम्भीर और विचारशील शैली हमारे उस संस्कार को भी तोड़ती है, जो सिनेमा से केवल मनोरंजन, यानी एक दिलचस्प कहानी की ही माँग करते हैं। साइंस-फिक्शन-सी लगते हुए भी 'सोलारिस' साइंस-फिक्शन नहीं है—उस विधा का एक बहुत ही गम्भीर और कलापूर्ण इस्तेमाल है। इसी तरह 'रुबलेव' में तारकोव्स्की ने एक जीवनी को लिया ज़रूर है, लेकिन फ़िल्म में जीवनी की क्रमबद्धता न रखकर एक प्रभाववादी चित्र की-सी असम्बद्धता रखी है और अगर हम असम्बद्धता को असंगत मान लेने की जल्दी न करें, तो तारकोव्स्की निश्चय ही एक अनूठी शैली में अपनी बात कह सके हैं। 'रुबलेव' की जीवनी, उसकी कला और उसका समय, इनकी तीन गतियाँ एक-दूसरे को काटती हुई-सी एक ही कैनवस पर चलती हैं, लेकिन फिर भी तीनों की स्वतंत्र पहचान अन्त तक सुरिक्षत रहती है।

कला अपने आप में जितनी बड़ी होगी, उसे एक सीमित व्याख्या में बाँधना उतना ही मुश्किल होगा—और यह मुझे मिकलोश यान्चो (1921-2014) की 'आग्नुस देई' (1971) फ़िल्म देखते हुए बराबर लगा। ऊपर से ज़रूर यान्चो ने अगस्त 1919 में क्रान्ति-पुनर्क्रान्ति की जिल्द रखी है, लेकिन उतने को ही उस फ़िल्म का पूरा विषय मान लेना उस गहरे आशय से अछूते रह जाना है, जिसे उनकी अत्यन्त सतर्क और मार्मिक फ़िल्म-भाषा में पढ़ा जा सकता है—वह अनवरत चलता उबाऊ इतिहास चक्र, जिसमें राजनीति, धर्म, फ़ौजें, हत्याएँ, मनुष्य के भाग्य के साथ क्रूर खेल खेलते हैं, लेकिन उसके अस्तित्व को मिटा नहीं पाते। 1969-71 के बीच यान्चो ने अपनी तीनों फ़िल्मों—'द कन्फ्रन्टेशन', 'आग्नुस देई' तथा 'रेड साम' में एक ही शैली अपनाई थी—खुले मैदान, पानी, आकाश, सिपाही, घुड़सवार, नग्न देह, सामूहिक राष्ट्रीय गान और नृत्य...मानो ये स्थायी भाव हैं और पूरा इतिहास एक तरह की नृत्य-नाटिका है, जिसके द्वारा हम अपने भीतर कहीं छिपे सत्यों को टटोलते हैं। इस अर्थ में मैं यान्चो की फ़िल्मों को उतना वस्तुपरक नहीं मानता, जितना आत्मपरक—और इसका पर्याप्त संकेत उनकी फ़िल्मों की उस सात्विक सादगी में व्याप्त रहता है, जहाँ प्रभाव उत्पन्न करने के लिए चीज़ों का इस्तेमाल न्यूनतम है।

इस सादगी का एक बिल्कुल दूसरा पक्ष ज़ोल्तान फाबरी (1917-1994) की फ़िल्मों में उद्घाटित होता है। फाबरी की फ़िल्मों का कथन जितना सशक्त होता है, उनका शिल्प या क्राफ्ट उतना ही सादा और आडम्बरहीन। फाबरी की 'द फ़िफ़्थ सील' (1976, जो पिछले वर्ष मद्रास उत्सव में दिखाई गई थी) की अपेक्षा यद्यपि 'हंगेरियन्स' (1978, जिसे इस वर्ष पुरस्कृत किया गया) मुझे कम पसन्द आई, लेकिन इस फ़िल्म में भी अपने विषय की सूक्ष्म और निश्चित पकड़ में फाबरी कहीं नहीं चूकते। फाबरी ने हंगरी के कुछ किसानों के जर्मनी में बारह महीनों के प्रवास

को केन्द्र में रखकर द्वितीय महायुद्ध की कुछ ऐसी विभीषिकाओं को सरल किसानी समझ द्वारा उद्‌घाटित किया है, जो आमतौर पर बहुत बड़े फलक की माँग करती हैं। फाबरी एक कथानक का ताना-बाना नहीं बुनते, एक ख़ास तरह की समझ द्वारा अनुभव किए जा रहे कटु यथार्थ को चटक उभारते हैं। वे कहीं भी फ़िल्म को नाटकीय नहीं बनाते, फ़िल्म को ज़िन्दगी की नाटकीयता पर टिप्पणी की तरह प्रस्तुत करते हैं।

जीवन अपने आप में अति सरल भी है और अति-नाटकीय भी। नाटकीय को सरल के नज़दीक लाना अगर एक तरह की कला है, तो अति-नाटकीयता दूसरी तरह की कला, जिसके अनेक आयाम आधुनिक कलाओं में भी उद्‌घाटित हुए हैं। कभी-कभी हम एक जीवन को नहीं, एक नाटक को जीते हैं, इतने गहरे यक़ीन के साथ कि दर्शक और प्रदर्शक, नक़ली और असली, काल्पनिक और अकाल्पनिक, मिथकीय और वर्तमान के बीच भेद ही मिट-सा जाता है। ग्रीक पुराकथा मीडिया के कथानक के समानांतर आधुनिक वैवाहिक जीवन की विषमताओं को रखकर जूल्स दासें (Jules Dassin, 1911-2008) ने ऐसे ही एक प्रसंग को 'ड्रीम ऑफ़ पैशन' (1978) का विषय बनाया है। कथानक तीन (कभी समानांतर, कभी एक-दूसरे को काटती) धाराओं में चलता है : मीडिया की प्राचीन कथा को अगर फ़िल्म की आधार-लय मानें, तो उसके एक ओर एक समकालीन अमेरिकी पत्नी की वास्तविक घटना जो अपने पति के तरीक़ों से खिन्न आकर अपने बच्चों की हत्या के अपराध में जेल काट रही है। और दूसरी ओर, एक नाटक निर्देशक और उसकी प्रसिद्ध अभिनेत्री पत्नी है, जो 'मीडिया' नाटक खेलते समय अपने पारिवारिक जीवन की विसंगतियों और उस अमेरिकी स्त्री के करुण जीवन से उलझ जाते हैं।

वर्तमान जीवन की विसंगतियों और विषमताओं को मिथकों के ज़रिए चित्रित करना आधुनिक साहित्य का भी एक प्रमुख पक्ष रहा है—और यह फ़िल्म इस माने में निश्चय ही एक साहित्यिक स्वाद देती है। विशेष रूप से अभिनय के स्तर पर वह हमें उसी तरह झकझोरती है, जिस तरह एक उच्च कोटि का नाट्य-प्रदर्शन—अभिनय चाहे बिल्कुल शास्त्रीय साँचे में बड़ी सतर्कता से ढाला गया मेलीना मरकूरी का अभिनय हो, चाहे उतना ही कुशल एलेन बस्टीन का यथार्थवादी अभिनय।

पूर्वी योरप, ख़ासतौर पर पोलिश चिन्तन में, इधर हम एक खास तरह का आत्मान्वेषण पाते हैं, जो कभी-कभी हमें अस्तित्ववाद की याद दिलाता है। विसंगतियों और अर्थहीनता से उपजने वाली यह विशेष चिन्ता जो केवल भौतिक स्तर पर शान्त नहीं होती, कहीं न कहीं भौतिक से परे कुछ चाहती या कुछ जानना चाहती है। मन:स्थितियाँ जो कविता के निकट हैं, खोज जो तर्क की भाषा से ज़्यादा अनुभव

की भाषा को प्रामाणिक मानती हैं—('मैंने हमेशा अपने जीवन में एक अनुभव के बाद उसकी भाषा को पाया है। मैं अभी एक अनुभव से गुज़र रहा हूँ, उसकी भाषा मेरे पास नहीं है'—प्रसिद्ध नाटककार ग्रोतोव्स्की ने अभी हाल ही में कहा था।) तीसरी दुनिया और पूर्वी योरोपीय देशों के सिनेमा में अब एक नई आत्मसजग प्रखरता, अपने समय और समाज में जी रहे आदमी की भीतरी और बाहरी ज़िन्दगी को सही-सही समझने और चित्रित करने की गम्भीर और ईमानदार कोशिश, को साफ़ पहचाना जा सकता है।

एक बार पूछे जाने पर कि आपको रॉबर्ट ग्रेव्स की 'शाउट' कहानी ने क्यों आकृष्ट किया? इंग्लैंड में काम कर रहे पोलिश फ़िल्म निर्देशक येर्ज़ी स्कोलीमोव्स्की (1938) ने कहा था—'उसमें छिपी विसंगतियों और अविश्वसनीयता ने। मुझे लगता है कि हम हर समय द्विविधाओं और दुहरे-दुहरे अर्थों से घिरे हैं। आप जानते हों शायद कि मैंने कविता से शुरू किया था—मेरे तीन कविता-संग्रह छप चुके हैं। मेरा दिमाग़ चलता ही उस तरह है जैसे कविता में। सीधे वर्णन या विवरण का रास्ता छोड़कर भटक जाने में मुझे कोई परेशानी नहीं होती—और इस तरह की कहानियाँ मुझे आश्वस्त करती हैं जिसमें यक़ीन ही नहीं, बेयक़ीनी के लिए भी पूरी गुँजाइश हो। अर्थहीनता से हम हर समय घिरे हैं—मैं केवल उसे अनुभव करता हूँ, जो मुझे छूता है, मेरी पहचान में आता है...मेरी 'शाउट' (1978) फ़िल्म में कौन ज़्यादा ऊलजलूल है, नायक बेट्स? या वह दुनिया जो उसके चारों तरफ़ है? क्या वह इसलिए बीमार है क्योंकि वह सबकी तरह नहीं है? आप कैसे कहेंगे कि एक पेड़ नॉर्मल होता है या नहीं?'

'शाउट' कहानी का पूरा ढाँचा कविता का-सा है जो विश्वसनीय और अविश्वसनीय की सन्धि-रेखा पर चलता है। ग्रेव्स स्वयं एक प्रख्यात कवि हैं, जिनकी कहानी लगभग एक कविता का अनुभव कराती है और यह संयोग मात्र नहीं है कि स्कोलीमोव्स्की की अपनी काव्यात्मक संवेदनाएँ भी इसे एक फ़िल्म अनुभव बनाते समय कहानी की अपेक्षा उसके काव्यात्मक अनुभव को ही विस्तार देती हैं। बिम्बों, ध्वनियों और कल्पना का संयोजन इतना एक कहानी नहीं कहता, जितना एक खास तरह के रोमांच की प्रतीति कराता है। ध्वनि को लेकर जो कहानी की अपेक्षा कविता में कहीं ज़्यादा महत्त्व रखती है, स्कोलीमोव्स्की विशेष प्रयोगशील रहे हैं, 'चिल्लाहट के जिस घातक असर को मैंने फ़िल्म में दिखाना चाहा, उसका ताल्लुक सिर्फ़ आवाज़ की तेज़ी या भराव से नहीं था, उसे अचानक और कई तरह से भरपूर बनाना था—तो मैंने उसमें तमाम तरह की दूसरी आवाज़ों को भी भरा, कई ट्रैक्स पर एक साथ, नियाग्रा प्रपात...रॉकेट के छूटने की आवाज़...जो भी सूझा...लेकिन आदमी के जी-तोड़ चिल्लाने की आवाज़ को फिर भी इन सबसे ऊपर रखा।'

क्रिश्तोफ़ ज़ानुसी (1939) 'स्पाइरल' (1978) फ़िल्म में काव्यात्मक से हटकर लगभग विचार के स्तर पर एक ऐसे अकेले व्यक्ति की स्थिति को सोचते हैं, जो जीवन में निरर्थकता से ऊबकर अन्त में आत्महत्या कर लेता है—लेकिन उसकी आत्महत्या के अन्तिम भौतिक तथ्य से ज़्यादा ट्रैजिक हैं वे आत्महत्याएँ, जिन्हें वह मरने से पहले ही मानसिक स्तर पर कई बार कर चुका होता है। वह बार-बार घूम-फिरकर एक ऐसे नतीजे पर पहुँचता है, जिस नतीजे में और मृत्यु में कोई फ़र्क़ नहीं। नायक कई तरह के लोगों की जीवनदृष्टि में हस्तक्षेप करता है, अपनी जीवनदृष्टिहीनता से, मानो यह साबित करने लिए कि कोई भी जीवनदृष्टि उसके भीतर के ख़ालीपन को भर सकने में सक्षम नहीं। एक अधिक समर्थ जीवनदृष्टि की खोज—शायद यही 'स्पाइरल' का एक बहुत ही छिपा हुआ आशय है

मैंने यहाँ कुछ ऐसी फ़िल्मों को लिया है, जो मुझे लगा कि एक ऐसे बिन्दु से देखी जा सकती हैं जिस बिन्दु से हम साहित्य की अनेक विधाओं को देखते हैं—और इसी बिन्दु से देखते हुए एक बिल्कुल अनूठे और अलग किस्म की फ़िल्म 'द मेमोरेबल पिलग्रिमेज ऑफ़ किंग कांगा मूसा फ्रॉम माली टु मक्का' (निर्देशक : गोएट्ज़ हैजम्यूलर, ऑस्ट्रिया, 1977) की चर्चा न करना यात्रा-विवरण जैसी साहित्यिक विधा के सर्वथा एक नये और रचनात्मक इस्तेमाल की अवहेलना करना होगा। कांगा मूसा को यात्रा-विवरण न कहकर यात्रा-कथा कहना ज़्यादा ठीक होगा। एक अफ़्रीकी नवयुवक माली से मक्का तक आज के अफ़्रीका में वही यात्रा करता है, जो सात सौ साल पहले उसके पूर्वज कांगा मूसा ने की थी। और यह यात्रा केवल भौगोलिक नहीं, इतिहास में भी यात्रा है, बल्कि यों कहें कि भूगोल के द्वारा इतिहास की यात्रा है। यह फ़िल्म बड़े ही कलापूर्ण ढंग से आज के अफ़्रीकी जीवन और इतिहास के बीच सूक्ष्म कड़ियाँ जोड़ती है और मार्मिक काव्यात्मक क्षणों को रचती है।

एक फ़िल्म हमारे लिए किस प्रकार का अनुभव रच पाती है, यह बहुत कुछ एक निर्देशक की अपनी दृष्टि पर निर्भर है। साथ ही उस अव्यवस्था पर भी, जिसमें फ़िल्म जैसे महँगे माध्यम को अपनी कलात्मक पहचान को स्पष्ट रखना है। फ़िल्म भी भाषा की तरह एक माध्यम है, जिसका इस्तेमाल महज़ सूचना, प्रचार या मनोरंजन के लिए भी हो सकता है—और हर हालत में वह रचनात्मक और समाज के लिए उपयोगी भी हो सकती है—लेकिन एक समर्पित कलाकार के लिए इस माध्यम की कलात्मक सम्भावनाओं को गहराई से खोजने के मतलब हैं—इसमें एक शिक्षित और गम्भीर आत्मसजगता का रचनात्मक हस्तक्षेप। फ़िल्म जैसे तकनीक-प्रधान, महँगे और जनप्रिय माध्यम के साथ यह ख़तरा सबसे अधिक है कि आज की टेक्नोलॉजी और जनरुचि के बीच इस तरह के व्यावहारिक और व्यावसायिक रिश्ते बन जाएँ, जिसमें कला के लिए जगह ही न बचे, या बचे भी, तो बिल्कुल

हाशिए पर। इस जगह की रक्षा और उसे अधिक से अधिक विस्तृत करने की कोशिश, मुझे इन फ़िल्मों का सबसे महत्त्वपूर्ण पक्ष लगा। अँधेरे में बैठकर चमकीले चित्रपट पर फ़िल्में देखते हुए कभी-कभी एक अजीब-सा विचार मेरे मन में आया—रोशनी का अनुभव हमारे मन के अँधेरे कोनों में कहीं आज भी एक आदिम चमत्कार के रूप में जीवित है : रोशनी की चकाचौंध को इस तरह भी इस्तेमाल किया जा सकता है कि वह एक ख़ास तरह का अन्धापन हो, लेकिन इससे बिल्कुल विपरीत तरह की रोशनी को इस्तेमाल करना अँधेरे के ख़िलाफ़ एक कला भी है और एक क्रान्ति भी।

# फ़िल्मों की दुनिया और दुनिया की फ़िल्में[1]

आठवें अन्तर्राष्ट्रीय फ़िल्म समारोह (4 से 17 जनवरी, 1981) के दौरान एक छोटा-सा प्रसंग याद आता है। एक पत्रकार सम्मेलन में पूछे जाने पर कि आपने अपनी फ़िल्म में क्या निश्चित सन्देश देना चाहा है (इरादा शायद निर्देशक की स्पष्ट राजनीतिक प्रतिबद्धता को जानना था), जब निर्देशक ने कहा, 'मनुष्यत्व', तो हॉल में किसी पत्रकार का उत्तरनुमा एक निर्णयात्मक प्रश्न सुनाई दिया था, बिना राजनीति के मनुष्यत्व के क्या मायने?

समारोह की उत्कृष्टतम फ़िल्मों को देखते हुए मुझे बराबर यह लगा, मानो हर फ़िल्म उस उत्तेजित सवाल का एक अनुत्तेजित मगर उतना ही निश्चयात्मक उत्तर था—कि बिना मनुष्यत्व के राजनीति के क्या मायने?

ऐसा मैं आन्द्रे तारकोव्स्की की 'द स्टॉकर', थियो ऐंजलापुलोस की 'द हंटर्स', फेदेरीको फेलीनी की 'ऑर्केस्ट्रा रिहर्सल' और 'द सिटी ऑफ़ वीमेन', तथा अलाँ रेने की 'माय अमेरिकन अंकल' जैसी फ़िल्मों को ध्यान में रखकर भी कह रहा हूँ, जो सामान्य अर्थों में केवल अच्छी फ़िल्में न होकर ऐसी विशिष्ट फ़िल्मी रचनाएँ कही जा सकती हैं, जो फ़िल्मी उद्योग और व्यवसाय की दुनिया से थोड़ा हटकर अत्यन्त निर्भीक और प्रभावशाली रचनाओं के रूप में हमारे सामने आती हैं।

कई मायनों में मुझे आन्द्रे तारकोव्स्की की 'द स्टॉकर' (1979) इस समारोह की सबसे उल्लेखनीय फ़िल्म लगी। आर्कादी व बोरिस स्त्रुगात्स्की के उपन्यास 'पिकनिक ऑन द एज ऑफ़ द रोड' (या 'रोडसाइड पिकनिक' 1971) पर आधारित 'स्टॉकर' तारकोव्स्की की कला को न केवल पुष्ट करती है, बल्कि निश्चित रूप से उसे तथा उसके बुनियादी मानवीय सरोकार को और आगे बढ़ाती है। इस फ़िल्म में तारकोव्स्की विवरण की यथार्थवादी शैली अपनाते हैं, जो केवल भौतिक नहीं, भौतिक से परे की विवेचना और चिन्तन की उस दुनिया में सम्पूर्ण होती है, जहाँ एक गाइड अपने विश्वासों के आधार पर एक वैज्ञानिक और एक साहित्यकार को एक ऐसी रहस्यमय जगह (जिसे वह ज़ोन कहता है) पहुँचाने का

1. सारिका, 16 फरवरी, 1981

**आन्द्रे तारकोव्स्की की 'द स्टॉकर' ( 1979 )**

दावा करता है जहाँ मनुष्य अपनी किसी भी इच्छा को प्राप्त कर सकता है। लगातार संशय, दुश्चिन्ताओं और अविश्वासों से घिरे वे दोनों उस गाइड के साथ चलते हैं। एक बीहड़, सुनसान और डरावने रास्ते से गुज़रने के अद्भुत रोमांच को तारकोव्स्की ने फ़िल्माया है, जिसकी परिणति उतनी ही रोमांचकारी अनुभूति में होती है कि गाइड का यक़ीन और रहस्यमय जगह तक यात्रा शायद केवल एक रूपक-कथा या मानसिक यात्रा है—पिलग्रिम्स प्रोग्रेस की तरह की, जिसमें कहीं पहुँचना उतना महत्त्वपूर्ण नहीं, जितना एक यक़ीन जो हमें कहीं पहुँचने के लिए चलने और ख़तरे उठाने की प्रेरणा दे सके।

तारकोव्स्की इस प्रश्न को बहुत ही असरदार ढंग से रखकर छोड़ देते हैं कि क्या सचमुच ऐसी कोई जगह हो सकती है, जहाँ आदमी की हर इच्छा पूरी हो जाए? घोर निराशावादी? व्यवस्था-विरोधी? यूटोपियन चिन्तन की खुली आलोचना? इस तरह के किसी एक लेबल के अन्तर्गत शायद इस फ़िल्म को नहीं सोचा जा सकता, क्योंकि फ़िल्म किसी एक समाधान या नतीजे में प्रतिफलित नहीं होती। वह उन तमाम सवालों को उठाती है, जिनका ताल्लुक़ आदमी के विश्वास, नैतिकता, प्रगति संशय, आदर्श जैसी अनेक बुनियादी धारणाओं से है। तारकोव्स्की की कला मनुष्य

को मूलत: एक जटिल संरचना के रूप में देखती है। शायद इसीलिए उनकी किसी भी फ़िल्म को बिना एक से अधिक बार देखे पूरी तरह ग्रहण करना मुश्किल होता है। लेकिन दुरूह होते हुए भी तारकोव्स्की की फ़िल्में कला और मानवता के उदात्ततम आशय को संकेतित करती हैं।

ग्रीक निर्देशक थियो ऐंजलोपुलोस (1935-2012) की 'द हंटर्स' (1977) तथा 'डेज़ ऑफ़ 36' (1972) को देखना एक बिल्कुल अलग तरह का अनुभव था। ख़ामोशी को ज़बान देते हुए ख़ाली-ख़ाली से कमरे, गलियारे, खुली-फैली जगहें और एक रहस्यमयी हत्या की छानबीन करते अधिकारियों की मक्कार धीमी गतियाँ...ये सब अनायास ही अन्तोनियोनी और मिकलोश यान्चो की शैलियों का ध्यान दिलाते हैं, पर ऐंजलोपुलोस जिस तरह ग्रीस के आधुनिक इतिहास के अनुभवों को एक सन्दिग्ध षड्यंत्र के रूप में प्रस्तुत करते हैं, वह मानो एक ऐसे आतंक का अनुभव है, जिसे किसी भी देश के इतिहास में देखा जा सकता है। उनकी फ़िल्मों की गति अक्सर उबाने की सीमा तक धीमी होने के बावजूद अफसरशाही और तानाशाही की आलोचना का एक समर्थ मुहावरा रचती है।

इतालवी फ़िल्मकार फेदेरीको फेलीनी (1920-1993) की पहचान—उनकी ख़ास शैली जिसमें व्यंग्य, विनोद, फंतासी और सामाजिक टिप्पणियों का अनोखा सम्मिश्रण होता है, उनकी दोनों फ़िल्मों 'ऑर्केस्ट्रा रिहर्सल' (1978) और 'द सिटी ऑफ़ वीमेन' (1980) में अपने पूरे निखार पर देखी जा सकती है। फेलीनी ने अपनी एक परिचित शैली को बराबर विकसित किया है, उसे पुनरावृत्ति दोष मानना एक अत्यन्त रुचि-सम्पन्न और कल्पनाशील कलाकार की कोशिशों को ग़लत समझना होगा। फ़िल्म विधा में फंतासी का इस्तेमाल इतनी ठोस और सटीक सामाजिक आलोचना और सुहृद हास्य के लिए शायद ही किसी अन्य ने किया हो। 'सिटी ऑफ़ वीमेन' फेलीनी की 'ऑर्केस्ट्रा रिहर्सल' की अपेक्षा अधिक काल्पनिक है। 'ऑर्केस्ट्रा' एक दिलचस्प उदाहरण है कि कैसे फेलीनी फ़िल्म की भाषा को

**फेदेरीको फेलीनी की फ़िल्म ऑर्केस्ट्रा रिहर्सल का पोस्टर, 1978**

विस्तृत करते हैं, टीवी, रेडियो, नाटक, इंटरव्यू आदि की तकनीकों के अत्यन्त रचनात्मक इस्तेमाल द्वारा।

एक पुरानी इमारत में, जो ढहाई जाने वाली है, ऑर्केस्ट्रा के लोग और कंडक्टर अभ्यास के लिए इकट्ठा होते हैं। प्रत्येक वाद्य और वाद्यकार की अपनी अलग सत्ता और महत्त्व है। उनके सहयोगी रूप में वह ऑर्केस्ट्रा है जिसे कंडक्टर एक अर्थ देना चाहता है और उनका परस्पर विरोधी रूप वह फूहड़ अशान्ति है जिसे फेलीनी ने अपने व्यंग्य का निशाना बनाया है। कंडक्टर को तानाशाही का प्रतीक मानकर हर वाद्यकार विद्रोह कर देता है और पूरा रिहर्सल मारपीट के अखाड़े में बदल जाता है। अन्त में ढहाने के लिए जब इमारत पर पहला प्रहार होता है, तो मानो हर वाद्यकार एक धक्के के साथ इस नाज़ुक सत्य को अनुभव करता है कि बिना अनुशासन और संयम के कुछ भी प्राप्त करना असम्भव है।

बिना एक टिप्पणी के भी उसी विध्वंसित इमारत में कंडक्टर के निर्देशन में ऑर्केस्ट्रा का रिहर्सल फिर शुरू होता है। फेलीनी अपनी फ़िल्म में राजनीति को नहीं, मनुष्य के व्यक्तिगत चरित्र और सामाजिक आचरण को केन्द्र में रखते हुए राजनीतिक मानसिकता पर भी आड़े-तिरछे प्रहार करते हैं। उनकी आलोचना में कच्ची कटुता और घृणा नहीं, मनुष्य के प्रति, उसकी कमज़ोरियों के प्रति एक ख़ास तरह की सौजन्यपूर्ण समझ है, जो उन्हें केवल स्थूल विसंगतियों से ही नहीं, बल्कि उन सूक्ष्म कारणों से भी जोड़ती है, जिनकी गुत्थियाँ और कुंजियाँ आदमी के चेतन-अचेतन मन में छिपी होती हैं। फेलीनी की सामाजिक और चारित्रिक आलोचना का अर्थ यथार्थ के उनके चित्रण में उतना नहीं पढ़ा जाना चाहिए, जितना उन विरूपताओं और अतिशयोक्तियों में, जिनके द्वारा वे—एक कार्टूनिस्ट की तरह—यथार्थ का हुलिया बिगाड़ते हैं।

इस दृष्टि से अगर समारोह की एक दूसरी महत्त्वपूर्ण इतालवी फ़िल्म 'ट्रैफिक जैम' (1979) को देखा जाए, तो अन्तर स्पष्ट हो जाता है। निर्देशक लुईजी कोमेनचिनी (1916-2007) ने बारह घंटों वाले एक जबर्दस्त ट्रैफिक जैम में फँस गई मोटरों वाली भीड़ की मानसिकता का बड़ा ही अर्थपूर्ण मनोवैज्ञानिक अध्ययन प्रस्तुत किया है। यह चित्रण केवल आपदाग्रस्त मानसिकता का ही चित्रण नहीं, एक पूरे सामाजिक आचरण और वैज्ञानिक प्रगति में अन्धविश्वास पर करारा व्यंग्य भी है। वह हमारे सामने केवल समस्याओं को रखते भर नहीं, हमें उस उधेड़बुन में ले जाते हैं जो ज़िन्दगी के बुनियादी ताने-बाने में व्याप्त है। वे हमारे सामने कोई सरलीकृत समाधान नहीं रखते, हमारे अपने चिन्तन और निर्णय, बुद्धि पर टूटने की सीमा तक दबाव डालते हैं, रुला-रुलाकर नहीं हँसा-हँसाकर।

सत्यजित राय (1921-1992) की 'हीरक राजार देशे' (1980) में भी हम उसी तरह का सौहार्दपूर्ण हास्य पाते हैं, जब वे एक बालकथा के माध्यम से

राजनीतिक तानाशाही को बेनक़ाब करते हैं। अमेरिकी फ़िल्मकार वुडी एलेन(1935) की 'मनहट्टन' फ़िल्म याद आ जाती है, जिसमें वे तेज़-तर्रार कथनों द्वारा अमेरिकी छद्म बौद्धिकता पर करारा व्यंग्य करते हैं—लगभग एक स्नॉब की तरह। पर फेलीनी और सत्यजित राय में एक ख़ुशदिल सहृदयता और बुनियादी सहानुभूति है, जैसी हम चौदहवीं सदी के इतालवी लेखक जोवानी बोकाचियो और सोलहवीं सदी के स्पैनिश लेखक सरवान्ते में पाते हैं। वे आदमी के बारे में फैसले निकालते नहीं, आदमी की ज़िन्दगी को इस ढंग से पेश करते हैं कि उससे नतीजे अपने-आप निकलते हैं।

मनुष्य के चरित्र और उसके सामाजिक आचरण पर केन्द्रित तीन अन्य फ़िल्में भी ध्यान आकृष्ट करती हैं, जिनके शीर्षक 'ऑर्केस्ट्रा रिहर्सल' की ही तरह संगीत की दुनिया की याद दिलाते हैं—स्वीडिश निर्देशक इंगमार बर्गमान (1918-2007) की 'ऑटम सोनाटा', पोलिश फ़िल्मकार आन्द्रेई वायदा (1926-2016) का 'द कंडक्टर' और अमेरिकी फ़िल्मकार बॉब फोसे (1927-1987) का 'ऑल दैट जैज़'।

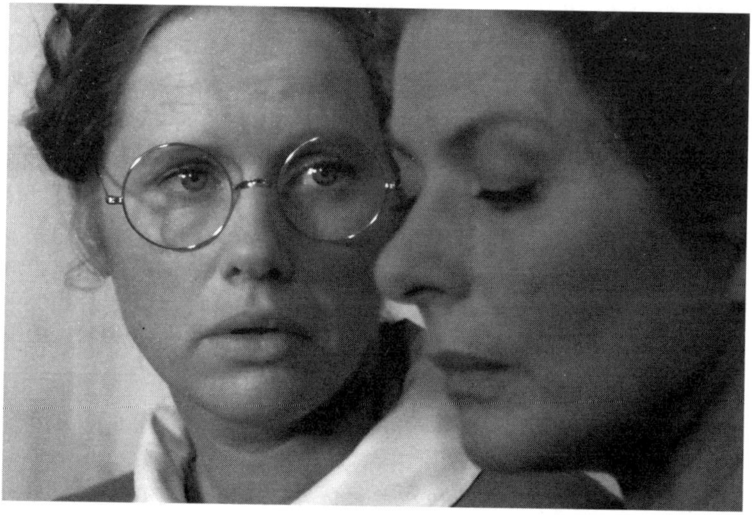

**इंगमार बर्गमान की फ़िल्म 'ऑटम सोनाटा' में लिव उलमान और इनग्रिड बर्गमान**

'ऑटम सोनाटा' (1978) में एक महत्त्वाकांक्षी माँ सात वर्षों बाद अपनी पुत्री से मिलती है—जिसके मन में ऐसी व्यस्त माँ के प्रति केवल एक कुंठित आक्रोश है, जिसके पास अपने बच्चों के लिए समय और धैर्य नहीं। संवादों की एक धीमी लय से शुरू होकर फ़िल्म मानो एक विस्फोटक बिन्दु पर थर्रा कर सहम जाती है। दोनों

प्रमुख पात्रों के जीवन को (जिसे संसार की दो अत्यन्त प्रतिभा-सम्पन्न अभिनेत्रियों लिव उलमान और इनग्रिड बर्गमान ने खेला है) अन्दर तक झकझोरती हुई।

ब्रिटिश फ़िल्मकार एंथनी हारवे (1931) की फ़िल्म 'रिचर्ड्स थिंग्स' (1980) की केट और 'ऑटम सोनाटा' की इवा में मुझे एक दिलचस्प चारित्रिक समानता लगी, जिसकी कुंजी शायद लिव उलमान की सुपरिचित अभिनय शैली में है। दो भिन्न फ़िल्मों में दो भिन्न पात्रों की भूमिका में काम करती लिव उलमान मानो दो नहीं, एक ही व्यक्ति के दो पहलू हों—एक फ़िल्म में वही अपनी माँ इनग्रिड की प्रतिद्वन्द्वी, तो दूसरी में अपने पति रिचर्ड की प्रेमिका।

आन्द्रेई वायदा के 'द कंडक्टर' (1980) की लय अधिक समतल है—एक विस्तृत प्रेम की याद की तरह जिसे कभी ऑर्केस्ट्रा के प्रसिद्ध कंडक्टर यान लासोकी ने अपने जीवन में जाना था। वर्षों बाद जब वह अचानक पोलैंड के अपने छोटे-से शहर में अपनी प्रेमिका की पुत्री मार्ता से ऑर्केस्ट्रा के रिहर्सल में मिलता है, तो उसकी पुरानी यादें ताज़ा हो उठती हैं—लेकिन लासोकी के प्रति मार्ता का स्नेह और आदर उसके पति को नहीं सुहाता, जो स्वयं लासोकी की तरह एक महान कंडक्टर बनना चाहता है। लासोकी का कर्मठ जीवन और अन्त में उसकी मृत्यु पति-पत्नी के जीवन को गहरे अवसाद और गहरी कर्मनिष्ठा से भर देती है। जैज़ में नृत्य और संगीत निर्देशक गिडियन का चरित्र अधिक तड़क-भड़क वाला और कोलाहलपूर्ण है, जिसके माध्यम से जीवन के वैविध्य और मृत्यु की निरर्थकता पर मार्मिक टिप्पणी की गई है, मानो अमेरिकी मनोरंजन व्यवसाय से जुड़े हुए गिडियन के पूरे चरित्र को ही एक महा-जैज़ के रूप में देखा गया हो।

संगीत के शीर्षकों वाली ऊपर की ये फ़िल्में विश्वचर्चित रही हैं, तथा फेलीनी, बर्गमान और वायदा दुनिया के अत्यन्त प्रतिष्ठित फ़िल्म निर्देशकों में से हैं। इन फ़िल्मों को देखते हुए मुझे अक्सर यह लगा, मानो व्यक्ति के चरित्र की एक स्वाभाविक लय भी होती है—क्लासिकल, रोमांटिक या जैज़ क़िस्म की, जिसे ये फ़िल्में अपनी-अपनी तरह से पकड़ने और चित्रित करने की कोशिश करती हैं। शायद इसीलिए एक ख़ास तरह के संगीत को पसन्द करना सिर्फ़ पसन्द का ही नहीं, एक ख़ास तरह के मिज़ाज का भी द्योतक होता है।

फ्रेंच फ़िल्मकार अलाँ रेने (1922-2014) की फ़िल्म 'माय अमेरिकन अंकल' (1980) में प्रसिद्ध जीवशास्त्री प्रो. आंरी लाबोरीत एक मनोवैज्ञानिक अध्ययन करते हैं—उस कोशिश का अध्ययन जो आदमी, वास्तविक या कल्पित, सफलता के लिए करता है। अध्ययन की सामग्री हैं तीन ऐसे चरित्र जो जीवन में सफल होना चाहते हैं और प्रयोगशाला में रखे कुछ सफ़ेद चूहे, जो हमें बराबर आचरण-विज्ञान की याद दिलाते रहते हैं। तकनीक की दृष्टि से हम रेने की अनेक पिछली फ़िल्मों को सोच सकते हैं—ख़ासतौर पर उनकी प्रसिद्ध फ़िल्म 'हिरोशिमा माय लव'

(1959) को, जिसमें वे घटनाओं के सामाजिक क्रम को उसी तरह आगे-पीछे करके दिखाते हैं, जैसे मनुष्य स्मृति में देखता है। रेने की फ़िल्म-शैली को हम योरप की आधुनिक साहित्यिक प्रवृत्तियों के बहुत निकट पाते हैं—मार्गरीत द्यूरास और रॉब्बे ग्रिये जैसे अवाँ-गार्द लेखकों ने रेने की फ़िल्मों की स्क्रिप्ट लिखी है तथा शब्द, ध्वनि और बिम्ब के जटिल सम्बन्धों को रेने ने अपनी फ़िल्मों में रचा है।

साहित्यिकता, फ्रेंच संवेदना का ज़रूरी हिस्सा रही है और उस नये फ़िल्म मूवमेंट का भी, जिसके साथ ज्याँ-लुक गोदार, फ्रांस्वा त्रूफ़ो, क्लोद शाब्रोल, ज़्हाक रीवेत आदि फ़िल्म निर्देशकों के नाम जुड़े हैं। एक तबक़ा सार्त्र के दर्शन को भी दर्शन से अधिक साहित्य मानता रहा है। फ्रांस में साहित्य और दर्शन के बीच उतना बड़ा फ़ासला शायद कभी रहा भी नहीं, जितना इंग्लैंड या जर्मनी में। फ्रेंच निर्देशक बरत्रां तावर्निए, जो फ़िल्म समीक्षक भी हैं, की फ़िल्म 'डेथ वॉच' (1980) मृत्यु के साक्षात्कार की एक बुनियादी समस्या को एक बिल्कुल नए ढंग से उठाती है—टीवी पर वास्तविक मृत्यु से साक्षात्कार।

विन्सेंट के मस्तिष्क के अन्दर एक कैमरा इस तरह लगा दिया जाता है कि वह जो कुछ देखता है वह वीडियो टेप पर ज्यों का त्यों रिकॉर्ड होता जाता है...और तब उसे एक असमय मृत्यु मरती हुई नायिका रोदी के सान्निध्य में छोड़ दिया जाता है। एक क्रूर यांत्रिक सम्पर्क क्रमश: एक घनिष्ठ मानवीय सम्बन्ध में बदल जाता है। इस पूरे प्रयोग की हृदयहीन व्यवस्था को ही तहस-नहस करता हुआ या शायद रूखी बौद्धिकता के अर्थ को मानवीयता के अर्थ में विस्तृत करता हुआ।

जर्मन फ़िल्मकार अलेक्जेंडर क्लूगे (1932) की 'द पैट्रिअट' (1979) भी ऐसी फ़िल्म है, जिस पर साहित्यिक छाप स्पष्ट देखी जा सकती है। इतिहास पर वैज्ञानिक ढंग से शोध करती हुई एक छात्रा, इतिहास और विज्ञान के अन्तहीन कारणों, उपकरणों और सामग्रियों में उलझ जाती है—हवाई हमले, राजनीतिक सभाएँ, उबाऊ बहसें, गोष्ठियाँ, मृतक, परिकथाएँ, मौजूदा यथार्थ, ऐतिहासिक प्रेमकथाएँ, वैज्ञानिक शोधविधि...इन सब पर विचार करते हुए वह सोचती है—क्या इतिहास वही है, जो स्कूलों में पढ़ाया जाता है? एक मृत सिपाही का कटा हुआ पाँव—वह क्या सोचता होगा सारे जर्मन इतिहास के बारे में?

क्लूगे की फ़िल्म में बिम्बों का परिचित संगठन और तालमेल नहीं है, उन्हें जगह-जगह पटकथनों और बयानों द्वारा मानो घटनाओं के बाद में जोड़ने की कोशिश की गई है—इतिहास की तरह। यह एक तरीक़ा है, जिसके द्वारा इतिहास पर क्लूगे की व्यंग्यमूलक सोच, घटित और सम्भावित के बीच मनुष्य की विडम्बनापूर्ण स्थिति को उद्घाटित करती है।

प्रयोग की दृष्टि से कम लागत पर बनी सफल फ़िल्मों में स्वीडन के स्टिग ब्योर्कमान (1938) की 'थ्रू द मिरर' (मूल स्वीडी शीर्षक 'क्वीन्डेसिंड', 1980)

एक ऐसी फ़िल्म है, जो निर्देशक और सम्पादन की मौलिकता पर पूरी तरह निर्भर, फ़िल्म निर्माण के महँगे उपकरणों को लगभग अस्वीकार-सी करती कही जा सकती है। कथानक पति-पत्नी-प्रेमी का पुराना त्रिकोण है, पर फ्लैशबैक के अत्यन्त रचनात्मक इस्तेमाल द्वारा प्रेमिका, पत्नी और स्त्री के दुविधाग्रस्त मन का अनूठा बहुआयामी चित्रण भी। प्रस्तुत शैली ऊपर से देखने में सामान्य लगती है, एक स्तर पर अत्यन्त जटिल भी है। एक असरल स्थिति की बहुत ही सरल शैली में विवेचनात्मक प्रस्तुति।

युद्ध और सर्वनाश की विभीषिका मनुष्य के ऐतिहासिक अनुभव का लगभग स्थायी अंग है। जापानी फ़िल्मकार अकीरा कुरोसावा (1910-1998) की 'कागेमुशा' (1980) को अगर हम इस अनुभव के एक छोर पर रखें, और दूसरे छोर पर वियतनाम युद्ध पर आधारित अमेरिकी निर्देशक फ्रांसिस फोर्ड कोपोला (1939) की 'अपोकैलिप्स नाउ' (1979) को, तो युद्ध सम्बन्धी मानसिकता के लगभग कभी न बदलने वाले चरित्र का ख़ासा अध्ययन सामने आता है—महाकाव्यात्मक या एपिक शैली में।

इसी तरह अमेरिकी निर्देशक सैम्युअल फुलर (1912-1997) की 'द बिग रेड वन' (1979) तथा फ्रांस के क्लोद बर्नार्ड ओबेअर (1930) की 'चार्ली ब्रावो' (1980) फ़िल्में युद्ध के प्रत्यक्ष चित्रण को केन्द्र में रखकर युद्ध के ख़िलाफ़ प्रतिक्रियाओं को व्यक्त करती हैं। कभी-कभी 'अपोकैलिप्स नाउ' जैसी फ़िल्मों में युद्ध के विशद और यथार्थवादी विवरणों को देखकर यह भी लगता है मानो युद्ध के ख़िलाफ़ प्रतिक्रियाओं से युद्ध के दृश्य ज़्यादा चटक हो गए हैं। यथार्थवादी चित्रणों के साथ ही शायद यह कठिनाई भी जुड़ी हुई है कि यदि पूरी सावधानी और अनुशासन न रहे, तो उनका मानवीय पक्ष, बाह्य वर्णनों के आलंकारिक कोलाहल के नीचे दब-सा जाता है। रबीन्द्र धर्मराज निर्देशित हिन्दी फ़िल्म 'चक्र' (1981) जैसी फ़िल्मों को देखते हुए भी अक्सर यह लगा कि एक सीमा के बाहर यथार्थ की ज़्यादती भी उसी तरह एक फ़िल्म को कमज़ोर कर दे सकती है जैसे कभी-कभी किसी आदर्श या वैचारिक पूर्वग्रह की ज़्यादती। मेरा मतलब उस बहुत ही नाज़ुक सन्तुलन से है, जो हम मृणाल सेन (1923) की इधर की फ़िल्मों 'एक दिन प्रतिदिन'(1979) या 'अकालेर संधाने' (1980) में पाते हैं और जिसका बहुत ही उत्कृष्ट उदाहरण हंगरी के ज़ोल्तान फाबरी की 'बालिंत फाबियन मीट्स गॉड' (1980), हंगरी के ही इस्तवान साबो (1938) की 'कॉन्फीडेंस' (1980) और पॉल गेबार (1932-1987) की 'अंगी वेरा' (1979) तथा बल्गारिया के निर्देशक रांगेल वल्चनेव (1928-2013) की 'अननोन सोल्जर्स पेटेंट लेदर बूट्स' (1979) फ़िल्में हैं। 'बालिंत फाबियन' तथा 'कॉन्फीडेंस' दोनों फ़िल्मों में युद्ध नहीं, बल्कि प्रेम, सौहार्द, न्यायप्रियता, सहानुभूति और आत्मसम्मान जैसे मानवीय गुणों को केन्द्र में रखा गया है और युद्ध को हाशिए पर। ये फ़िल्में बालिंता, काता और यानोस जैसे

सामान्य चरित्रों की कहानी के माध्यम से युद्ध की अमानुषिकता के ख़िलाफ़ मार्मिक टिप्पणियाँ प्रस्तुत करती हैं। फ़िल्मों के पूरे स्वभाव में एक ख़ास तरह की आडम्बरहीनता और सादगी है—सादगी जिसे हम चीज़ों के न्यूनतम इस्तेमाल में नहीं, अभिनय और भावनाओं के संयम में भी महसूस करते हैं। शायद इसीलिए इन फ़िल्मों में ध्यान सीधे मनुष्य की बुनियादी समस्याओं पर जाता है, चीज़ों की तड़क-भड़क की ओर नहीं भटकता—न अभिनय और भावनाओं की अति-नाटकीयता से ही आक्रान्त होता है।

गुंटर रूकर (Günther Rücker, 1924-2008) की जर्मन फ़िल्म 'फिआंसी' (1979), मार्टिन हॉली (Martin Hollý, 1931-2004) की चेक फ़िल्म 'सिगनम लादिस' (द मेडल, 1980), टिमो लीनासालो (1945) द्वारा निर्देशित फिनलैंड की 'द गार्डेड विलेज 1944' (1978), अमेरिकी निर्देशक स्टीवन स्पीलबर्ग की '1941' तथा आन्द्रे देलवॉ (André Delvaux, 1926-2002) द्वारा निर्देशित बेल्जियम की 'वुमन इन अ ट्वाइलाइट गार्डन' याद आती हैं जिनमें युद्ध को नहीं, कुछ ख़ास चरित्रों और स्थितियों को गहरे सोच का विषय बनाया गया है—अध्ययन के छोटे-छोटे परिच्छेद, लेकिन अर्थ-गाम्भीर्य में युद्ध के ऊलजलूल और अमानुषिक तर्क को दूर तक शर्मिन्दा करते हुए।

मानव स्वभाव के उदात्त पक्षों पर दबाव, हंगरी के फ़िल्मकार पॉल गेबॉर ( Pál Gábor, 1932-1987) की फ़िल्म अंगी वेरा (1979) तथा इस समारोह में पुरस्कृत वल्चनेव की बल्गारियन फ़िल्म 'अननोन सोल्जर्स पेटेंट लेदर बूट्स' के भी मुख्य विषय कहे जा सकते हैं। '...लेदर बूट्स' आत्मकथा है : अपने एक छोटे से गाँव की ज़िन्दगी को सोचती हुई एक बच्चे की कोमल, विनोद और मानवीय सन्देशों से भरपूर दृष्टि। स्मृति का इतना काव्यमय इस्तेमाल शायद ही किसी अन्य फ़िल्म में देखने को मिला हो। एक अति भावुक मनःस्थिति के बावजूद फ़िल्म भावुकता में बह नहीं जाती : किसानी ज़िन्दगी के एक हंसमुख पक्ष को कौतुक और कुतूहल के बड़े ही मानवीय धरातल पर रचती है—रचना जिसमें एक निजी अनुभव की गरमाहट के साथ-साथ एक सार्वभौमिक सचाई की गरिमा है।

ज़ोल्तान फाबरी की हंगेरियन फ़िल्म 'बालिंत फाबिअन मीट्स गॉड' (जिसका दूसरा भाग 'हंगेरियन्स' पहले ही बन चुकी है) इस समारोह के विशेष आकर्षणों में से थी। युद्ध की नृशंसताओं से सन्तप्त बालिंत लम्बे समय बाद अपने गाँव लौटता है, उसकी पत्नी अपने प्रेमी एक पादरी की हत्या के सदमे में पागल हो चुकी है। उसके पागलपन का कारण बालिंत नहीं जानता, पर सारा गाँव जानता है। बालिंत ज़मींदार की नौकरी करता है—कोचवानी। मगर जल्द ही ज़मींदार के अत्याचारी रवैये से क्षुब्ध होकर नौकरी से अलग हो जाता है। इस बीच उसकी पत्नी की भी मृत्यु हो जाती है। एक दिन अकस्मात् उसे पता चलता है कि वह क्यों पागल हो गई थी। बालिंत चुप रह जाता है, पर उसका लड़का, गाँव छोड़ते वक़्त उस आदमी की

हत्या करता जाता है, जिसने बालिंत को बताया था। सीधे-सादे चरित्रवान बालिंत के लिए यह सब समझ और बर्दाश्त के बाहर हो जाता है। गिरजाघर के घंटे की रस्सी से फाँसी लगाकर वह झूल जाता है...कि 'वह ईश्वर से मिलकर पूछेगा, इस सबके क्या माने हैं।'

यह फ़िल्म क्या निराशावादी नहीं है, पूछे जाने पर फाबरी ने कहा था—'कुछ कहानियाँ उदास करती हैं...मैंने हमेशा जीवन के नाटकीय और कटु संघर्षों को उभारा है, उन लोगों के दुर्भाग्य की बात है, जिन बेचारों का अपनी जीवनगति पर कोई वश नहीं रहता, जो समय और इतिहास की धारा में बहते जाने को विवश हैं...बीसवीं सदी की शायद यही सबसे भयावह स्थिति है...' फाबरी का यक़ीन है कि इस तरह की निरीह और बर्बाद ज़िन्दगियों की बात करके ही शायद कला कुछ सही काम कर सकती है। फाबरी की फ़िल्मों में मुझे चेहरों का अध्ययन बड़ा दिलचस्प लगता है मानो वे सिर्फ़ चेहरे न हों, पूरे परिवेश की सूचियाँ हों। ख़ुद गेबार कोंज का चेहरा (जो दोनों फ़िल्मों में काम करता है) ऐसा ही एक चेहरा है जो मानो सिर्फ़ एक पात्र का नहीं, पूरी फ़िल्म का चरित्र हो।

युवा मन, उसके अजीब से लगते तौर-तरीक़ों को बहुत ही सफ़ाई से उद्घाटित करती हुई तीन फ़िल्में मुझे विशेष रूप से उल्लेखनीय लगती हैं—अमेरिकी निर्देशक पीटर येट्स (Peter Yates, 1929-2011) की 'ब्रेकिंग अवे' (1979), जर्मन निर्देशक वर्नर श्रोएटर (Werner Schroeter, 1945-2010) की 'पालर्मो ऑर वुल्फ्सबग' (1980) तथा ऑस्ट्रेलिया के एस्बेन स्टॉर्म (Esben Storm, 1950-2011) की 'इन सर्च ऑफ़ आना' (1978)। समस्या को पीढ़ियों के संघर्ष के रूप में न देखती हुई ये फ़िल्में अपनी-अपनी तरह नवयुवक मन के उस बहुत ही नाज़ुक मनोविज्ञान पर उँगली रखती हैं, जहाँ समाज में अपनी एक स्वतंत्र पहचान और जगह बनाने की इच्छा आत्मबोध जागने के साथ-साथ ही प्रबल हो उठती है और कभी रचनात्मक, कभी विध्वंसात्मक चेष्टाओं में प्रकट होती है। मूलतः यह घर-बाहर एक नये परिवेश में स्वीकृत होने की समस्या है, जिसे फ़िल्म अंगी वेरा में अधिक गीतात्मक और नियंत्रित ढंग से उठाया गया है। लेकिन उपर्युक्त तीनों फ़िल्मों का खुरदुरा यथार्थ पात्रों के चरित्र और परिवेश की कर्कशता पर ज़्यादा दबाव डालता है। आन्द्रेई कोन्चालोव्स्की (Andrei Konchalovsky, 1937) द्वारा निर्देशित सोवियत फ़िल्म 'द स्टोरी ऑफ़ आस्या क्लयचीना' (1966) में भी यद्यपि चारित्रिक समस्या बिल्कुल रोमांटिक ज़मीन पर रहती है, पर बाहरी दुनिया के साथ सामंजस्य बैठाने की मुश्किलों के मनोवैज्ञानिक संकेतों को हम इन सभी फ़िल्मों में बराबर से पहचान सकते हैं।

इस समारोह में कई बहुत अच्छी सामाजिक-राजनीतिक फ़िल्में थीं। पर निश्चित अर्थों में जिसे राजनीतिक सिनेमा कहा जा सके, ऐसी शायद ही कोई फ़िल्म हो। उस

तरह की बहुत स्पष्ट राजनीतिक आलोचना की फ़िल्में नहीं थीं, जैसा कोस्ता-गावरास या ग्रीक फ़िल्मकार माइकल काकोयानिस (Michael Cacoyannis, 1921-2011) की कुछ फ़िल्में पिछले समारोह में दिखाई जा चुकी हैं। इस समारोह की ऐसी फ़िल्मों में जिनमें राजनीतिक स्वर की पहचान अपेक्षाकृत साफ़ रही हो, क्यूबा के थॉमस आलिया (Tomás Alea, 1928-1996) की 'द लास्ट सपर' (1976) और 'डेथ ऑफ़ अ ब्यूरोक्रेट' (1966) के नाम लिये जा सकते हैं। फ़िल्मकारों की अपनी राजनीतिक प्रतिबद्धता जो भी हो, ज़्यादातर फ़िल्मों में राजनीति से अधिक बड़े मानवीय सरोकारों से टकराहट आसानी से महसूस की जा सकी। राजनीति के साथ बहुत स्थूल सम्बन्ध वैसे भी कलाओं में बहुत दूर तक, या देर तक, नहीं निभता। स्पेन के मानुएल आरागों (Manuel Aragón, 1940) की फ़िल्म 'द हार्ट ऑफ़ द फॉरेस्ट' (1979) राजनीतिक फ़िल्म न होते भी एक सशक्त राजनीतिक चरित्र का बड़ी ही मार्मिक और अर्थपूर्ण प्रतीकात्मक इस्तेमाल है। ऑस्ट्रिया के घने पहाड़ी जंगलों में लुकछिप कर किसी तरह हमेशा बना रहने वाला गुरिल्ला योद्धा एल-अंडरीन केवल एक चरित्र नहीं, एक अनुश्रुति का चरित्र भी है, जिसका प्रारूप ('अपोकैलिप्स नाउ' के कुट्ज़्र की तरह ही) हम जोसेफ कोनरैड के उपन्यास 'हार्ट ऑफ़ डार्कनेस' के रहस्यमय और सन्दिग्ध नायक कुट्ज़्र में पहचान सकते हैं। अंडरीन को मित्र की तरह हमेशा छिपाए रखने वाले जंगल, अंडरीन की पुरानी प्रशंसिका अम्पारो की दृष्टि में, कैसे स्वयं भी एक ज़माने में उतने ही रहस्यमय और सन्दिग्ध चरित्र का प्रतीक है, इसका बहुत ही सुन्दर विस्तार इस फ़िल्म में हुआ है।

जनश्रुति या किंवदन्ती की बुनियादी संरचना को इस्तेमाल करने वाली फ़िल्मों में स्पेन की 'द सबीना'[1] एक रोमांचक प्रेमकथा का बड़ा ही अनूठा चित्रण है। संरचना की दृष्टि से जनश्रुति या फंतासी की यह अन्तर्धारा हम स्पेन के ही कार्लोस साउरा (1932) की अनेक फ़िल्मों में पहचान सकते हैं—स्पैनिश जनक्रान्ति से प्रभावित मनःस्थितियों के अनेक चेहरे साउरा की 'अना एंड द वुल्व्ज़' (1972), 'ब्लाइंड फोल्डेड' (1978), 'एलिस माय लाइफ़' (1977) जैसी फ़िल्मों में भरे पड़े हैं। विश्वसनीय वही है, जिस पर हम विश्वास कर सकें—और साउरा के विश्वासों की दुनिया में जाने का मतलब है—घटनाओं, स्मृतियों और असामान्य चरित्रों की एक ऐसी अजीब दुनिया में जाना, जिसमें स्पष्ट और अस्पष्ट की विभाजन रेखा बेहद बारीक़ है।

एक छोटे लेख की सीमा में उन सभी उत्कृष्ट फ़िल्मों के साथ पूरा न्याय करना मुश्किल रहा है, जिनकी यहाँ चर्चा भर की जा सकी। एक अच्छे फ़िल्मकार का काम लगभग एक पूरे लेख की ज़मीन और समय माँगता है। एक तारकोव्स्की, फेलीनी, बर्गमान, वायदा, कुरोसावा, ऐंजलोपुलोस, फाबरी, रेने, कोपोला या साउरा

1. 1979, निर्देशक—ख़ोसे लुईस बोराऊ

जैसी प्रतिभाओं की कोशिशों को सोचना एक प्रिय, मगर उतना ही चुनौतियों भरा भी, काम है—ख़ासतौर पर जब इतने कम समय में एक तेज़ी से विकसित होती कला के इतने विविध रूपों से सामना हुआ हो। फिर भी, उत्सव की श्रेष्ठतम फ़िल्मों के आधार पर कुछ ऐसे निष्कर्ष निकाले जा सकते हैं, जिनका निश्चित प्रभाव मन पर छूटता था, जैसे फ़िल्मों में एक परिष्कृत साहित्यिक, ऐतिहासिक और सांस्कृतिक चेतना का आभास, सामाजिक-राजनीतिक सरोकार में व्यापकता और स्पष्टता, पर आक्रामकता की कमी, सेक्स और हिंसा के दृश्यों का कम और सावधान इस्तेमाल, नये प्रयोग कभी-कभी जटिल और दुरूह होते हुए भी अत्यन्त अर्थपूर्ण, पुरानी शैलियों में अपूर्व सफ़ाई और मँजाव, समस्याओं को अधिक चरित्रगत और अनुभवगत आधारों पर रखने की प्रवृत्ति तथा बात को कहने के ढंग में एक ख़ास तरह की सफ़ाई और आडम्बरहीनता।

साथ ही कुरोसावा, बर्गमान, सत्यजित राय, वायदा और कोपोला जैसे कुछ प्रतिष्ठित निर्देशकों की पिछली फ़िल्मों के मुक़ाबले उनकी नई फ़िल्में जितनी आई थीं, उतना सन्तोष नहीं दे सकीं। एक स्तर की फ़िल्में होते हुए भी ये उनके स्तर को और ऊँचा नहीं उठाती थीं। अपेक्षाकृत फेलीनी, तारकोव्स्की, ऐंजलोपुलोस और फाबरी अपनी परिचित शैली में भी अत्यन्त सशक्त और नई क़िस्म की रचनाएँ दे सके हैं।

# अति ही अति : हिन्दी फ़िल्मों की दुर्गति[1]

कुछ तथ्यों से बात शुरू करना चाहता हूँ। इस वक़्त भारत में सबसे ज़्यादा फ़िल्में हिन्दी में बन रही हैं, मगर सबसे अच्छी फ़िल्में बांग्ला में बन रही हैं। हिन्दी फ़िल्मों का कोई भाषाई और प्रादेशिक चरित्र अब तक नहीं बन पाया है। बम्बइया फ़िल्में हिन्दी में होते हुए भी हिन्दी प्रदेशों की फ़िल्में नहीं हैं—न भाषाई दृष्टि से, न सांस्कृतिक दृष्टि से। वे ज़्यादातर व्यावसायिक दृष्टि से बनी फ़िल्में हैं और ऐसा कोई साधन यहाँ उपलब्ध नहीं कि चालू बम्बइया और अमेरिकी फ़िल्मों को छोड़ किसी तीसरे तरह की फ़िल्में देखने को मिलें।

उत्सव में आठ हिन्दी फ़िल्में दिखाई गईं, जिनमें अधिकांश फ़िल्में ऐसी नहीं थीं, जिनके निर्देशकों और दृश्यों को सीधे उस मुख्य जगह से जोड़ा जा सके, जिस जगह की भाषा में ये फ़िल्में बनी हैं। यह शिकायत नहीं, एक विचारणीय तथ्य है—उनके लिए नहीं, जो हिन्दी में फ़िल्में बनाकर एक अच्छा काम कर रहे हैं, बल्कि उनके लिए जो हिन्दी के सिर्फ़ प्रसार और प्रचार से सन्तुष्ट हैं, पर उसके विकास की आधुनिक संचार माध्यमों की रचनात्मक सम्भावनाओं को लेकर अस्पष्ट।

अधिकांश हिन्दी फ़िल्मों को देखना कला के सूक्ष्म नहीं, एक लगभग स्थूल अनुभव से गुज़रना था। ज़्यादातर फ़िल्में जितना दिल पर असर डालने की कोशिश करती थीं, उतना दिमाग़ पर नहीं। और अक्सर शायद दिल पर भी उतना नहीं, जितना देखने–सुनने की इन्द्रियों पर, वरना दोनों ही स्तरों पर वे इतनी आवाज़ी न होतीं। आत्मसजग और संवेदनशील कलाकार अपने सामने कला के श्रेष्ठतम आदर्शों को रखता है, मोटी समझ के उदाहरणों को नहीं। यह दर्शक की समझ का आदर करना भी है। एक गुण की भी 'अति' हो जाए, तो दोष हो जाता है। और ज़्यादातर हिन्दी फ़िल्मों में मुझे 'अति' का दोष लगा : अति कथन, अति नाटकीयता, अति अभिनय, अति भावुकता, यहाँ तक कि अति प्रयोग भी। इसीलिए मृणाल सेन की 'भुवन शोम' (1969) और सई परांजपे (1938) की 'स्पर्श' (1980) जैसी

1. सारिका, 16 फरवरी, 1981

फ़िल्मों का सधा हुआ शान्त स्वर कोई बहुत अनोखा या नया अनुभव न होते हुए भी एक तरह की राहत था। फ़िल्में जो दर्शकों पर बाहर से हमला नहीं थीं, एक ज़रूरी और आत्मीय प्रसंग थीं।

गोविन्द निहलानी (1940) की 'आक्रोश' (1980) तथा विप्लव राय चौधुरी (1942-2012) की 'शोध' (1981) को देखते हुए, आंचलिक तर्ज पर बनी कई अन्य फ़िल्में अपने आप याद आने लगीं। आंचलिकता साहित्य का शब्द है, जिसका एक मोटा रूप आजकल फ़िल्मों में प्रचलित है कि कभी-कभी यह फ़र्क़ करना मुश्किल हो जाता है कि एक अच्छी फ़िल्म में भी वह कहाँ तक यथार्थ है और कहाँ सिर्फ़ एक ऊपरी रंग या सजावटी मुहावरा। आंचलिकता अगर एक तर्ज़ ही नहीं है, तो एक फ़िल्म की यह मंशा बिल्कुल साफ़ उभरनी चाहिए कि वह ग्रामीण या आदिवासी ज़िन्दगियों को गहरी और ईमानदार चिन्ता का विषय मानती है, सिर्फ़ रंगीन फ़िल्मकारी का नहीं। मृणाल सेन की 'भुवन शोम', 'मृगया' (1976) और 'ओका ओरी कथा' (प्रेमचन्द की 'कफ़न' कहानी पर आधारित तेलुगु फ़िल्म, 1977) देख चुकने के बाद लगभग उसी तरह की पृष्ठभूमि पर बनी 'आक्रोश' और 'शोध' यद्यपि कोई बहुत भिन्न या नया फ़िल्मी अनुभव नहीं दे सकीं—फिर भी कुछ ज़रूरी समस्याओं को पूरे पैशन और साहस के साथ ज़रूर उठाती थीं। ये दोनों फ़िल्में मेरी दृष्टि में बेहतर हो सकती थीं, अगर उनके स्वर को कहीं-कहीं बहुत ऊँचा न रखा जाता तथा पात्र और स्थितियाँ इतनी साँचे-ढली-सी न होतीं। 'शोध' की उठान अच्छी थी, पर शीघ्र ही वह भी एक परिचित कथानक के ढर्रे में बहने लगती है। फिर भी 'आक्रोश' (विजय तेन्दुलकर का आलेख) और 'शोध', मुझे रवीन्द्र धर्मराज (1946-1981) की 'चक्र' (1981) (एक मराठी उपन्यास पर आधारित) से बेहतर फ़िल्में मुझे इस माने में ज़रूर लगीं कि उनमें ध्यान कुछ ख़ास मसलों पर ठहरता है, यथार्थपरक विवरणों की ज़्यादती पर नहीं।

मध्य प्रदेश सरकार द्वारा मुक्तिबोध की रचनाओं से सम्बन्धित फ़िल्म 'सतह से उठता आदमी' (1980) का निर्माण एक बहुत अच्छे काम की शुरुआत है, लेकिन मणि कौल (1944-2011) द्वारा निर्देशित यह फ़िल्म एक ईमानदार कोशिश के बावजूद एक सफल फ़िल्म, एक सार्थक फ़िल्मी प्रयोग या मुक्तिबोध के साहित्य का कोई निश्चित प्रभाव मन पर नहीं छोड़ पाती।

प्रौढ़ता, सन्तुलन और फ़िल्मी माध्यम के साथ एक साहित्यिक किस्म का अन्तर्सम्बन्ध (जिसके अधिक बौद्धिक या प्रयोगशील पक्ष को हम नये फ्रेंच सिनेमा मूवमेंट में पहचान सकते हैं)—इन तीनों दृष्टियों से मुझे बांग्ला फ़िल्में अधिक रोचक और ग्राह्य लगीं। तपन सिन्हा (1924-2009) की 'बांछारामेर बागान' (1980) और तरुण मजूमदार (1931) की 'दादार कीर्ती' (1980)

जैसी सामान्य फ़िल्मों में भी वह ख़ास तरह का अनुशासन और परिवेश की जीवन्तता का स्पर्श महसूस किया जा सकता था, जो हिन्दी फ़िल्मों में अगर रहता भी हो, तो निर्जीव-सा। यह आभास मृणाल सेन की इधर की फ़िल्मों 'एक दिन प्रतिदिन' तथा 'अकालेर संधाने' में नई ताज़गी के साथ अनुभव किया जा सका। मृणाल सेन के बुनियादी सामाजिक और राजनीतिक सरोकार की दिशा में कोई फ़र्क़ नहीं आया, सिर्फ़ इन फ़िल्मों में ज़्यादा संश्लिष्ट ढंग से अत्यन्त प्रामाणिक और मार्मिक जीवन प्रसंगों से निकलते हुए लगते हैं। यही वह बुनियादी शर्त भी है कि कलाओं में विचारों की उपस्थिति इस तरह हो कि दोनों एक दूसरे को पुष्ट करें, दोनों को कमज़ोर नहीं।

केतन मेहता (1952) की गुजराती फ़िल्म 'भवनी भवाई' (1980) तथा जी. अरविन्दन (1935-1991) की मलयाली फ़िल्म 'स्तेप्पन' (1980) अपने ढंग की प्रभावशाली कृतियाँ थीं। 'स्तेप्पन' में मछुआरों की ज़िन्दगी से सम्बन्धित एक प्रचलित लोक-विश्वास का संयत इस्तेमाल हुआ है। वह और भी सार्थक इस्तेमाल हो सकता था, अगर रहस्य और यथार्थ के बीच की कड़ी को अधिक मनोवैज्ञानिक स्तर पर भी सँभाला जा सकता—उन शहरी पात्रों के माध्यम से, जिन्हें लिया गया है। फिर भी 'स्तेप्पन' में एक ताज़गी है—एक असली जगह और असली ज़िन्दगी के निजी अनुभव की ताज़गी—यद्यपि कहानी उतने विविध अर्थों में प्रस्फुटित नहीं हो पाती, जितनी विविध लोकसामग्री का वह इस्तेमाल करती है।

केतन मेहता की फ़िल्म 'भवनी भवाई' में एक गुजराती लोककथा के प्रचलित रूप को विस्तृत किया है—अछूतों की समस्या का आधार बनाकर—

**केतन मेहता की फ़िल्म**
**'भवनी भवाई' (1980) का पोस्टर**

पर ऐसा लगा कि एक लोककथा का नाज़ुक ताना–बाना गुंजाइश से अधिक खींच देने के कारण जगह–जगह से मसक गया है।

योरप में नए फ़िल्मी आन्दोलन वहाँ के साहित्य और सोच के साथ घनिष्ठ रूप से जुड़े रहे हैं, जबकि अधिकांश भारतीय, विशेषकर हिन्दी, फ़िल्मकार अपने समय और समाज की महत्त्वपूर्ण साहित्यिक कोशिशों में बहुत ही सतही और रिआयती दिलचस्पी रखते हैं। यह कमी छिप नहीं पाती—ख़ासकर एक ऐसे उत्सव में जहाँ दुनिया की श्रेष्ठतम फ़िल्में दिखाई जा रही हों और जहाँ ज़्यादा दबाव अब ग्लैमर पर नहीं, एक ख़ास तरह की सादगी और आडम्बरहीनता पर हो।

# ज़िन्दगी और कला के रिश्तों की एक नई समझ[1]

हंगरी के विख्यात फ़िल्म निर्देशक ज़ोल्तान फाबरी की फ़िल्मों को देखना एक विशिष्ट प्रकार के साहित्यिक अनुभव से गुज़रना है। पिछले कई उत्सवों में दिखाई गई फाबरी की बहुचर्चित फ़िल्में 'फ़िफ़्थ सील', 'हंगेरियन्स' और 'बालिंत फाबियान मीट्स गॉड' अगर प्रभाव में औपन्यासिक थीं, तो उनकी नई फ़िल्म 'रिक्वीम' (1982) जो इश्तवान ऑर्केनी[2] की एक कहानी पर आधारित है, निश्चित रूप से काव्यात्मक है। वैसे तो फाबरी की काव्य-संवेदना की स्पष्ट छाप उनकी किसी भी फ़िल्म पर आसानी से देखी जा सकती है, पर 'रिक्वीम' उनकी पिछली फ़िल्मों से बिल्कुल एक अलग तरह की रचना है और इसकी व्याख्या, कविता की ही तरह, एक से अधिक स्तरों पर सम्भव है।

ऐसा नहीं कि 'रिक्वीम' में अपने वक़्त के गम्भीर राजनीतिक, सामाजिक और नैतिक सवाल न उठे हों, पर उसका मुख्य सरोकार फ़िल्म के तीन प्रमुख पात्रों इश्तवान (राजनीतिक बन्दी), उसकी प्रेयसी नेत्ती (जो डॉक्टर अगोश्तेन की पत्नी भी है) तथा ड्यूला (जो इश्तवान के साथ जेल में रहा था) के माध्यम से इश्तवान और नेत्ती के उन गहरे शारीरिक और मानसिक अनुभवों का चित्रण है, जिन्हें इश्तवान अपने लम्बे जेल जीवन के दौरान धीरे-धीरे ड्यूला में भर देता है। ड्यूला जेल से छूटता है मानो इश्तवान के उन सारे अनुभवों को अपने में साक्षात् धारण किए हुए, जिन्हें नेत्ती (एदित फ्राइन का अविस्मरणीय अभिनय) के साथ जीते हुए इश्तवान ने अपनी यौन कुंठाओं से एक ख़ास तरह की मुक्ति पाई थी और एक दृष्टि भी पाई थी, नेत्ती के माध्यम से जीवन को एक उदात्त सौन्दर्य के रूप में देख सकने की। नेत्ती के प्रति अपनी अपार कृतज्ञता को मानो वह एक जीती-जागती स्मृति के रूप में ड्यूला में स्थापित करके नेत्ती के पास भेजता है। नेत्ती इश्तवान की स्मृतियों

1. दिनमान, 23-29 जनवरी, 1983
2. इश्तवान ऑर्केनी (István Örkény, 1912-1979) : हंगेरियन लेखक, जिनकी रचनाओं पर कई नाटक खेले गए, लम्बे समय तक रूसी लेबर कैम्प में रहे। बाहर आने के बाद चार साल तक राजनीतिक कारणों से उनकी रचनाओं पर रोक लगी रही। बाद में बेहद लोकप्रियता अर्जित की।

को एक बार फिर उसी तीव्रता से ड्यूला के शरीर में जीती है। ड्यूला स्तब्ध रह जाता है। यह अनुभव उसे भी मुक्त करता है अपनी उस कुंठा से, जिसके कारण बलात्कार के अपराध की सज़ा हुई थी। फ़िल्म का अन्त एक अद्‌भुत प्रतीकार्थ पर होता है—नेत्ती अपने पति को छोड़ देती है पर उसका सम्बन्ध ड्यूला के साथ भी आगे नहीं बढ़ पाता। ड्यूला एक थके हुए माध्यम की तरह मानो नेत्ती और इश्तवान के प्यार की भस्म की तरह अलग छूट जाता है।

**ज़ोल्तान फाबरी की फ़िल्म 'रिक्वीम' ( 1982 )**

फाबरी ने नेत्ती के सुन्दर, सुगठित और स्वस्थ शरीर को एक भाषा दी है। सुन्दर, सशक्त और स्वस्थ। वे नेत्ती के नंगे शरीर को एक शिल्पी की तरह गढ़ते और एक चित्रकार की तरह चित्रित करते हैं, मानो निर्विकार भाव से काम की व्याख्या कर रहे हों। एक ऐसे बिन्दु पर जहाँ प्रकृति और स्त्री, पुरुष और पुंसत्व में फ़र्क़ मिट जाता है। फाबरी की नेत्ती को देखकर प्राचीन ग्रीक-प्रतिमाओं की याद आती है और यह शायद नितान्त, आकस्मिक नहीं कि नेत्ती का शरीर केवल क्लासिकल मूर्तिकला ही नहीं, ग्रीक एथलेटिक्स का भी आदर्श प्रतीत होता है। यह आदर्श अन्त तक सुरक्षित रहता है। प्रकृति की ही तरह अक्षय। एक नदी की तरह बहता हुआ जीवन प्रवाह, जिसमें नहाकर इश्तवान और ड्यूला स्फूर्त हैं।

शायद मैं फ़िल्म का अतिपठन कर रहा हूँ—पर यह मुझे दिलचस्प लगता है कि फाबरी की 'रिक्वीम' में भी नदी का बिम्ब उतना ही प्रभावशाली है जितना उनकी 'बालिंत फाबियान मीट्स गॉड' में देखा था, जब दुराचारी पादरी को बालिंत का पुत्र नदी में डुबाकर मार डालता है। नदी में नहाकर स्वच्छ और पवित्र हो जाने का भाव शायद मनुष्य की आदि भावनाओं का एक अभिन्न हिस्सा है। फाबरी ने नदी और उसके किनारे नेत्ती के नग्न शरीर के एकाकार में इसी पवित्रता की छवि को मूर्त करने की कोशिश की है। स्क्रीन पर एक न्यूड या नंगे शरीर को शालीनता से दिखाना सबसे मुश्किल काम है। एक अन्य प्रसिद्ध हंगारी फ़िल्मकार मिकलोश यान्चो की फ़िल्में भी याद आती हैं। यान्चो सामूहिक नग्नता को कभी एक लैंडस्केप, कभी एक कोरस और कभी एक धार्मिक अनुष्ठान की-सी गरिमा देते हैं। फाबरी के चित्रण में भी कभी एक धार्मिक चित्रकार, तो कभी एक सौन्दर्यवादी शिल्पी की दृष्टि का पैशन है। दोनों ही फ़िल्मकार शरीर की प्राकृतिक छटा के मनन द्वारा एक नैसर्गिक आनन्द की कल्पना को प्रस्तुत करते हैं। और इस माने में फाबरी की 'रिक्वीम' एक उल्लेखनीय सफल कृति है।

इस तरह के विषयों का रोमांटिक बहाव से बह जाना बहुत आसान होता है, और फाबरी इस ओर पूरी तरह सतर्क दिखते हैं। फ़िल्म के आधार को कहीं वह यथार्थ की ज़मीन से हटने नहीं देते। 1952 के आसपास के राजनीतिक और

**हंगेरियन फ़िल्मकार ज़ोल्तान फाबरी**

सामाजिक वातावरण को फाबरी ने इश्तवान के जेल–जीवन से जोड़कर उस दूसरी दुनिया की यादों को बरक़रार रखा है, जिससे इश्तवान का मौजूदा यथार्थ बनता है। फाबरी की कला का यह दूसरा आयाम है, जो हमें उनकी 'फ़िफ़्थ सील' जैसी फ़िल्मों के कटु यथार्थ के नज़दीक ले जाता है। लेकिन 'रिक्वीम' में फाबरी निराशावादी नहीं हैं और न ही बहुत मोटे अर्थों में आदर्शवादी ही। यथार्थ की खुरदुरी और क्रूर सतह पर भी वे कलात्मक और मानवीय संवेदनाओं के लिए जो एक कोमल जगह बनाते हैं, वही शायद ज़िन्दगी और कला के रिश्तों के बारे में उनकी समझ का सबसे मूल्यवान हिस्सा है।

# राजनीतिक सिनेमा : कुछ सवाल[1]

3 से 17 जनवरी, 1982 तक दिल्ली में हुए नवें अन्तर्राष्ट्रीय फ़िल्म समारोह में दिखाई गई एक साधारण-सी युगोस्लावियन फ़िल्म 'क्या आप डॉली बेल को जानते हैं?' (निर्देशक : अमीर कुस्तूरिका Emir Kusturica, 1954) से बात शुरू करूँगा। (वैसे भी, इस बार समारोह में असाधारण फ़िल्म शायद ही कोई देखने को मिली हो।) असाध्य रोग से मर रहे एक ग़रीब परिवार के बूढ़े मगर ज़िन्दादिल मुखिया के मन में अपने समाजवादी यक़ीनों को लेकर एक अन्तर्द्वन्द्व है : उसका सारा जीवन उज्ज्वल भविष्य की आशा में बीत गया, अपनी झोपड़ी और ग़रीबी में ही। 'वाद' और 'वादे' कुछ और दिखाते रहे, यथार्थ कुछ और दिखाता है। तो क्या हम सब अपने को और दूसरों को, चमकते भविष्य के सपने दिखा-दिखाकर हिप्नोटाइज़ करते हैं? यही तो धर्म करता है? फ़िल्म में हिप्नोटिज़्म और आदर्शवाद की दोहरी बुनावट से आदमी की मिथ्या-स्थिति की गहरी विडम्बना को उभारा गया है। एक जगह बूढ़ा अपने ऊबे हुए विक्षोभ पर ठंडी धार फेरता है...धर्म और आदर्श ग़रीबों के लिए हैं।

पूर्वी योरपीय फ़िल्मों में अन्तर्द्वन्द्व की यह वापसी, जो सामाजिक यथार्थ के अति-सरलीकरण द्वारा लगभग विलुप्त हो गई थी, मानव-यथार्थ के उस अध्याय को फिर से खोलती हुई लगी, जो ज़िन्दगी की ही तरह जटिल और बहुमुखी है, किसी मत या सिद्धान्त की तरह एकतरफ़ा नहीं। छठे दशक में पूर्वी योरप के प्रतिबद्ध सिनेमा का जो मूड था, उसमें एक निश्चित फ़र्क़ इधर बन रही फ़िल्मों में आसानी से दिखाई दिया। बहुत बारीक़ फ़र्क़ किए बिना भी यह अहसास होता रहा कि जिसे पहले प्रतिबद्ध सिनेमा कहना ठीक होता, उसे अब शायद अधिक व्यापक अर्थों में राजनीतिक सिनेमा कहना ज़्यादा ठीक होगा। 'डॉली बेल' की निर्भीक आलोचना को यूगोस्लावियन राजनीतिक चिन्तन के इस परिप्रेक्ष्य में भी समझा जा सकता है कि उसने स्तालिन के समय में भी अपनी मार्क्सवादी

1. सारिका, 16 फरवरी, 1983
2. अंग्रेज़ी शीर्षक 'डू यू रिमेम्बर डॉली बेल'—सं.

प्रतिबद्धता के सवाल को बिल्कुल अपनी तरह उठाने और हल करने की आज़ादी पर ज़ोर दिया।

पूर्वी यूरोप और रूस के बीच के देशों की मानसिक स्थिति मुझे बहुत कुछ वैसी ही लगती है, जैसी उनकी भौगोलिक स्थिति—यानी उनके घर की एक खिड़की अगर रूस की तरफ़ खुलती है तो दूसरी पश्चिम यूरोप की तरफ़ भी : इसीलिए शायद मार्क्सवाद को अपनाते हुए भी युगोस्लाविया, पोलैंड, हंगरी, चेकोस्लोवाकिया, बुल्गारिया आदि देशों की फ़िल्मों में उस चिन्तन का आभास मिलता ही रहा, जो पश्चिमी यूरोप में होता रहा, ख़ासकर अस्तित्ववाद, यथार्थवाद और मार्क्सवाद को लेकर।

पोलैंड के विख्यात फ़िल्मकार क्रिश्तोफ़ ज़ानुसी (1939) अपनी फ़िल्म 'फ्रॉम अ फार कंट्री' (1981) में एक लगभग धार्मिक क्षेत्र की समस्या को उठाते हैं, जब वे चार सौ वर्षों में पहली बार एक पोलिश नागरिक के पोप बनने की घटना को आधार बनाकर पोलिश जनजीवन की आन्तरिक आकांक्षाओं और विश्वासों को सजीव अभिव्यक्ति देते हैं। ज़ानुसी की फ़िल्मों को पारम्परिक अर्थों में एक धार्मिक फ़िल्म कहना ग़लत होगा, दरअसल वे धर्म के माध्यम से सामूहिक इच्छाशक्ति के विजय की कहानी है। धर्म का सन्दर्भ, परोक्ष रूप से वह नैतिक और मानवीय सन्दर्भ भी है, जिसके ह्रास ने यूरोप में नाज़ी अत्याचारों को सम्भव बनाया।

जीवन को राजनीति से बड़े परिप्रेक्ष्य में रखकर देखने की कोशिश के दो अत्यन्त रचनात्मक उदाहरणों के रूप में हंगरी के प्रसिद्ध फ़िल्म निर्देशक ज़ोल्तान फाबरी की 'रिक्वीम' और चेकोस्लोवाकिया के यारोस्लाव सूकप (Jaroslav Soukup, 1946) की 'रोमानितो' (1980) फ़िल्मों का नाम लेना चाहूँगा। दोनों ही फ़िल्मों की लय संयत, धीमी और विचारशील है। निरंकुश सरकारों पर तीखी टिप्पणी के साथ-साथ ज़िन्दगी के अन्य मुआमलों पर भी इन फ़िल्मों की पकड़ साफ और दृढ़ रही। राजनीति को ज़िन्दगी की तरफ़ से देखना और ज़िन्दगी को राजनीति की तरफ़ से देखना एक ही बात नहीं है—इस फ़र्क़ को बारीक़ी से सामने रखते हुए ये फ़िल्में आज के आदमी की जिन मुश्किलों का स्पर्श कर सकीं, उसने न केवल इन फ़िल्मों के मानवीय सरोकारों को विस्तृत कर दिया, बल्कि राजनीति के दायरे को भी। 1912 के लगभग की विषम राजनीतिक पृष्ठभूमि पर फाबरी ने अपनी 'रिक्वीम' में जिन सूक्ष्म और जटिल मानवीय सम्बन्धों का उद्‌घाटन किया है, वह एक साथ राजनीति पर भी उतनी ही कटु टीका है, जितनी कलापूर्ण कोशिश मनुष्य की उन कोमल भावनाओं को उभारने की, जिनके बिना आदमी को बर्बर और अमानुषिक हो जाते देर नहीं लगती।

चेक फ़िल्म 'रोमानितो' एक पत्रकार जेकब आर्ब्स की निजी समस्याओं को केन्द्र में रखकर मज़दूरों की ज़िन्दगी पर विचार है। जैकब आर्ब्स केवल पत्रकार ही नहीं, एक अच्छा कला-समीक्षक भी है, और उसकी मानसिकता का यह अतिरिक्त आयाम ही फ़िल्म को केवल मज़दूरों के पक्ष में ही नहीं, एक ज़्यादा बड़ी ज़िन्दगी के परिप्रेक्ष्य में भी विस्तृत करता है। 'नारोदनी लिस्ती' अखबार का प्रधान सम्पादक ग्रेग, जिसके मातहत जैकब काम करता है, इस बात से भयभीत है कि कहीं बड़े संस्थानों के मालिकों की खुली आलोचना से उसके अख़बार को वह सहायता मिलनी बन्द न हो जाए, जिसके बिना अख़बार का चलना मुश्किल है। लेकिन जैकब के मन में सचाई के लिए जो पैशन है, वह उसका ज़िन्दगी के अनेक मार्मिक और उलझे हुए पक्षों से सामना कराता है। और दर्शक का भी। निर्देशक समस्याओं का सरलीकरण नहीं करता, न मज़दूरों की समस्या को सबसे अलग करता है। उसे ज़िन्दगी के पूरे यथार्थ के साथ जोड़कर अधिक विश्वसनीय बनाता है। यह उसकी कला और कथ्य, दोनों को वह सचाई और प्रामाणिकता देता है, जिसे हम अपने चारों ओर देखते और पाते हैं।

इसी सिलसिले में बुद्धदेव दासगुप्त (1944) की 'गृहयुद्ध' (1982) याद आती है। जैकब आर्ब्स की तरह ही सन्दीपन भी एक पत्रकार है, जो एक बड़ी इस्पात कम्पनी के मालिक द्वारा करवाई गई एक मज़दूर की हत्या के मामले का भंडाफोड अपने पत्र में करा पाने में नाकाम रहता है, और अन्त में स्वयं मारा जाता है, उसी गुमनाम ताक़त द्वारा, जो अन्त में उस गुंडे की भी हत्या करती है, जिसने शुरू में मज़दूर को मारा था। 'हम सब छोटे-छोटे मोहरे हैं, जिनसे देश की बड़ी-बड़ी कम्पनियाँ अपने स्वार्थों के लिए खेल रही हैं...' इस प्रतीक को इससे ज़्यादा बड़ा अर्थ दे सकने वाली दृष्टि फ़िल्म में नहीं मिलती। कहीं इस विश्वास का सरल आश्वासन भी है कि अगर मालिक और मज़दूर का भेद समाप्त हो जाएगा, तो हम उस आदर्श स्थिति में पहुँच जाएँगे, जिसके हम सब आकांक्षी हैं। यह मुझे एक तरह से आदर्शवादी हल में पलायन लगता है, राजनीतिक और सामाजिक यथार्थ से मुठभेड़ नहीं। शोषक और आततायी शक्तियाँ राजनीति द्वारा भी सक्रिय हो सकती हैं, इस सम्भावना पर भी नज़र रखने वाली कला सहज विश्वासी नहीं होती, जीवन को लेकर विवेचनात्मक और विवेकधर्मी होती हैं। अगर हम यह मानकर चलें कि कम्पनी या मालिक उस महाशक्ति का प्रतीक-मात्र है, जिसके ख़िलाफ़ आदमी बेबस महसूस करता है, तो कम्पनी का प्रतीकात्मक अर्थ ज़्यादा व्यापक ढंग से ताक़त की तानाशाही के मनोविज्ञान से जुड़ना चाहिए था।

उत्पलेन्दु चक्रवर्ती (1948) की पुरस्कृत और चर्चित फ़िल्म 'चोख' यानी चक्षु (1983) एक दूसरा उदाहरण है, जिसकी मूल कथावस्तु में अमित सम्भावनाएँ

थीं, पर जिन्हें एक क्लीशे समाधान में पहुँचाकर ज़ाया कर दिया गया। कथा का चौखटा लगभग वही है—मज़दूर बरक्स मिल मालिक, और निष्कर्ष भी लगभग वैसा ही, जैसा इस तरह के कथानकों का होता है। एक खल मिल मालिक है और एक सच्चा व निडर मज़दूर। दोनों के बीच संघर्ष का यह नतीजा होता है कि मालिक उस मज़दूर को धूर्तता से फाँसी पर चढ़वा देता है। ('मृगया' में हम इस धूर्तता की कारस्तानी को देख चुके हैं।) मज़दूर मरते वक़्त एक वसीयत करता है कि उसकी आँखें मरने के बाद किसी अन्धे मज़दूर भाई की ज़रूरत पर इस्तेमाल कर ली जाएँ। ऐसे एक मज़दूर को ज़रूरत है भी, लेकिन उन्हीं आँखों के लिए मिल-मालिक भी कोशिश करता है, अपने अन्धे बेटे के लिए। मज़दूरों की कोशिश के ख़िलाफ़ मालिक की धूर्तता फिर कामयाब होती है और वह अस्पताल से आँखें चोरी करवा लेने में कामयाब हो जाता है, लेकिन मालिक को यह नहीं मालूम कि आँखें उसी मज़दूर की हैं, जिसे उसने फाँसी पर चढ़वाया था : जब मालूम होता है, तब वह बौखला जाता है और आँखों को ज़मीन में गड़वा देता है। आँखें न उसके बेटे को मिलती हैं, न ही मज़दूर को। एक अन्य सम्भावना की ओर भी ध्यान गया—एक उत्पीड़ित मज़दूर की आँखों को एक उत्पीड़की मिल-मालिक के बेटे की आँखों में लगाकर फ़िल्म के सन्देश और प्रभाव दोनों को जिस उत्कर्ष पर पहुँचाया जा सकता था, नहीं पहुँचाया गया। उसे मानो एक संगीन मुआमले की तरह रिपोर्ट कराके छोड़ दिया गया। पिता की भूमिका में श्यामानन्द जालान जैसे कुशल अभिनेता का अभिनय भी शायद एक ज़्यादा सशक्त स्क्रिप्ट पाकर बेहतर निखरता, जो 'चोख' में केवल एक टाइपकास्ट में जकड़कर रह गया। कथानक और पात्रों में ज़िन्दगी का-सा लोच नहीं है, निष्कर्षवादी डिज़ाइन है, पर यह अच्छा है कि फ़िल्म में हिंसा का मुहावरा परिचित होते हुए भी ज़रूरत से ज़्यादा उग्र नहीं है।

ब्राजील की एक फ़िल्म 'इंडिया, डॉटर ऑफ़ द सन' (1982, निर्देशक : फाबिओ बर्रेतो, 1957) देखकर भी लगा कि फ़िल्म की भाषा में हिंसा एक बहुत ही सांकेतिक रूपक (सबड्यूड मेटाफर) भी हो सकती है। हिंसा की तीव्रता को उभारने के लिए फ़िल्म का बहुत आवाज़ी होना ज़रूरी नहीं।

'इंडिया, डॉटर ऑफ़ द सन' में ब्राजील के विशाल जंगलों और बड़े-बड़े ऊबड़-खाबड़ मैदानों का बड़ा ही लाक्षणिक इस्तेमाल हुआ है। कथानक बिल्कुल सपाट और सीधा-सादा है—जवाई क़बीले की रेड इंडियन लड़की पुतकोई की तरह। नायक सुलीपेरो यूरोपीय है और मिलिट्री पुलिस का कारपोरल है, जो दूर जंगलों में हीरों की खान में काम कर रहे एक भ्रष्ट अधिकारी के बारे में पता लगाने को भेजा जाता है। रास्ते में उसे एक जगह पुतकोई मिल जाती है, जिसे वह ज़बर्दस्ती

अपनी रखैल बना लेता है। पुतकोई सहज भाव से इस सम्बन्ध को मानकर सुलीवेरो के प्रति न्यौछावर होती है। पुतकोई में अपने परिवेश का सहज ज्ञान और जानकारी है। वह सुलीवेरो की, अपनी जान जोखिम में डालकर भी, रक्षा करती है। वापस लौटते समय और अपना काम निकल जाने पर पुतकोई का साथ सुलीवेरो के लिए एक बोझ बन जाता है। उससे छुटकारा पाने के लिए सुलीवेरो उतने ही बेलौस तरीक़े से उसे गोली मार देता है, जितने हृदयहीन तरीक़े से उसने उसका अपहरण और उपभोग किया था। हिंसा के व्याकरण का इतना संयत और सधा हुआ इस्तेमाल मैंने कम फ़िल्मों में देखा है, जो हत्या की एक सामान्य-सी घटना को उस पूरे ऐतिहासिक सन्दर्भ से जोड़ता है, जिसमें यूरोपीय जातियों द्वारा उपनिवेशीय शोषण की नृशंस यादें हैं।

ब्राजील के ही नये सिनेमा मूवमेंट के एक प्रमुख सदस्य ग्लोबर रोचा (जिनकी कई फ़िल्में इसी समारोह में दिखाई गईं और जिनकी अभी 1981 में ही मृत्यु हुई) की फ़िल्म 'ब्लैक गॉड, व्हाइट डेविल' (1964) की हिंसा अगर एक आतंक की जोशबयानी है, तो 'इंडिया, डॉटर ऑफ़ द सन' में हिंसा सपाटबयानी के एक बहुत ही मौलिक इस्तेमाल का उदाहरण।

तीसरी दुनिया के सभी देशों का उपनिवेशीय अनुभव एक-सा नहीं रहा, ख़ासतौर पर राजनीतिक हिंसा को लेकर। जो बुनियादी अन्तर ब्रिटेन और स्पेन-पुर्तगाल की राजनीतिक संस्कृतियों में रहा है, उसका साफ़ असर उन देशों के राजनीतिक वातावरण और मिज़ाज पर भी पड़ा, जहाँ ये विजेताओं की तरह पहुँचे (क्यूबा की फ़िल्म 'सिसीलिया'[1] (1982) में इस वातावरण का अत्यन्त सार्थक इस्तेमाल है)। दक्षिण अमेरिकी देशों के उपनिवेशीय इतिहास में क्रूर हिंसात्मक दमन की ख़ास भूमिका रही है, जबकि भारतीय अनुभव में अपेक्षाकृत विधिवत आर्थिक शोषण और मानसिक ग़ुलामी की। इंग्लैंड के राजनीतिक-सामाजिक वातावरण में आज हम स्पैनिश गृहयुद्ध या जनरल फ्रैंको जैसे तानाशाह के आविर्भाव की कल्पना तक नहीं कर सकते। हिंसा के इस चंगेज़ी तेवर को ओटोमन तुर्कों के उस साम्राज्यवादी विस्तार के सन्दर्भ में भी समझा जा सकता है, जिसके प्रभाव में भूमध्य सागर के चारों ओर के देश लम्बे समय तक रहे थे। भारतीय इतिहास में अंग्रेज़ों का आना एक माने में आधुनिकता का आना भी था, जिसने एक दूसरे स्तर पर मध्य-युगीन खुल्लमखुल्ला हिंसा को अस्वीकार किया। (उनकी हिंसा धूर्त और ढँकी हुई थी, जिसका एक अच्छा प्रतीकात्मक चित्रण मृणाल सेन ने अपनी 'मृगया' में किया है।) गांधी का अहिंसात्मक आन्दोलन जहाँ एक ओर भारतीय मानस का सही प्रतिनिधि था, वहीं वह परोक्ष रूप से, उस अंग्रेज़ी न्याय-पद्धति पर भरोसा भी था, जिसने क्लाइव और हेस्टिंग्स जैसे अपने ही साम्राज्य-स्थापकों को भी नहीं

1. निर्देशक ह्यूम्बेर्तो सोलास

बख़्शा था। हिंसा की भाषा भारतीय राजनीति में कभी भी बेहद सफल नहीं हो सकी। इसका कारण महज़ गांधी नहीं, इसका कारण भारतीय संस्कृति का मूलतः आध्यात्मिक मिज़ाज है, गांधी जिसका नतीजा हैं।

मृणाल सेन की 'ख़ारिज' (1982) फ़िल्म मुझे इस दृष्टि से महत्त्वपूर्ण लगी कि उसके पूरे आचरण में कहीं एक अनुशासित यक़ीन की सतर्क ताक़त है, उनकी कुछ पिछली फ़िल्मों वाले जोशीले उफानों का हल्लागुल्ला नहीं। उसका सन्देश जितना तीखा है, उसका स्वर उतना ही संयत और प्रौढ़। मृणाल सेन का मार्क्सवादी आग्रह 'ख़ारिज' में भी उतना ही स्पष्ट और दृढ़ है, जितना उनकी किसी भी फ़िल्म में। 'ख़ारिज' में वे नारे नहीं लगवाते, ज़िन्दगी के एक कटु यथार्थ को इस तरह पेश करते हैं कि वही उनकी प्रतिबद्धता के पक्ष में सशक्त दलील बन जाता है। मृणाल सेन ने कभी अधैर्य से कहा था कि कला का सवाल अगर उस बात के रास्ते में आता है, जिसे मैं कहना चाहता हूँ, तो भाड़ में जाए कला! 'ख़ारिज' तथा उससे पहले 'एक दिन प्रतिदिन' और 'अकालेर संधाने' देखकर लगा कि वे शायद इस तथ्य को अब एक नये सिरे से महसूस कर रहे हैं कि श्रेष्ठ कला ही अच्छा प्रचार भी हो सकती है। कला राजनीतिक भी होती है, तो अपनी ही शर्तों पर, राजनीति की शर्तों पर नहीं। राजनीति से बड़ी होकर ही कला, राजनीति को भी बड़ा कर सकती है। वरना वह दोनों से छोटी होकर रह जाएगी। 'ख़ारिज' देखते समय यह कृतज्ञता मेरे मन में बराबर बनी रही कि जो कुछ कहा जा रहा है, वह दर्शक को मोटी अक़्ल वाला और हृदयहीन मानकर नहीं कहा जा रहा।

सामाजिक-राजनीतिक सन्दर्भ में जन और भीड़ में बुनियादी फ़र्क़ को एक अत्यन्त विवेकशील स्तर पर रेखांकित कर सकने वाली फ़िल्मों में यहाँ मैं इल्माज़ गुने (Yilmaz Güney, 1937-1984) और शरीफ़ गोरेन (Şerif Gören, 1944) की तुर्की फ़िल्म 'योल' (रास्ता) (1982) का विशेष रूप से ज़िक्र करना चाहूँगा। 'योल' समारोह की शायद सबसे अधिक चर्चित फ़िल्म रही है। कुछ उन दिक़्क़तों के कारण भी, जो इस फ़िल्म के बनाने और दिखाए जाने के साथ शुरू से ही जुड़ी रही हैं। फ़िल्म तुर्की में पूरी न हो सकी, जेल से भागकर गुने ने इस फ़िल्म को विदेश में पूरा किया। प्रदर्शन की कठिनाइयों का एक अन्दाज़ा इससे भी लग सकता है कि इस समारोह में भी 'योल' के प्रदर्शन को लेकर अन्त तक तुर्की दूतावास से खिचखिच चलती रही। गुने ने जेल में ही 'योल' की स्क्रिप्ट तैयार की थी, जिसकी छाया फ़िल्म पर देखी जा सकती है। (गुने तुर्की के नए फ़िल्मकारों में एक प्रमुख स्थान रखते हैं और 'योल' के लिए 'गोल्डेन पाम' पुरस्कार प्राप्त करने के बाद विदेशों में रहकर भी शायद गुने के लिए फ़िल्में बनाना अब मुश्किल न हो।)

'योल' मुझे इस माने में एक हिम्मती फ़िल्म लगी, कि उसमें जन का ग्लैमराइज़ेशन नहीं है, यथार्थ-चित्रण है। जनमानस की भी उसी प्रगतिशील दृष्टिकोण से खरी आलोचना की गई है, जिससे सरकारी करतूतों को देखा गया है। सरकार की आलोचना की आड़ में जन की आलोचना से भी न कतराते हुए 'योल' इस दोहरे यथार्थ को पूरी सतर्कता से सामने रखती है कि हमारी सामाजिक चेतना अगर उन्नतिशील नहीं है, तो हमारी सरकारें भी वैसी ही बनेंगी, क्रूर और पिछड़ी हुई।

**इल्माज़ गुने की फ़िल्म 'योल' ( 1982 )**

जेल से एक हफ़्ते के अवकाश पर छूटे हुए तीन क़ैदियों—सैयद अली, मुहम्मद सालेह और ओमर—को केन्द्र में रखकर गुने ने पूरी सामाजिक और राजनीतिक व्यवस्था पर एक सशक्त टिप्पणी प्रस्तुत की है। कटुता के बावजूद उनकी दृष्टि आदमी के चरित्र में छिपी उस अदम्य शक्ति पर भी रही है, जो कठिन से कठिन परिस्थिति में भी हार नहीं मानती। जेल से छूटकर जब तीनों क़ैदी बाहर की दुनिया में अपने पिछले जीवन की ओर लौटते हैं, तो वहाँ के हालात को अपने जेल-जीवन से भी ज़्यादा क्रूर, आततायी और पिछड़ा हुआ पाते हैं। यह आज़ादी उनकी ज़िन्दगियों को बिल्कुल तहस-नहस कर देती है। 'योल' में लोगों या जनता का अमूर्तन नहीं है : उन्हें सही-सही पात्रों और परिस्थितियों में मूर्त करते हुए उस ख़ास असर को पैदा किया गया है, जिनके पीछे कहीं लेखक के निजी अनुभवों की प्रामाणिकता और तुर्शी है।

लोगों की मुश्किलों, यातनाओं और आकांक्षाओं को एक चेहरा और पहचान देने की कोशिश के दो उत्कृष्ट उदाहरण मोरक्को के सुहेल बेन बर्का ( 1942 ) की

'अमॉक' (1983, जो समारोह के उद्घाटन के मौक़े पर दिखाई गई) तथा इराक़ के साहिब हद्दाद (1938) की 'मुतावा एंड बाहिया' (1981) फ़िल्में थीं। 'अमॉक' में नायक मैथ्यू (जो दक्षिण अफ्रीका के एक छोटे-से गाँव में स्कूल मास्टर है) के अजीब-अजीब अनुभवों का हवाला है। वह अपनी बीमार बहन को देखने जोहानिसबर्ग जाता है। राजनीतिक-सामाजिक दुश्चक्रों और उथल-पुथल के अराजक वातावरण को सेंपाला के साथ सीको नोर्जे की व्यंग्योक्तियाँ एक ऐसे बिन्दु पर टोकती हैं, जिसे गोरों और कालों के सम्बन्धों का सबसे नाज़ुक हिस्सा कहा जा सकता है। सेंपाला के पुत्र गाशा को एक राजनीतिक हत्या के अपराध में फाँसी उसी पागलपन का नतीजा लगती है, जिसे समझने में सेंपाला भी उतना ही असमर्थ रहता है, जितना गाशा। इस फ़िल्म की तुलना में 'मुतावा एंड बाहिया' एक बिल्कुल अलग तरह की फ़िल्म है और किंचित प्रचारात्मक अर्थ में उसकी राजनीति ज़्यादा स्पष्ट और मुखर है। पचास वर्षीय मेहनती और ईमानदार कियान मुतावा, इजिप्ट के एक छोटे-से गाँव का रहने वाला है, जिसकी गाँव में बहुत इज़्ज़त है। उसकी एक ज़िद है कि वह अपने राष्ट्रपति अहमद सादात से आमने-सामने बात करना चाहता है, सादात के भ्रष्ट सरकारी तंत्र के मार्फ़त नहीं। उसके रास्ते में अनेक अड़चनें आती हैं, लेकिन अन्त में राष्ट्रपति से मिलकर वह अपनी बात कहने में सफल होता है कि उसका देश, दुनिया के किसी प्रतिक्रियावादी और शोषक राष्ट्र से ग़लत समझौता न करे। निर्देशक भी मुतावा के द्वारा अपनी बात कहने में सफल होता है, लेकिन मेरा ख़्याल है कि फ़िल्म और ज़्यादा सफल होती, अगर मुतावा की कोशिशों के इतने रोचक विकास को उसके भाषण के इतने सपाट अन्त में उँड़ेल न दिया जाता। फिर भी मुतावा के राजनीतिक यक़ीनों से ज़्यादा ज़रूरी बात है, उसकी दृढ़ किसानी ईमानदारी का साहस, जिसका बहुत ही जानदार चित्रण फ़िल्म में हुआ है।

एक अच्छी राजनीतिक फ़िल्म के क्या माने हैं? राजनीतिक फ़िल्म के क्या एक ही माने या एक से ही माने हो सकते हैं? क्यूबा के ह्यूम्बेर्तो सोलास (1941-2008) की 'सिसीलिया' में यद्यपि एक प्रेमकथा को केन्द्र में रखा गया है, पर दर्शक का ध्यान बराबर उस पृष्ठभूमि से लगभग आक्रान्त रहता है, जो क्यूबा के इतिहास और राजनीति का सबसे कटु हिस्सा है। सिसीलिया और उसके प्रेमी के चरित्रों को इस तरह बाहरी घटनाओं के साथ कुशलता से पिरोया गया है मानो व्यक्ति और समाज अलग-अलग नहीं, एक ही यथार्थ की दो पीठें हैं।

प्रेस के साथ एक बातचीत के दौरान 'ला बूम' फ़िल्म की नायिका ब्रीजीत फोसे की यह छोटी-सी टिप्पणी याद आती है कि फ्रांस में राजनीतिक सिनेमा का अर्थ आज 'बाहरी' उतना नहीं रह गया है, जितना कि 'भीतरी' हो गया है। ध्यान गोदार के सिनेमा की ओर जाना स्वाभाविक था, लेकिन मेरे दिमाग़ में

कोस्ता-गावरास की 'ज़ेड' फ़िल्म घूम गई, जिनकी 'मिसिंग' फ़िल्म इसी समारोह में दिखाई गई। राजनीतिक फ़िल्म की अवधारणाओं को जिन फ़िल्मकारों ने नया वज़न दिया है, उनमें कोस्ता-गावरास का नाम अपनी विशेष जगह रखता है। 'मिसिंग' एक ऐसी फ़िल्म थी, जिसके लिए निर्भीकता से कहा जा सकता है कि उसने निर्देशक के पूर्व-परिचित काम को निश्चित रूप से आगे बढ़ाया है।

**ग्रीक फ़िल्मकार कोस्ता-गावरास**

'मिसिंग' का कथानक एक सच्ची घटना पर आधारित है और फ़िल्म के आचरण में एक सच्ची घटना के वृत्तीकरण शैली की पूरी प्रामाणिकता और तात्कालिकता का गहरा अहसास है। साथ ही, उसमें लापता व्यक्ति की तलाश के लगभग एक जासूसी ताने-बाने की बुनावट है। 1973 में चिली में अय्येन्दे सरकार के गिरने के बाद सांत्यागो स्थित अमेरिकी दूतावास से एक दिन अमेरिकी लेखक तथा फ़िल्म निर्माता चार्ल्स हॉरमैन ग़ायब हो जाता है। उसकी पत्नी, पिता तथा दूतावास के अन्य अधिकारियों द्वारा पूरी खोजबीन के बाद भी न तो चार्ल्स का पता चल पाता है, न उसकी लाश का। न यही पता चलता है कि उसे ग़ायब किया गया या वह स्वयं ग़ायब हुआ। इस खोज के चारों तरफ़ जुटे पिता (जैक लेमन का अभिनय लम्बे समय तक याद रहने वाला है), पत्नी तथा अन्य चरित्रों के मनोविज्ञान (सामान्य तथा असामान्य दोनों परिस्थितियों में) को जिस ख़ूबी से कोस्ता-गावरास ने उभारा है और साथ ही साथ अमेरिकी विदेश नीतियों की जिन कमज़ोरियों और नासमझियों पर उँगली रखी है, उसके आशय अन्तर्राष्ट्रीय महत्त्व रखते हैं। इसके साथ ही यह बात भी उल्लेखनीय है कि यह फ़िल्म अमेरिका में ही बनी, बावजूद इसके कि कोस्ता-गावरास की फ़िल्में अमेरिकी सरकार के लिए अक्सर मुश्किलें पैदा करती रहीं।

समारोह की राजनीतिक फ़िल्मों को सोचते हुए लगता है कि उनके दो स्पष्ट वर्ग बनते थे (इससे कोई फ़र्क़ नहीं पड़ता कि राजनीति किसी फ़िल्म के केन्द्र में रहती है या हाशिए पर) : एक तो राजनीतिक यथार्थ वाली फ़िल्में थीं और दूसरी राजनीतिक आदर्शवाद वाली फ़िल्में। किसी राजनीतिक आदर्श को लेकर बनी फ़िल्म किसी हद तक अपने और दूसरों के भी हक़ में सुरक्षित फ़िल्में भी थीं, किसी भी उत्साही नेकनीयत और आदर्शवादी कला की तरह। लेकिन राजनीतिक यथार्थ से पूरा-पूरा सामना करने वाली फ़िल्में, 'योल' और 'मिसिंग' की तरह, चूँकि एक असुविधा थीं व्यवस्था के लिए, इसलिए अपने लिए भी ये ख़तरा थीं। वैसे, यथार्थ को भी अमूर्त और किताबी होते देर नहीं लगती, इस तरफ़ सावधान फ़िल्में ही समारोह की उपलब्धियाँ मानी जा सकती हैं।

# उपन्यासों पर आधारित कुछ ख़ास फ़िल्में[1]

उत्कृष्ट फ़िल्मों के साथ उत्कृष्ट साहित्यिक संवेदना की बात अक्सर उठती रही है। व्यवसाय की अपेक्षा फ़िल्म के कला-पक्ष को स्थापित कर सकने वाले ऐसे अनेक विश्वविख्यात फ़िल्मकार ध्यान में आते हैं, जिन्होंने अपनी संवेदनाओं को मूलत: साहित्यिक माना है। वैसे भी फ़िल्म की टेक्नोलॉजी की जानकारी और फ़िल्म के निर्देशन के बीच कोई बहुत सीधा रिश्ता है भी नहीं। प्रसिद्ध जापानी फ़िल्मकार कुरोसावा—जो ऐलानिया तौर पर अपनी संवेदनाओं को साहित्यिक कहते थे—कार चलाना तक नहीं जानते थे तथा उनके लिए एक मामूली स्टिल कैमरा को सँभालना भी मुश्किल हो जाता था। फिर भी कुरोसावा की फ़िल्मों को देखना एक सूक्ष्म साहित्यिक अनुभव से गुज़रने जैसा है और यह सिर्फ़ इसलिए नहीं कि उन्होंने कई श्रेष्ठ साहित्यिक कृतियों का फ़िल्मांकन किया है, बल्कि इसलिए कि उन्होंने फ़िल्म के माध्यम से एक रचना को मौलिक भाषा देने की कोशिश की है। इसी तरह सत्यजित राय की फ़िल्मों में भी हम एक बहुत ही परिष्कृत साहित्यिक-संस्कृति को काम करते देखते हैं, और यह नितान्त आकस्मिक नहीं कि राय ने स्वयं भी कुरोसावा को संसार के श्रेष्ठतम फ़िल्मकारों में से माना है। यह उल्लेखनीय तथ्य है कि फ़िल्मोत्सव 1984 में जो दो जापानी फ़िल्में विशेष पसन्द की गई थीं, वे थीं नागीसा ओशिमा (1932-2013) की 'मैरी क्रिसमस मिस्टर लॉरेंस' (1983) और शोही इमामुरा (1926-2006) की 'द बैलेड ऑफ़ नारायमा' (1983), और ये दोनों ही फ़िल्में क्रमश: दो प्रसिद्ध उपन्यासों दक्षिण अफ्रीकी लेखक लॉरेन्स वान डर पोस्ट[2] के 'द सीड एंड द सोअर' तथा शिचिरो फुकाजावा[3] के उपन्यास 'नारायामा बुशीको' पर आधारित हैं।

1. सारिका, 16-29 फरवरी, 1984
2. लॉरेन्स वान डर पोस्ट (Laurens van der Post 1906-1966) : दक्षिण अफ्रीकी लेखक, सैनिक, अफ्रीकी ब्रिटिश सरकार के सलाहकार। युद्ध के अनुभवों पर कई किताबें लिखीं। अपने समय की बेहद सक्रिय राजनीतिक-कलासम्बन्धी उपस्थिति। मृत्यु के बाद उनके लिखे अनुभवों की प्रामाणिकता को सन्दिग्ध मानते हुए कई विवाद हुए।
3. शिचिरो फुकाजावा (Shichirō Fukazawa, 1914-1987) : जापानी लेखक और गिटार वादक। 'द बैलड ऑफ़ नारायामा' उनका पहला उपन्यास था, जिस पर दो बार फ़िल्म बनी।

यह ज़रूरी नहीं कि एक बहुत अच्छे उपन्यास या साहित्यिक रचना का उतना ही अच्छा फ़िल्मांकन भी हो, बल्कि फ़िल्मकारों (जैसे 'मेफिस्टो' के प्रसिद्ध हंगेरियन फ़िल्मकार इस्तवान साबो) की तो यह मान्यता है कि सामान्य उपन्यास का फ़िल्मीकरण अधिक सुविधाजनक होता है, क्योंकि उसके साथ ज़्यादा से ज़्यादा आज़ादी ली जा सकती है, जबकि एक क्लासिक अपने आप में इतने दृढ़ और निश्चित व्यक्तित्व वाला होता है कि उसको किसी दूसरे माध्यम में 'अनुवाद' भर ही किया जा सकता है, उसकी पुनर्रचना दुस्साहस ही मानी जाएगी।

सम्भवत: इसीलिए प्रेमचन्द जैसे सिद्ध कहानीकारों की कृतियाँ हर फ़िल्मकार के लिए एक चुनौती रही हैं और जब भी उनकी कहानियों के साथ ज़ोर-जबर्दस्ती की गई है, वह सत्यजित राय जैसे फ़िल्मकार के लिए भी एक परेशानी बन गई है, जैसे 'शतरंज के खिलाड़ी'। सामान्य उपन्यासों पर कुछ बहुत अच्छी बनी, फ़िल्मों के ज़्यादा उदाहरणों का मिलना इस बात को ज़रूर सिद्ध करता है कि एक उत्कृष्ट फ़िल्म और एक साहित्यिक कृति और उत्कृष्टता के बीच हमेशा ही सीधा सम्बन्ध हो, यह ज़रूरी नहीं।

वान डर पोस्ट का 'द सीड एंड द सोअर' (1963) भी क्लासिक्स के दर्जे का उपन्यास नहीं है, लेकिन उस पर आधारित नागीसा ओशिमा की फ़िल्म 'मैरी क्रिसमस मिस्टर लॉरेंस' कई स्तरों पर उत्सुकता जगाती है। ख़ासतौर पर महायुद्ध के दौरान एक जापानी बन्दी शिविर में अंग्रेज क़ैदियों और जापानी अफ़सरों के बीच मानसिक और भौतिक द्वन्द्वों को बहुत ही सशक्त फ़िल्मी ज़बान दी गई है। कथानक, संक्षेप में, इस प्रकार है—1942 में इंडोनेशिया में कहीं जापानियों का एक युद्धबन्दी शिविर है। ब्रिटिश क़ैदियों के साथ लेफ्टीनेंट कर्नल जॉन लारेंस उस पाश्चात्य चरित्र का प्रतिनिधित्व करता है, जिसे जापानी मानसिकता न समझ पाती है, न स्वीकार कर पाती है। एक जापानी बन्दी बनाए जाने की अपेक्षा आत्महत्या, हाराकिरी, को ज़्यादा श्रेयस्कर मानता है, इस बात को लॉरेंस समझता तो है, पर लॉरेंस की बात को जापानी मानसिकता नहीं समझ पाती कि विषम-से-विषम परिस्थितियों में भी ज़िन्दा रह सकने की ताक़त भी किस प्रकार एक दुर्द्धर्ष अविजित जिजीविषा का प्रतीक हो सकती है। विनाश की ताक़त को समझ सकने वाले अक्सर विनाश के बावजूद जीते रह सकने की ताक़त को नहीं देख पाते और उस बन्दी शिविर में अचानक ही एक दिन एक नये क़ैदी, ज़्हाक सैलिअर्स, का आगमन इस ताक़त को जापानी कैप्टन के सामने भरपूर रखता है और वह मानो सैलिअर्स की अदम्य जिजीविषा के सामने हिंसा के अपने सारे हथियारों को बेबस और शर्मिन्दा पाता है। सैलिअर्स की शानदार मृत्यु के सामने घुटने टेकता हुए कैप्टन का दम्भ फ़िल्मकार ओशिमा के इस सन्देश को ख़ूबसूरती

से सम्प्रेषित करता है कि हिंसा की अपेक्षा साहस और मानवता में ज़्यादा शक्ति है। एक–दूसरे की हत्या करने के बजाए एक–दूसरे को समझना ज़्यादा ज़रूरी है। जैसा कि लॉरेंस, ब्रिटिश विजय के बाद, फाँसी चढ़ाए जाने वाले जापानी कैप्टन से कहता है, 'हम सब उन लोगों की समझ का शिकार हैं, जो अपने को कभी ग़लत नहीं मानते।'

**नागीसा ओशिमा की फ़िल्म 'मैरी क्रिसमस मिस्टर लॉरेंस' ( 1983 )**

ओशिमा किसी का पक्ष नहीं लेते। योरपीय क़ैदियों पर अत्याचार करने वाले जापानी विजेता भी उतने ही सही या ग़लत थे, जितने बाद में जीत प्राप्त करने वाले अंग्रेज़। फ़िल्म बनाते समय एक बातचीत के दौरान ओशिमा ने अपने दृष्टिकोण को स्पष्ट किया था, 'मैं समझता हूँ, युद्ध मनुष्य को राक्षस बना देता है, उसके अन्दर का दानव उभरकर ऊपर आ जाता है। द्वितीय महायुद्ध में जापानियों का भी यही हाल था। मैं एक ऐसे ब्रिटिश सिपाही को दिखाना चाहता था, जो उनकी ही तरह हो, उनके बराबर हो। यह मुझे आकृष्ट करता है।' फ़िल्म में कई हिंसक प्रसंग हैं, पर फ़िल्म का विषय हिंसा नहीं है। आदमी के भीतर–भीतर जो होता है, वह मुख्य विषय है। ब्रिटिश सिपाही के अन्दर जो देवता और दानव है तथा जो जापानी सिपाही के अन्दर भी है, असली लड़ाई तो उनके बीच चलती है।

ज़ाहिर है कि ओशिमा, वान डर पोस्ट के उपन्यास का यथावत फ़िल्मांकन नहीं कर रहे हैं, इस उपन्यास की कथावस्तु के द्वारा अपने एक दृष्टिकोण को भी सामने रख रहे हैं। उनके लिए बुनियादी महत्त्व उपन्यास में चित्रित उस बुनियादी स्थिति में है जहाँ एक ब्रिटिश क़ैदी और जापानी विजेताओं की मानसिकताओं के बीच तीखा सामना होता है। अफ्रीकी उपन्यासकार वान डर पोस्ट 1927 में जापान चले गए थे। उनके पहले उपन्यास 'इन अ प्रोविन्स' (1934) का विषय भी रंगभेद को लेकर नासमझियों पर है। द्वितीय महायुद्ध के दौरान कर्नल वान डर पोस्ट ब्रिटिश फ़ौज में रहे तथा एक छापामार दस्ते का नेतृत्व करते हुए जावा में 1944 में जापानियों द्वारा बन्दी बनाए गए थे। उपन्यास में उनके इस समय के अनुभवों की अभिव्यक्ति है, जिसकी झलक लॉरेन्स के चरित्र में दिखाई देती है। मनोवैज्ञानिक विषमताओं तथा समय की रहस्यात्मकता को लेकर उपन्यास कुछ बोझिल हो जाता है, अपेक्षाकृत फ़िल्म अधिक स्पष्ट है। या यों भी कह सकते हैं कि ओशिमा ने उसे अधिक स्पष्ट व्याख्या देने की कोशिश की है।

दूसरी जापानी फ़िल्म शोही इमामुरा की 'बैलेड ऑफ़ नारायामा', जो शिचिरो फुकाजावा के उपन्यास पर आधारित है, फ़िल्मोत्वस 84 की चर्चित फ़िल्मों में से थी। उपन्यास का यह दूसरा फ़िल्मीकरण है। पहली फ़िल्म काबुकी शैली में 1958 में कीसुके किनोशीता (1912-1998) के निर्देशन में बनी थी। किनोशीता ने इस प्रसिद्ध जापानी कथा को समाज में स्त्रियों की दशा पर अपने विचार रखने के लिए चुना था। इमामुरा की शैली जितनी यथार्थवादी है, कथानक का प्रभाव उतना ही प्रतीकात्मक है। किसी अज्ञात कालखंड में खोया एक छोटा-सा जापानी गाँव है, जहाँ न जाने कब से यह क्रूर प्रथा प्रचलित है कि किसी घर का कोई भी प्राणी जब सत्तर वर्ष पूरे कर लेता है, तब उसे अपना घरबार छोड़कर दूर नारायामा पहाड़ पर जाकर अकेले शेष जीवन बिताना पड़ता है। गाँव की दैनिक ज़िन्दगी के चित्रण में इमामुरा की दृष्टि अभद्र और हँसोड़ प्रसंगों को भी उतनी ही निर्भीकता से चित्रित करती है, जितनी गहराई से जीवन के मार्मिक प्रसंगों को पकड़ती हैं। अन्त में, पुत्र जब अपनी सत्तर वर्षीया माँ को पीठ पर लादकर नारायामा पर्वत पर छोड़ने जाता है, फ़िल्म यथार्थ में बिना किसी झटके के प्रवेश कर जाती है और हम जीवन तथा मृत्यु की अनिवार्यता को लगभग एक सौम्य विचार की तरह स्वीकार करते हैं।

उपन्यासों के फ़िल्मीकरण में शायद पश्चिम जर्मनी सबसे आगे रहा है। फ़िल्मोत्सव 84 में पश्चिम जर्मनी के प्रसिद्ध फ़िल्मकार फोकर श्लौंडार्फ (Volker Schlöndorff, 1939) की फ़िल्मों ने (जिनका बर्गमान, वायदा और ओशिमा की फ़िल्मों के साथ ही एक वृहद् प्रदर्शन आयोजित था) विशेष रूप से ध्यान आकर्षित किया। श्लौंडार्फ पश्चिम जर्मनी के चार बड़े फ़िल्मकारों में से एक

हैं—राइनेर वर्नर फासबाइंडर, वर्नर हरज़ोग, विम वेंडर्स और श्लौंडार्फ। अपनी फ़िल्मों के प्रदर्शन के सिलसिले में विशेष आमंत्रण पर भारत आए श्लौंडार्फ ने प्रेस के साथ एक लम्बी बातचीत के दौरान फ़िल्म तथा उपन्यास के सम्बन्धों पर अत्यन्त महत्त्वपूर्ण बातें कहीं। यह उल्लेखनीय तथ्य है कि श्लौंडार्फ जो अपनी संवेदनाओं को मूलतः साहित्यिक मानते हैं, अब तक, उपन्यासों पर आधारित सर्वाधिक फ़िल्में बना चुके हैं। यद्यपि उनकी शुरू की फ़िल्म 'यंग टोरलेस' (जो 1906 में प्रकाशित ऑस्ट्रियन-जर्मन लेखक रॉबर्ट मुसिल के उपन्यास पर आधारित है) 1966 में ही बन चुकी थी, लेकिन फ़िल्म जगत का ध्यान उनकी ओर जर्मन लेखक गुंटर ग्रास के उपन्यास 'टिन ड्रम' (1979) के बाद ख़ासतौर पर गया। जैसा कि उन्होंने एक बातचीत में बताया, 'साधारण उपन्यासों की अपेक्षा वे आधुनिक क्लासिक्स को फ़िल्माना ज़्यादा पसन्द करते हैं, क्योंकि एक साहित्यिक कृति जब तक उनके लिए किसी प्रकार की चुनौती न हो, वे उस कृति के साथ पूरी तरह लिप्त नहीं हो पाते।' पढ़ने के शौक़ीन श्लौंडार्फ के लिए साहित्य हमेशा बहुत महत्त्व रखता रहा है। उनका यह कथन दिलचस्प था कि—'किसी उपन्यास पर फ़िल्म बनाते समय मैं एक वैंपायर की तरह उसके सत्व को चूसकर अपनी फ़िल्म में भर देना चाहता हूँ। मैं स्वयं लेखक नहीं हूँ, पर अपने कैमरा को ज़रूर एक बड़े लेखक की संवेदनशीलता से इस्तेमाल करना चाहता हूँ।'

एक जगह उन्होंने नरभक्षी शब्द का इस्तेमाल भी किया। मीडिया और अपनी नई फ़िल्म 'द सर्कल ऑफ़ डिसीट' (1981) के सिलसिले में। 'हम भयानक और सनसनीख़ेज़ ख़बरें पढ़ना पसन्द करते हैं, उन्हें एक नरभक्षी की तरह चींथना हमें अच्छा लगता है—और मीडिया हमारी इस भूख को न केवल सन्तुष्ट करता, बल्कि बढ़ाता भी है। इसीलिए तटस्थ मीडिया जैसी कोई चीज़ नहीं है, वह पूरी तरह युद्ध और व्यवसाय का हिस्सा है।' गुंटर ग्रास के सुझाव पर बनी श्लौंडार्फ की फ़िल्म 'द फोर्जरी' (या 'द सर्कल ऑफ़ डिसीट') निकोलस बार्न के उपन्यास पर आधारित है। इस फ़िल्म की पृष्ठभूमि युद्ध है तथा उसको लेकर श्लौंडार्फ ने कई महत्त्वपूर्ण राजनीतिक सवाल उठाए हैं। वैसे, श्लौंडार्फ की दृढ़ मान्यता है कि फ़िल्मकार के लिए राजनीति से ज़्यादा महत्त्व रखता है राजनीति में आदमी का आचरण और उसकी मानसिकता। शायद इसे भी एक तरह से श्लौंडार्फ की साहित्यिक चेतना का ही पक्ष माना जा सकता है और उस समय भी, जब वे मूलभूत प्रश्नों से उलझ रहे होते हैं, उनकी पैनी निगाह आदमी की बुनियादी प्रकृति और बाहरी आचरण की गुत्थियों से परे नहीं हटती। उनकी यह महत्त्वपूर्ण टिप्पणी याद आती है कि हम दूसरों के बारे में भयानक ख़बरें पढ़ना पसन्द करते हैं क्योंकि उससे हमारे अपने जीवन की भयानकता कम मालूम पड़ने लगती हैं।

**गुंटर ग्रास के उपन्यास 'टिन ड्रम' पर बनी फोकर श्लौंडार्फ की फ़िल्म**

गुंटर ग्रास के 'टिन ड्रम' पर बनी फोकर श्लौंडार्फ की फ़िल्म कई तरह के सवाल मन में उठाती है। फ़िल्म यद्यपि स्वयं लेखक के सहयोग से बनी है, और इसमें सन्देह नहीं कि अपने ढंग की अनूठी कृति है, लेकिन कहाँ तक वह उपन्यास के अनुभव को—या उससे वृहत्तर अनुभव को—हम तक सम्प्रेषित करने में सफल हो पाती है, यह सन्दिग्ध रहता है। मैं समझता हूँ, घटना-प्रधान या चरित्र-प्रधान उपन्यासों का फ़िल्मीकरण किसी हद तक आसान होता है, लेकिन ऐसे उपन्यास जो भाषा-प्रधान, शैली-प्रधान या विचार-प्रधान हों, उनका फ़िल्मीकरण मुश्किल होता है। गुंटर ग्रास का 'टिन ड्रम' उसी प्रकार का विशिष्ट भाषाई अनुभव भी है, जैसे काफ़्का का 'द ट्रायल' या नबोकोफ़ का 'लोलिता'। ऐसा नहीं कि इन सभी फ़िल्मों में सशक्त चरित्र और घटनाएँ नहीं हैं, लेकिन फ़िल्म में अगर चरित्र और घटनाएँ ही ज़्यादा उभरें, भाषाई विशिष्टता नहीं, तो मानना जायज़ लगता है कि साहित्य का यह भाषा-पक्ष ही ऐसा है, जिसे या तो फ़िल्मों में बिम्बों की भाषा पकड़ नहीं पाती या फिर बिम्ब उसे ढँक लेते हैं। इसी समारोह में दिखाई गई प्रसिद्ध फ़िल्मकार क्रिश्तोफ़ ज़ानुसी की फ़िल्म 'इम्परेटिव' (1982) याद आती है—ईश्वर और यथार्थ के बारे में नायक आगस्तीन की चिन्ताएँ इतने विशिष्ट अर्थों में किताबी रहती हैं कि फ़िल्म माध्यम को लगभग ख़ारिज करती-सी लगती हैं।

श्रेष्ठ साहित्य या क्लासिकल उपन्यासों को लेकर, सफल फ़िल्मीकरण को लेकर, हमेशा चिन्ताएँ व्यक्त की जाती रही हैं। फ़िल्मी बिम्ब या चित्रण हमेशा शब्द की सांकेतिकता को स्थूल में परिवर्तित कर देते हैं। शब्दों की अठोस ऊर्जा बिम्बों में सिमटते ही सीमित हो जाती है। जर्मन उपन्यासकार टॉमस मान का हमेशा यही रुख रहा कि एक महान साहित्यिक कृति का उतना ही सफल फ़िल्मीकरण नहीं हो सकता। यह आज थोड़ा विडम्बनापूर्ण भी लगता है कि जर्मनी में स्वयं मान के दोनों उपन्यास 'डॉक्टर फाउस्टस' और 'मैजिक माउंटेन' के फ़िल्मीकरण की कोशिश बहुत सफल नहीं रही। शब्दों की प्रकृति को ही ध्यान में रखते हुए प्रसिद्ध फ्रेंच फ़िल्म समीक्षक किश्चियन मेटज ने सावधान किया था कि शाब्दिक कला और फ़िल्मी कला के बीच समानता ढूँढ़ने की कोशिश को बहुत दूर तक नहीं खींचा जाना चाहिए। फ़िल्म 'टिन ड्रम' भी यद्यपि इस माने में स्वयं एक क्लासिक है कि वह उपन्यास के बुनियादी प्रभाव को पूरी ईमानदारी से हम तक सम्प्रेषित कर पाती है, लेकिन क्या वह गुंटर ग्रास की भाषाई वर्णन शक्ति और शैली का भी वैसा ही आभास करा पाती है, जो उपन्यास की मूल शक्ति है? बौने नायक आयस्कर का चरित्र तथा उसकी पेचीदा समझ के माध्यम से देखे जा रहे द्वितीय महायुद्ध के दौरान के विसंगत जर्मन-समाज को ग्रास की जटिल शैली जिस तरह उलझाती-सुलझाती आगे बढ़ती है, क्या फ़िल्म का शिल्प उस स्तर पर भी कामयाब रह सका है? ग्रास की शैली में जो रैले, बोकाचिओ और बालज़ाक के क्लासिक्स की मिली-जुली यादें हैं, वे फ़िल्म के ताने-बाने में सुरक्षित नहीं रह पातीं, जबकि भाषा की बनावट में ग्रास उन्हें कुशलता से पिरोए रखते हैं। दुनिया को एक बौने की निगाह से देखने, और दुनिया को एक बौनी निगाह से देखना—ग्रास की शैली इन दोनों स्तरों पर उनके वर्णनों को लपेटती चलती है। 'टिन ड्रम' पर फ़िल्म बनाना वैसे भी हिम्मत का काम था, क्योंकि उपन्यास केवल भाषाई दृष्टि ही नहीं, बनावट में भी जटिल है। उपन्यास के फ़िल्मी रूपान्तरण में थोड़ी भाषाई क्षति होना तो अनिवार्य था, फिर भी अनेक महत्त्वपूर्ण प्रसंगों, पात्रों और जगहों के बहुत ही सावधान और सटीक चुनाव में उपन्यास के चुहल-भरे मिज़ाज की पूरी तरह रक्षा हुई है। इस अर्थ में फ़िल्म ने उपन्यास के वातावरण को बहुत नज़दीक से पकड़ा है।

'टिन ड्रम' की संरचना में एक अलग तरह की प्रबन्धात्मकता है, जो उसकी साहित्यिक जड़ों की याद दिलाती है और जो उसे लगभग उसी तरह के विषयों पर बनी फ़िल्मों (जैसे इसी समारोह में दिखाई गई इंगमार बर्गमान की 'फैनी एंड अलैक्जेंडर' 1982) से काफी अलग करती है। सामान्य उपन्यासों की अपेक्षा एक सशक्त साहित्यिक रचना अपनी बनावट की ज़्यादा गहरी छाप एक फ़िल्म पर छोड़ती है—ज़्यादातर अच्छे अर्थों में, यद्यपि कभी-कभी संकुचित अर्थों में भी। उपन्यासों पर बनी जिन फ़िल्मों की मैंने यहाँ चर्चा की है, वे 'फ़िल्मोत्सव 84' की

उत्कृष्ट फ़िल्मों में मानी गई हैं। और दूसरी तरह की अच्छी से अच्छी फ़िल्मों की बराबरी में उनकी ऊँची जगह फ़िल्मों में साहित्य के महत्त्व को दूर तक सिद्ध करती है। साथ ही, साहित्य और सिनेमा के व्यापक सम्बन्धों को सोचते वक़्त इस ओर भी बार-बार ध्यान जाता था कि जिस तरह कभी छापे की टेक्नोलॉजी का कथा-साहित्य पर जो असर पड़ा, उसने उपन्यास का विकास सम्भव बनाया, आज फ़िल्म, टीवी, वीडियो, नई टेक्नोलॉजी, स्वयं उपन्यास की विधा में किस प्रकार का वापसी-परिवर्तन ला रही हैं या ला सकती हैं? इस सदी के अनेक ऐसे उपन्यासों की ओर ध्यान जाता है, जिनके शिल्प या तकनीक को काफ़ी हद तक सिनेमैटिक कहा जा सकता है। इस माने में साहित्य और सिनेमा के सम्बन्धों को एकतरफ़ा न मानकर आपसी मानना मुझे ज़्यादा ठीक लगता है, तथा दोनों के लिए ज़्यादा सम्भावनापूर्ण भी।

# दॉन्तों के बहाने न्यायप्रिय मानवीयता की हिमायत[1]

अठारहवीं सदी की फ्रांसीसी क्रान्ति ने दुनिया को तीन मूल्यवान शब्द दिए थे—समता, बन्धुत्व और स्वतंत्रता। आन्द्रे वायदा की 'दॉन्तों' फ़िल्म एक तरह से इन तीनों शब्दों पर आज की पोलिश राजनीति के सन्दर्भ में पुनर्विचार है। इस दिलचस्प संयोग की ओर भी ध्यान जाता है कि आन्द्रे वायदा स्वयं पोलैंड के हैं और उनकी यह फ़िल्म फ्रांस में बनी है। फ्रांसीसी क्रान्ति के शहीद दॉन्तों और समकालीन पोल राजनीति में वालेसा की स्थिति के बीच साम्य भी नितान्त आकस्मिक नहीं लगता। समता, बन्धुत्व और स्वतंत्रता जैसे मूल्यों पर जब भी संकट आता है, 1789 की फ्रांसीसी क्रान्ति बौद्धिक वर्ग के लिए लगभग एक स्थायी सन्दर्भ की तरह काम आती है। चाहे वड्र्सवर्थ और शेली जैसे कवि रहे हों, चाहे डिकेन्स जैसे उपन्यासकार, चाहे विचारक—वे फ्रांसीसी क्रान्ति के जादू से मुक्त नहीं रह सके। एक ऐसा जादू जिसका अपना आतंक, रोमांस, उत्साह और त्रासदी पिछली शताब्दियों में यूरोपीय चिन्तन पर छाए रहे। वायदा की 'दॉन्तों' एक बार फिर यही सिद्ध करती है कि राजनीतिक आचार संहिता के सन्दर्भ में फ्रांसीसी क्रान्ति शायद कभी भी अप्रासंगिक नहीं होगी, क्योंकि यह पहली बार व्यावहारिक राजनीति और राजनीतिक आदर्शों के बीच सीधी और व्यापक टकराहट थी। इसी समय कुछ ऐसी चारित्रिक विषमताएँ और अन्तर्विरोध भी सामने आए, जिन्होंने फ्रांसीसी क्रान्ति को एक षड्यंत्र और अराजक रक्तपात में बदल दिया—यहाँ तक कि आठ महीने से भी कम के समय में रोब्सपिएर के अन्त तक, ढाई हज़ार से अधिक लोग अकेले पेरिस में ही, सूली पर चढ़ा दिए गए थे।

बुरे समयों में अक्सर अच्छे-अच्छे शब्द भी कुन्द और झूठे पड़ जाते हैं। उनके सन्दर्भों को सही करने के लिए कभी-कभी उनके स्रोत और इतिहासों

1. दिनमान, 5-11 फरवरी, 1984

की ओर लौटना ज़रूरी होता है। वायदा की 'दॉन्तों' मुझे इस मायने में एक उल्लेखनीय कोशिश लगती है कि वह इतिहास-प्रसिद्ध रोब्सपिएर और दॉन्तों के बीच टकराहट को मुख्य विषय बनाकर न केवल फ्रांसीसी क्रान्ति वाले समय के तनाव और अराजकता को बड़े ही कलापूर्ण ढंग से मूर्त करती है, बल्कि दोनों व्यक्तियों के बीच फूट पड़ने के कारण को माध्यम बनाकर उन दो प्रकार के विरोधी दृष्टिकोणों को भी केन्द्र में रखती है, जहाँ रोब्सपिएर अगर शुद्ध रूप से राजनीतिज्ञ है, तो दॉन्तों राजनीतिज्ञ के साथ-साथ मानवीय भी। जहाँ रोब्सपिएर अपने लक्ष्य को प्राप्त करने के मामले में क्रूर और बेमुरव्वत है, दॉन्तों मूल मानवाधिकारों और न्याय का हिमायती। अन्ततः रोब्सपिएर की राजनीति दॉन्तों को नष्ट करने में सफल होती है, पर इतिहास की सबसे बड़ी विडम्बना यह है कि उसी प्रकार की हिंसक राजनीति का शिकार होने से स्वयं रोब्सपिएर भी नहीं बच पाता।

त्रूफ़ो की तरह वायदा भी ऐतिहासिक सामग्री का कम इस्तेमाल करते हैं। किसी इतिहासकाल को मूर्त करने के लिए चरित्रों और चेहरों, उनके संवाद, हाव-भाव तथा भावों की अभिव्यक्ति के तरीक़ों पर ज़्यादा निर्भर करते हैं।

आन्द्रे वायदा की 'दॉन्तों'

इसीलिए 'दॉन्तों' जैसी फ़िल्म में क्लोज़-अप का इतना महत्त्व जान पड़ता है। कहीं भी फ़िल्म ऐतिहासिक वस्तुओं से आच्छादित नहीं दिखती। बारीक़ी और जटिलता—चीज़ों में नहीं, पात्रों के भीतर से उभरती हैं। शायद ऐसे ही मौक़े पर हंगारी फ़िल्मकार मिकलोश यान्चो की भी याद आना स्वाभाविक है, जहाँ ऐतिहासिक सामग्री का और भी विरल इस्तेमाल होता है और पात्र ही लगभग घटनाएँ बन जाते हैं।

'दॉन्तों' में मूल्यों, मन:स्थितियों, इरादों और प्रवृत्तियों को लेकर अमूर्तन नहीं है। आदमी के भीतर और बाहर चल रही लड़ाई को वायदा कुशलता से एक दूसरे में प्रक्षेपित करते चलते हैं। वायदा के सिनेमा का यह पक्ष विशेष रूप से आकृष्ट करता है। जिस समय 'दॉन्तों' को गिलोटिन पर चढ़ाया जा रहा है, उस समय की सम्पूर्ण त्रासदी को वायदा दॉन्तों के नहीं, रोब्सपिएर के चेहरे पर पढ़ते हैं। हत्या के मूल सन्दर्भ को उत्पीड़ित से अधिक उत्पीड़क पर केन्द्रित करने के पीछे कहीं यह मूल विचार उभरता है कि रोब्सपिएर की नर्वस हिंसा से दॉन्तों की न्यायप्रिय मानवीयता में ज़्यादा दम है, जिसके बिना स्वयं रोब्सपिएर की रक्षा भी सम्भव नहीं हो पाती।

वायदा ने ऐतिहासिक दॉन्तों और रोब्सपिएर के चरित्रों की भिन्नता को अपना मूल विषय बनाया है। रोब्सपिएर की अपेक्षा दॉन्तों का चरित्र ज़्यादा साफ़ और खुला हुआ दिखाया गया है। देशभक्त, थोड़ा आलसी, फक्कड़ और शौक़ीन तबीयत का दॉन्तों (जो देपारद्यू के कुशल अभिनय में सशक्त उभरा है), कूटनीतिज्ञ, जटिल और गूढ़ मिज़ाज के रोब्सपिएर का ठीक उलटा था। रोब्सपिएर क्रान्ति का कट्टर समर्थक था, लेकिन दॉन्तों के लिए धीरे-धीरे देश की जनता की सुरक्षा का सवाल ज़्यादा बड़ा हो गया। मूल्यों की टकराहट अक्सर व्यक्तियों की टकराहट में प्रतिफलित होती है। फ्रांसीसी क्रान्ति में दॉन्तों और रोब्सपिएर की शुरू में सहयोगी भूमिका रही, पर बाद में दोनों प्रतिद्वन्द्वी बन गए। उस अराजक और आतंकवादी समय में कब किसका सिर गिलोटिन पर लुढ़क जाए, कह सकना असम्भव था। उन्नीसवीं सदी के पूर्वार्ध तक इतिहासकारों का ख्याल था कि सितंबर 1792 के भीषण नरसंहार के लिए दॉन्तों ही (जो उन दिनों न्यायमंत्री था) ज़िम्मेदार था, किंतु बाद में इतिहासकारों ने इसके विपरीत दॉन्तों के उन प्रयत्नों की प्रशंसा की है, जब जन-रक्षा कमेटी में मेंबर की हैसियत से उसने किसी भी व्यक्ति के न्याय पाने के बुनियादी अधिकारों की ज़ोरदार वकालत की थी। फ़िल्म में दॉन्तों के चरित्र के इस पक्ष का प्रबल चित्रण हुआ है।

फ्रांसीसी क्रान्ति में दॉन्तों की भूमिका काफ़ी विवादास्पद रही है। वायदा ने इसका फ़ायदा उठाया है। अपनी फ़िल्म में उन्होंने उसे सुलझाने की कोशिश

नहीं की है, जिसके कारण उन पर इतिहास के साथ मनमानी करने का आरोप भी लगाया गया है। हो सकता है कि दॉन्तों वैसा न रहा हो, जैसा वायदा ने उसे चित्रित किया है, न वैसा ही रहा हो जैसा इतिहास ने चित्रित किया है। मुख्य बात हैं वे मूल्य, जिन्हें वायदा ने दॉन्तों के माध्यम से जाँचा और ज़रूरी माना है।

# मृणाल सेन की नई फ़िल्म 'खँडहर'[1]

फ़िल्मोत्सव 84' के उद्‌घाटन समारोह के अवसर पर दिखाई गई मृणाल सेन की नई फ़िल्म 'खँडहर' उत्सव की विशेष चर्चित फ़िल्मों में से रही है। पिछले अनेक समारोहों में वैसे भी मृणाल सेन की फ़िल्में व्यापक उत्सुकता जगाती रही हैं। मृणाल सेन उन विशिष्ट फ़िल्मकारों में हैं, जिनकी कला लगातार नये मोड़ लेती रही है। परिवर्तन को ज़रूरी मानने वाले मृणाल सेन का दावा है कि उनकी कला समय के साथ बदलती रही है और आज वे महसूस करते हैं कि बाह्य की अपेक्षा अब वे आदमी की आन्तरिक दुनिया को ज़्यादा बारीक़ी और गहराई से चित्रित करना चाहेंगे।

'खँडहर' (1984) उसी दिशा में उनकी नई कोशिश है, यद्यपि उनके लिए जो मेरी तरह मृणाल सेन के प्रशंसक रहे हैं और उनके विकास का सावधानी से परीक्षण करते रहे हैं, सेन का यह कथन कोई ख़ास मायने रखता नज़र नहीं आता कि आदमी की अन्दरूनी ज़िन्दगी के प्रति रुझान उनकी कोई बहुत नई तरह की कोशिश नहीं है, ख़ासकर अगर हम उनकी 'भुवन शोम', 'एक दिन प्रतिदिन', 'अकालेर संधाने' या 'ख़ारिज' जैसी फ़िल्मों को सोचें। फिर भी, 'खँडहर' को देखना मेरे लिए इस दृष्टि से दिलचस्प था कि मृणाल सेन आन्तरिक की खोज के दौरान आन्तरिक के अर्थ को किन नई दिशाओं में विस्तृत करते हैं। साथ ही, यह जिज्ञासा भी थी कि देखें, वे अपनी प्रतिबद्धता को क्या नया सन्दर्भ देते हैं। 'खँडहर' फ़िल्म मेरी इन दोनों जिज्ञासाओं को तो शान्त नहीं कर सकी, लेकिन एक कुशलता से बनी अच्छी फ़िल्म देखने के अनुभव को ज़रूर समृद्ध कर सकी।

मुझे अगर अपनी पसन्द में से चुनना हो, तो मैं मृणाल सेन की इधर की सबसे अच्छी फ़िल्मों में 'भुवन शोम', 'एक दिन प्रतिदिन' और 'ख़ारिज' को रखूँगा, उनसे कम पसन्द फ़िल्मों में 'ओका ओरी कथा' और 'खँडहर' को रखूँगा तथा सबसे कम पसन्द फ़िल्मों में 'मृगया' और 'परशुराम' (1979) को। मेरे इस वर्गीकरण का आधार यह नहीं कि मृणाल सेन मनुष्य की अन्तरंग कोमल भावनाओं की बात कर

1. धर्मयुग, 19 फरवरी, 1984

रहे हैं या मार्क्सवाद की, बल्कि यह कि जो कुछ भी वे कह रहे हैं, उसे कितने सन्तुलित, गम्भीर और असरदार ढंग से कह पा रहे हैं।

यह बिल्कुल मेरी अपनी रुचि का सवाल हो सकता है कि मैं 'परशुराम' और 'मृगया' को ठीक उन्हीं कारणों से नहीं पसन्द कर सका, जिन कारणों से 'भुवन शोम', 'एक दिन प्रतिदिन' या 'ख़ारिज' को बहुत पसन्द कर सका और उनकी नवीनतम फ़िल्म 'खँडहर' को मामूली ही पसन्द कर सका।

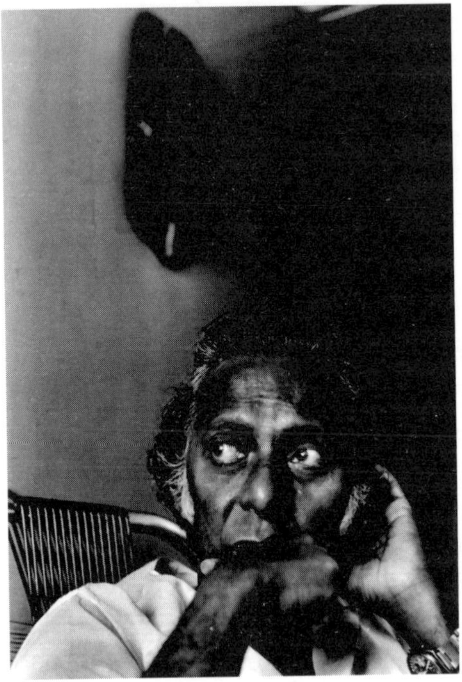

**मृणाल सेन** (चित्र-साभार : mrinalsen.org)

'खँडहर' में मृणाल सेन ने जीवन की कुछ बहुत नाजुक भावनाओं की बात की है। अपने स्वर को भरसक संयत रखा है। सिसकियों, सुबकियों, चीखों वग़ैरह को दबाए हुए, दीर्घ वीरान खँडहरों के बीच जी रही एक अपाहिज माँ (गीता सेन) की खँडहर-सी ज़िन्दगी की तीमारदारी में धीरे-धीरे ख़ुद खँडहर होती जा रही उसकी बेटी यामिनी (शबाना आज़मी) की घुटन के बीचोबीच से तीन दोस्तों को गम्भीरता से बाहर निकाल लाए हैं। एक दोस्त जो फोटोग्राफ़र है (नसीरुद्दीन शाह) और जिसका कैमरा व आँखें न केवल खँडहरों को बल्कि उनमें बसी ज़िन्दगियों को भी बारीक़ी से देखती हैं, धोखे से वह उन ज़िन्दगियों के इतना नज़दीक चला जाता है कि उनमें फँस सकता है, उन्हीं खँडहरों में।

माँ, फोटोग्राफर को निरंजन समझती है, निरंजन जिसने कभी लौटकर उसकी बेटी से विवाह का वादा किया था। अन्त में लड़की और माँ दोनों टूट जाते हैं, जब फोटोग्राफर उन्हें छोड़कर वापस शहर चला जाता है। लेकिन वहाँ भी उनकी यादों को वह अपने से अलग नहीं कर पाता। खँडहर उसकी ज़िन्दगी का एक हिस्सा बनकर उसमें रह जाते हैं। अपने वर्तमान से अतीत के उस अनुभव को वह एकदम अलग नहीं कर पाता, लेकिन उसे इस तरह भी अपनी ज़िन्दगी में नहीं आने देना चाहता कि वह वर्तमान को हड़प ले—उसी तरह जैसे उसने मां-बेटी की ज़िन्दगी

को दबोच रखा है। वह खँडहरों के प्रति आकृष्ट होता है, लेकिन स्वयं खँडहर हो जाने से इंकार करता है। वह जान छुड़ाकर भागता है कि कहीं खँडहरों का भूत उसके वर्तमान और भविष्य को न पकड़ ले।

लेकिन यह निष्कर्ष फ़िल्म में जितनी सफ़ाई से निकल सकता था, नहीं निकल पाता। एक विषम परिस्थिति से भागने के पीछे ठोस वजह भी हो सकती है और महज़ कायरता भी। 'खँडहर' की एक बड़ी कमज़ोरी मुझे यह लगी कि वह भावना और तर्क के स्तरों पर बराबर से सन्तुलित नहीं है। खँडहरों की भावनात्मकता का गाढ़ा दबाव नायक के जीवन-विवेक को पूरी तरह ऊपर नहीं उठने देता। उसका भागना, एक स्वस्थ जीवन की ओर भागना न होकर एक अपराधबोध लेकर साहसहीन भागना बन जाता है। इसीलिए वह नायिका की ज़िन्दगी को भी कोई उजाला नहीं दे पाता, उलटे अपनी ज़िन्दगी में भी उसकी ज़िन्दगी का थोड़ा-सा घटाटोप भर लेता है।

यह फ़िल्म जिन ऊँचाइयों की ओर संकेत करती है, उन ऊँचाइयों तक नहीं पहुँच पाती, बीच से ही लौट आती है, क्योंकि मृणाल सेन की बुनियादी संवेदनाएँ जितनी भाव-प्रबल हैं, उतनी तर्क-प्रबल नहीं। इस फ़र्क़ को हम उनकी ऐसी फ़िल्मों में भी देख सकते हैं, जिनका मूल विषय भावनात्मक न होकर वैचारिक है—प्रमुखत: उनकी प्रतिबद्ध फ़िल्में। यानी वे अपने कथ्य को जितनी आसानी से रेटॉरिकल या जज़्बाती बना पाते हैं, उतनी ही कुशलता से उसके तार्किक औचित्य को कला की भाषा में स्थापित नहीं कर पाते। इसीलिए 'खँडहर' की पूरी संरचना और लगभग फ़ॉर्मूला-कथानक को देखते हुए इस ख़तरे की ओर बार-बार ध्यान जाता था कि इस काई लगी ज़मीन पर वे ज़रा भी फिसले, तो सँभलना मुश्किल होगा।

'खँडहर' विफल फ़िल्म नहीं है, लेकिन मेरी दृष्टि में उतनी सफल फ़िल्म भी नहीं है कि मैं उसे निधड़क मृणाल सेन की ही उत्कृष्टतम फ़िल्मों में रख सकूँ। यह मेरी ज़्यादती हो सकती है कि मैं मृणाल सेन की नवीनतम फ़िल्म में ज़रूरत से कुछ ज़्यादा ही आशा लगाकर जाता हूँ शायद, मगर फिर, यदि मृणाल सेन से भी यह आशा न लगाऊँ, तो किससे लगाऊँ? मैं उस स्तर पर बहस नहीं उठा रहा कि जैसा 'खँडहर' में दिखाया गया, वैसा जीवन में नहीं होता या नहीं हो सकता। मैं केवल इस फ़िल्म के द्वारा उस सम्भावना को भी सोच रहा हूँ कि एक बड़ी कला अपने आप में एक बड़ा जीवन-विवेक भी होती है, केवल जीवनानुभव ही नहीं। और 'खँडहर' इस दुहरे अर्थ में भी एक अत्यन्त महत्त्वपूर्ण फ़िल्म हो सकती थी।

मैं समझता हूँ कि अगर 'खँडहर' में नायक की स्थिति इतनी नकारात्मक न होती, तो शायद फ़िल्म की अटूट उदासी को और बढ़ाने के बजाय उसमें ज़िन्दगी की वह ज़रूरी चमक डाली जा सकती, जिसकी पूरी सम्भावनाएँ नायक की स्थिति

में थीं, और वे नसीरुद्दीन शाह के अभिनय में भी उभरतीं, जबकि ऐसे वह फ़िल्म को अपनी कोई संवेदना नहीं देता, मात्र नायिका की संवेदनाओं की प्रतिच्छाया लगता है।

मैं यहाँ विवाह या ऐसे ही किसी सरलीकृत समाधान की बात नहीं कर रहा हूँ, दो प्रमुख पात्रों के बीच और गहरे मानसिक इन्वॉल्वमेंट की बात कर रहा हूँ। प्रेमेन्द्र मित्र की कहानी की जो भी सीमाएँ हों, पर वही सीमाएँ एक सशक्त फ़िल्मकार भी स्वीकार करे, यह ज़रूरी नहीं, ख़ासकर जब मृणाल सेन 'ओका ओरी कथा' में यह सिद्ध कर सके हैं कि प्रेमचन्द तक की कहानियों के फ़िल्मीकरण में उन्होंने कहानी की सीमा को अपनी भी सीमा नहीं माना है (और शायद उसी बल पर मैं यहाँ एक समीक्षक की सीमा का उल्लंघन करने का साहस कर रहा हूँ)। वैसे, 'खँडहर' को अपनी सीमा में एक जायज़ और सफल कलाकृति मानने में कोई आपत्ति नहीं हो सकती। अचानक विषम परिस्थिति में फँस गए पात्रों के मनोभावों द्वारा तथा भीतर चल रहे संवादों को जितनी सूक्ष्म और सटीक फ़िल्मी भाषा मृणाल सेन ने दी है, सिर्फ़ उसके लिए ही इस फ़िल्म को पूरी तरह सराहा जा सकता है।

# महोत्सवों से हमें क्या मिला?[1]

दसवाँ अन्तर्राष्ट्रीय फ़िल्मोत्सव—यानी अन्तर्राष्ट्रीय फ़िल्मोत्सवों का एक दशक समाप्त होते-होते इन समारोहों के भारतीय फ़िल्म उद्योग और ख़ास तौर से फ़िल्म कला पर अच्छे-बुरे प्रभावों को लेकर कई सवाल मन में उठते हैं। ज़ाहिर है कि इन उत्सवों का सामान्य फ़िल्म दर्शक के लिए महत्त्व नहीं है। जो महत्त्व है, वह फ़िल्म धंधे से जुड़े लोगों के लिए ही रहा है और उसी दृष्टि से इन समारोहों पर विचार किया जाना चाहिए।

पहला सवाल जो मन में उठता है, वह है—क्या इन उत्सवों ने भारतीय फ़िल्म कला पर कोई गुणात्मक असर डाला है? इसमें सन्देह नहीं कि विश्व-स्तर की सैकड़ों फ़िल्में देखने के बाद शायद ही कोई संवेदनशील फ़िल्मकार, अदाकार या आलोचक हो, जो यह न महसूस करे कि भारतीय फ़िल्मों के सामने अभी भी एक बहुत बड़ी चुनौती है, यद्यपि पिछले दस वर्षों के दौरान बनी अनेक ऐसी भारतीय फ़िल्में याद आती हैं, जिन्हें लेकर कला की दृष्टि से तो जायज़ गर्व किया ही जा सकता है। बम्बइया फ़िल्मी कारोबार भी फ़िल्मों में चुपचाप आने वाले इस गुणात्मक अन्तर से अछूता नहीं रहा। ऐसा मैं बम्बइया फ़िल्मों के कलापक्ष को लेकर उतना नहीं कह रहा, जितना शुद्ध व्यावसायिक फ़िल्मों के तकनीक पक्ष को लेकर कह रहा हूँ। कलापक्ष को प्रमुख रखकर कम खर्च पर बनने वाली फ़िल्मों के जिस मूवमेंट ने पिछले एक दशक में ज़ोर पकड़ा था, उसका अगर एक विशिष्ट दर्शक वर्ग बना, तो उतना ही विशिष्ट निर्माता वर्ग भी बना—व्यावसायिक फ़िल्मों के बाहर ही नहीं, उनके अन्दर भी। 'आक्रोश', 'अर्थ', 'मंडी', 'अर्धसत्य', 'सारांश', 'गमन' आदि फ़िल्में उस सेतु की तरह हैं, जिनकी एक हद पर अगर मणि कौल (1944–2011) और कुमार शाहनी (1940) की अत्यन्त प्रयोगशील फ़िल्में ('सतह से उठता आदमी', 'माया दर्पण' आदि) हैं, तो दूसरी हद पर 'शोले' जैसी शुद्ध तकनीकी और व्यावसायिक सफलताएँ हैं। 'शोले' का नाम यहाँ मैं सिर्फ़ इस माने में ले रहा हूँ कि पहली बार शायद व्यावसायिक फ़िल्म

1. दिनमान, 27 जनवरी, 1985

जगत ने एक मज़बूत पटकथा की ताक़त को महसूस किया था। कहीं न कहीं पटकथा का महत्त्व विशुद्ध फ़ॉर्मूला फ़िल्मों के ख़िलाफ़ एक तरह का साहित्यिक आन्दोलन था, भले ही ये पटकथाएँ उन विशिष्ट अर्थों में साहित्यिक अभी भी न हों, जैसे बर्गमान, त्रूफ़ो, गोदार, कुरोसावा, श्लौंडार्फ, तारकोव्स्की, विस्कोंती, गुने आदि की फ़िल्मों को लगभग एक साहित्यिक रचना की तरह 'पढ़ा' जा सकता है। यह आकस्मिक नहीं कि अनेक अन्तर्राष्ट्रीय ख्यातिप्राप्त फ़िल्मों के पीछे उत्कृष्ट कोटि की साहित्यिक कृतियाँ रही हैं, जबकि हिन्दी फ़िल्मकार साहित्य को लेकर लगभग कोरे ही रहे हैं। इस माने में बांग्ला फ़िल्में कहीं ज़्यादा साहित्यमुखी रही हैं। ख़ासतौर पर सत्यजित राय और मृणाल सेन सरीखी साहित्य-सम्पन्न प्रतिभाओं ने हमें जो फ़िल्में दी हैं, वे सहज ही अपनी एक अलग पहचान बनाती हैं।

अमेरिका और यूरोपीय फ़िल्मों की तुलना में तीसरी दुनिया की फ़िल्मों का अभ्युदय एक ख़ास घटना है, जिस पर गहराई से विचार किया जाना चाहिए। अमेरिकी फ़िल्मों की व्यावसायिकता अगर बम्बइया फ़िल्मों की सितारिया लकदक से तुलनीय है, तो यूरोपीय फ़िल्मों का—ख़ासतौर पर फ्रांस के न्यू वेव मूवमेंट का—जिसका फ़िल्मों पर विश्वव्यापी असर पड़ा, उसने इस स्वस्थ धारणा को प्रोत्साहित किया कि अच्छी फ़िल्मों के लिए सचाई, पूँजी से ज़्यादा बड़ी होती है। प्रतिभा, ख़ास तरह की कला और साहित्य से सम्पन्न रुचि, जिसके लिए हम गोदार, त्रूफ़ो, रीवेत, रोमेर जैसे फ़िल्मकारों को याद करते हैं। आज इन फ़िल्मकारों की 'ओतर थियरी' (लेखक सिद्धान्त) भले ही बहुत प्रभावी न रह गई हो, पर एक समय नई फ़िल्मों के आधार को बनाने में इस सिद्धान्त का क्रान्तिकारी हाथ रहा—ख़ासतौर पर फ़िल्म निर्माताओं का ध्यान ख़र्चीली फ़िल्मों से हटाकर कम ख़र्च वाली फ़िल्मों की तरफ़ ले जाने में। तीसरी दुनिया के विकासशील देशों के लिए यह एक नई दिशा थी और इस दिशा में खोज का एक मतलब जहाँ किसी हद तक आर्थिक समस्याओं का आंशिक समाधान था, वहीं पारम्परिक व्यावसायिक फ़िल्मों की अपेक्षा फ़िल्म-रचना के अधिक प्रयोगशील पक्षों का उत्खनन भी। सतही तौर पर देखने से ऐसा लग सकता है कि फ़िल्मों में प्रयोगशीलता का दौर किसी हद तक पाश्चात्य अमीर देशों के अभिव्यंजनावाद का विस्तार है। लेकिन सच पूछा जाए, तो प्रयोगशीलता ने तीसरी दुनिया के नए फ़िल्मकारों के लिए सबसे रचनात्मक और चुनौती-भरा रास्ता खोला और फ़िल्म जैसे असाध्य ख़र्चीले माध्यम को भी प्रतिभाशाली फ़िल्मकारों के लिए सुलभ बनाया। इसका सबसे क्रान्तिकारी राजनैतिक प्रभाव फ़िल्मों पर पड़ा, बल्कि फ़िल्में और राजनैतिक आदर्शवाद के सम्बन्धों पर पड़ा। कथ्यप्रधान राजनीतिक फ़िल्मों का उनके रूप-पक्ष या फ़ॉर्म पर कई तरह का असर पड़ा। अमेरिका और यूरोप के समृद्ध देशों के लिए राजनीति का जो अर्थ था

और है, तीसरी दुनिया के देशों के लिए राजनीति का वही अर्थ नहीं है। सच पूछा जाए, तो मार्क्सवाद या समाजवाद का भी—रूसी अनुभव के बाद भी—यूरोप के लिए वह अर्थ नहीं हो सकता, जो अफ्रीका, लातीनी अमेरिका या एशियाई देशों के लिए है, जिनके लिए उपनिवेशीय दिनों की बातें शोषण की एक ऐसी मानसिक और ऐतिहासिक पृष्ठभूमि बनाती हैं, जिसे पाश्चात्य देशों के लिए समझ पाना मुश्किल है। यूरोप के लिए सबसे भयानक राजनीतिक अनुभव, पिछले दो महायुद्ध और तानाशाही रहे हैं। आज भी यूरोप के राजनीतिक मन पर हिटलर, मुसोलीनी और स्टालिन का भूत मँडरा रहा है। इस दहशत को हम बराबर उनकी फ़िल्मों में मौजूद पाते हैं। कभी द्वितीय महायुद्ध की यादों के रूप में, तो कभी तृतीय महायुद्ध की सम्भावना के रूप में। अनेक पोलिश, हंगेरियन, फ्रेंच, जर्मन, रूसी फ़िल्मों में हम इस आतंक को किसी-न-किसी रूप में अभिव्यक्त होते देखते हैं और शायद इस सामूहिक भय की सबसे सूक्ष्म और सशक्त अभिव्यंजना हम तारकोव्स्की, ऐंजलोपुलोस, वायदा, कोस्ता-गावरास आदि की फ़िल्मों में देख सकते हैं। मैंने सूक्ष्म शब्द यहाँ एक ख़ास मक़सद से कहा है क्योकि कहीं मेरे मन में 'अपोकैलिप्स नाउ' जैसी अमेरिकी फ़िल्मों में हॉरर की वे भव्य तस्वीरें हैं, जो ख़र्चीली फ़िल्मों वाली व्यावसायिकता से जुड़ती हैं, मनोवेदना की उन गहराइयों से नहीं, जिन तक तारकोव्स्की, ऐंजलोपुलोस, वायदा आदि इतनी सहूलियत से प्रवेश कर जाते हैं। अमेरिकी फ़िल्मों में अगर आतंक का शोर है, तो यूरोपीय फ़िल्मों में उसकी आत्मा को कँपा देने वाली ठंडी सिहरन।

राजनीतिक फ़िल्मों की प्रमुखता का तीसरी दुनिया की फ़िल्मों पर गुणात्मक असर पड़ा है। उनकी बनावट कभी-कभी बाहर से उलझी हुई होते हुए भी अन्दर से लगभग द्वन्द्वरहित होती है। वे लगभग यह मानकर चलती हुई लगती हैं कि द्वन्द्व आदमी के बाहर है, आदमी के अन्दर या तो नहीं के बराबर है या बाहरी द्वन्द्वों का ही नतीजा है। एक ग़ैर-राजनीतिक फ़िल्म के लिए कुछ सिद्ध करना ज़रूरी नहीं होता। वह शुद्ध विचार भी हो सकती है, दार्शनिक ऊहापोह और संशय भी, असमंजस भी, जीवन का तटस्थ निरीक्षण, सर्वेक्षण या विवेचन भी। यह जीवन की कोई भी कल्पना या उसका यथार्थ हो सकती है : उसके लिए राम-रावण युद्ध में राम (आदर्श) की विजय की अनिवार्यता सिद्ध करना ज़रूरी नहीं। अनेक यूरोपीय फ़िल्में याद आती हैं, जिनमें संघर्ष की ज़मीन बाहर या भीतर नहीं होती—बाहर और भीतर के बीच भी बनती है। अगर हम मृणाल सेन की इधर की फ़िल्मों ('ख़ारिज', 'एक दिन प्रतिदिन', 'खँडहर' आदि) की तुलना उनकी पिछली फ़िल्मों ('मृगया', 'परशुराम') से करें, तो मेरी बात को आसानी से समझा जा सकता है।

यह एक दिलचस्प अध्ययन होगा, अगर स्पेन, फ्रांस या ब्रिटेन में बन रही राजनीतिक फ़िल्मों की तुलना उन फ़िल्मों से की जाए, जो पश्चिमी देशों से कभी

अधिकृत देशों में आज बन रही हैं (अफ्रीकी और एशियाई देशों में)। बुनुएल या साउरा की फ़िल्मों में अगर गहरी अन्तर्द्वन्द्वात्मकता, आत्मनिरीक्षण, विक्षोभ और लगभग एक अपराधबोध-सा व्याप्त लगता है, तो लातीनी अमेरिकी फ़िल्मों में उसके बरक्स एक क्रुद्ध प्रदर्शनात्मकता दीखती है। ब्राजील, क्यूबा, आर्हेंतीना, मिस्र आदि देशों की फ़िल्मों में एक स्पष्ट प्रतिहिंसात्मक उग्रता है—लगभग जुलूसी उग्रता, जिससे उनका पूरा ढाँचा झनझनाता रहता है (रोचा, आलिआ, बेन बार्का आदि की फ़िल्में दृष्टव्य हैं)। इन फ़िल्मों में वैसा आत्मनिरीक्षण नहीं, जो अपनी ग़ुलामी के ऐतिहासिक कारणों को बाह्य के साथ-साथ अपने भीतरी सन्दर्भों से भी जोड़े। सम्भवतः इस अर्थ में तुर्की के इल्माज़ गुने का काम ('योल' के निर्देशक) एक बिल्कुल अलग तरह का अनुभव था। 'योल' की कथावस्तु से उसका लहजा कहीं ज़्यादा मुखर और साहसी था। वह प्रच्छन्न रूप से ही सही, अपने ख़ुद के दोषों पर पर्दा डालकर यथार्थ को नहीं देखता था, यथार्थ के साथ उसे शामिल मानकर चलता था।

एक देश के इतिहास की प्रस्तुति से उसके इतिहास की व्याख्या आज ज़्यादा महत्त्वपूर्ण हो सकती है। 'गांधी' (रिचर्ड एटनबरो, 1982) फ़िल्म आज हमारे इतिहास से ज़्यादा भारत और ब्रिटेन के बीच बदलते या बदले मानसिक सम्बन्धों का ज़्यादा सही दस्तावेज़ है।

गोदार, ऐंजेलोपुलोस, कोस्ता-गावरास की राजनीतिक फ़िल्मों की त्वचा ऊपर से अपेक्षाकृत स्थिर रहते हुए भी गहरे राजनीतिक इरादों, आशयों और मानसिकताओं की पेचीदगी और आतंक की कला है। उनमें ऊपरी उथल-पुथल की अतिनाटकीयता या मेलोड्रामा भले ही न हों, परन्तु भीतर-भीतर चलने वाले महाभारत का जो विकट आभास है, वह न केवल आदमी के निजी व सामूहिक मनोविज्ञान, बल्कि सीधे उन कारणों तक जाता है, राजनीति जिसकी एक शाखा है। वे राजनीति के नाटक को ज़िन्दगी के नाटक से बड़ा नहीं मानते, उसी का एक हिस्सा मानते हैं।

विदेशों से आज भी हम बहुत कुछ ले रहे हैं और बहुत कुछ दे भी रहे हैं। लेन-देन का यह सिलसिला आज़ादी के बाद ख़त्म नहीं हो गया, लेकिन उसका स्वरूप ज़रूर बदल गया है। विदेशी का मतलब हमारे लिए अब सिर्फ़ अंग्रेज़ी या अंग्रेज़ नहीं, बाक़ी दुनिया भी है, और ख़ासतौर पर है तीसरी दुनिया, जो हमारे लिए अब तक एक अँधेरी दुनिया थी।

निर्देशक के महत्त्व के साथ ही सबसे महत्त्वपूर्ण अन्तर अभिनेता की उस छवि में आया है, जिसका अर्थ व्यावसायिक सिनेमा में सिर्फ़ ग्लैमर बचा रह गया था। बहुत कुछ अन्तर्राष्ट्रीय फ़िल्मोत्सवों के कारण भी स्मिता पाटील, शबाना आज़मी, ओम पुरी या नसीरुद्दीन शाह को जो मान्यता मिली है, यह उनकी बॉक्स ऑफिस पर सफलता के कारण नहीं, शुद्ध कलात्मक सफलता के कारण

**श्याम बेनेगल की 'मंथन' ( 1976 ) में स्मिता पाटिल**

मिली है, जिसका घनिष्ठ सम्बन्ध निर्देशकीय कुशलता, सशक्त पटकथा, और संवेदनशील अभिनय से है। आर्थिक पक्ष की अपेक्षा सार्थक ज़मीन पर सिनेमा की जड़ों का जमना अपने आप में एक स्वस्थ लक्षण है, भले ही इसके लिए उसे विकट संघर्ष करना पड़ रहा है। यह किंचित शोचनीय बात है कि इस तरह की फ़िल्मों को जो सहारा टीवी या अन्य प्रचार माध्यमों से मिलना चाहिए, नहीं मिल रहा : मीडिया अगर बम्बइया फ़िल्म जगत की सितारिया लकदक से अभी भी चौंधियाये हुए है (जैसा कि दसवें अन्तर्राष्ट्रीय फ़िल्मोत्सव के भौंडे उद्घाटन से ज़ाहिर है), तो उससे हमारे आयोजकों के पिछड़ेपन या उनकी व्यावसायिक मानसिकता का ज़्यादा परिचय मिलता है।

# समसामयिक सिनेमा : दशा और दिशा[1]

दिल्ली में 3 से 17 जनवरी, 1985 तक आयोजित दसवें अन्तर्राष्ट्रीय फ़िल्मोत्सव की कुछ ऐसी फ़िल्मों पर थोड़ा विस्तार से विचार-विमर्श करना कई मानों में सार्थक हो सकता है, जो पुराने क्लासिक्स पर बनी हैं। या पश्चिम जर्मनी के विख्यात फ़िल्मकार वर्नर हरज़ोग (1942) की फ़िल्म 'व्हेयर द ग्रीन एंट्स ड्रीम', गौतम घोष (1950) की हिन्दी फ़िल्म 'पार' और गोविन्द निहलानी की 'पार्टी' (तीनों फ़िल्में 1984), जिनमें सभ्यता या समाज के तथाकथित पिछड़े वर्ग कथानकों का मूल विषय हैं।

जर्मन फ़िल्मकार फोकर श्लौंडार्फ की नई फ़िल्म 'स्वान इन लव' (1984) फ्रांस में बनी है। गोमोंत प्रोडक्शंस की कोशिशों से इधर अनेक विदेशी फ़िल्मकारों को फ्रांस में फ़िल्में बनाने का अच्छा-ख़ासा मौक़ा मिला है, जिनमें कुछ समय पहले इल्माज़ गुने, कुरोसावा, ओशिमा भी फ़िल्में बना चुके हैं तथा इसी कड़ी में इस बार इतालवी फ़िल्मकार फ्रांचेस्को रोसी (1922-2015) की 'कार्मेन' (1984) फ़िल्म भी एक बड़ा आकर्षण थी, जो इस बार देखने को मिली।

श्लौंडार्फ की 'स्वान इन लव' महान फ्रेंच लेखक मार्सेल प्रूस्त के प्रसिद्ध उपन्यास 'ए ला रेशार्स द्यूताम्स पर्द्यू' ('रिमेम्ब्रेंस ऑफ़ थिंग्स पास्ट' या 'अतीत की यादें') नामक वृहत् उपन्यास के एक अंश का फ़िल्मीकरण है। साहित्य को पूरी समझ और संवेदना से ग्रहण करने और उसे फ़िल्मी भाषा देने में श्लौंडार्फ की प्रतिभा अद्भुत है। इसके पहले भी उपन्यासों पर आधारित वे अनेक उत्कृष्ट फ़िल्में बना चुके हैं, जिनमें गुंटर ग्रास की 'टिन ड्रम' पर बनी उनकी फ़िल्म की अपनी एक जगह है। यह फ़िल्म पिछले फ़िल्मोत्सव में मुंबई में दिखाई गई थी और उसी मौक़े पर श्लौंडार्फ ने जब एक प्रेस इंटरव्यू के दौरान यह बताया कि वे प्रूस्त के उपन्यास के एक खंड पर फ्रांस में फ़िल्म बना रहे हैं, तो काफ़ी उत्सुकता बन गई थी। इस उत्सव में 'स्वान इन लव' को देखना एक तरह से उस आशा की पूर्ति थी, जिसे श्लौंडार्फ के वक्तव्य ने जगाया था।

1. सारिका, 16-28 फरवरी, 1985

प्रूस्त के उपन्यास का पूरा ढाँचा अनेक स्मृति-खंडों में संयोजित है। जिस अतीत का जीता-जागता चित्र लेखक अपने उपन्यास में खड़ा करता है, उसे शब्दों के बजाय बिम्बों से रच पाना एक ऐसी चुनौती थी, जिसे श्लौंडार्फ ने बख़ूबी निभाया है। एक ख़ास बात की ओर ध्यान खींचना चाहूँगा। फ्लैशबैक फ़िल्मों की जानी-मानी टेकनीक है, किंतु श्लौंडार्फ की फ़िल्म फ्लैशबैक को साधन न बनाकर उस यथार्थ के विवरण को प्रमुख रखती है जिसे अगर फ़िल्मी भाषा में कहें तो—प्रूस्त ने स्वयं अपने उपन्यास में फ्लैशबैक की पद्धति से प्रस्तुत किया है। उसकी जगह श्लौंडार्फ ने प्रूस्त के स्मृति-काल का फ़िल्म में प्रत्यक्षीकरण किया है। यह मूर्तन 'स्वान इन लव' की एक उल्लेखनीय ख़ूबी है। स्मृति-काल का शब्दों से बिम्बों में पुनः अनुवाद करते हुए श्लौंडार्फ ने प्रूस्त के उपन्यास को एक नई व्याख्या दी है तथा प्रूस्त-कालीन समाज की जिस तस्वीर को उन्होंने फ़िल्मी हाड़-मांस दिया है, वह हमें न केवल प्रूस्त की मानसिकता, बल्कि उसके सामाजिक सम्बन्धों के बहुत नज़दीक ले जाता है। उस समय की प्रचलित वेश्यावृत्ति और एक वेश्या के लिए अत्यन्त संवेदनशील स्वान के गहरे और साथ ही साथ न समझ में आने वाले सन्तप्त प्रेम को आधार बनाकर प्रूस्त की ही तरह श्लौंडार्फ ने भी फ़िल्म की भाषा द्वारा मन की उलझी गहराइयों में प्रवेश करने की कोशिश की है।

**जर्मन फ़िल्मकार फोकर श्लौंडार्फ की फ़िल्म 'स्वान इन लव' ( 1984 ) मार्सेल प्रूस्त के उपन्यास पर आधारित है**

इस सम्बन्ध में कथा साहित्य यानी शाब्दिक कलाओं और फ़िल्म कला के बीच एक दिलचस्प सवाल की ओर भी ध्यान जाता है। एक प्रूस्त या जॉयस जिस अन्तर्द्वन्द्व और लम्बे यथार्थ काल को अपने उपन्यासों में शब्दों द्वारा कुछ सौ पृष्ठों में घनीभूत करते हैं, फ़िल्म कला उसे दो-तीन घंटों में बिम्बों, शब्दों और ध्वनियों

के संयोजन द्वारा जब प्रस्तुत करती है, तो वह दरअसल उपन्यास की सीमा को किन मानों में विस्तृत और किन मानों में सीमित कर रही होती है ? शब्दों की मूल शक्ति सांकेतिक और उद्बोधनात्मक होती है, जो हमारी कल्पना पर ज़्यादा से ज़्यादा दबाव डालती है। साहित्य उस शब्द-शक्ति और कल्पना-शक्ति पर अधिक से अधिक निर्भर है, जिसे एक प्रूस्त की कला पूरी तरह खँगालती है, कविता की तरह और कविता की ही तरह प्रूस्त का उपन्यास जगह-जगह हमें भावनाओं, विचारों और निरीक्षणों की गहनतम तहों में ले जाता है। वह कविता और विश्लेषण जो शब्दों द्वारा सम्भव है, कैमरा की मूलत: विवरण क्षमता की पकड़ से बाहर निकल कर रह जाता लगता है। ऐसा नहीं कि कैमरा की अपनी कविता नहीं होती, या श्लौंडार्फ के 'स्वान इन लव' में भी अपनी कविता नहीं है, लेकिन तुलना में ज़रूर ऐसा लगता है कि श्लौंडार्फ के 'स्वान इन लव' में ऐसा ज़रूरी कुछ ज़रूर छूट जाता है, जिसे प्रूस्त अपने 'ए ला रेशार्स द्यू ताम्स पर्द्यू' में इतनी सक्षमता से पकड़ सके हैं, जैसे 'स्वान इन लव' के अन्तिम दृश्यों में स्वान की जिस उदासी की झलक मिलती है, उसका बहुत ही झीना धुंधलका प्रूस्त की 'यादों' पर बराबर छाया रहता है—उस वातावरण के पारदर्शी रंग के मुक़ाबले में फ़िल्मी रंग भारी और गाढ़ा लगता है।

*

**'उत्सव' ( 1984 ) के एक दृश्य में रेखा**

एक दूसरी फ़िल्म 'उत्सव' (1984) का उल्लेख भी यहाँ प्रासंगिक होगा। प्रूस्त-कालीन उपन्यास की पृष्ठभूमि अगर उन्नीसवीं सदी का फ्रांस है, तो 'उत्सव' की पृष्ठभूमि प्राचीन भारत है। शूद्रक के प्रसिद्ध नाटक 'मृच्छकटिक' पर आधारित फ़िल्म 'उत्सव' सामान्यत: बनने वाली हिन्दी फ़िल्मों से अलग तरह की कोशिश है। निर्देशक गिरीश करनाड (1938) का यह पहला प्रयास नहीं है, जिसमें उन्होंने प्राचीन भारत के रंगारंग ऐश्वर्य और वैभव को फ़िल्मी ज़बान देने की कोशिश की है। प्राचीन या मध्ययुगीन भारतीय इतिहास की पृष्ठभूमि पर यों तो अनेक फ़िल्में बन चुकी हैं, किंतु साहित्यिक और ऐतिहासिक समझ के मामले में

गिरीश करनाड की फ़िल्मों का एक अलग व्यक्तित्व बनता है। कुरोसावा के जापानी इतिहास और युद्धकला की पृष्ठभूमि पर बनी फ़िल्मों में दुनिया-भर के फ़िल्मकारों को एक नया मुहावरा दिया है, जिससे गिरीश करनाड ने, लगता है, काफ़ी कुछ सीखा है—सही अर्थ में।

शूद्रक का 'मृच्छकटिक' इतिहास से अधिक एक वातावरण है और कथानक में चरित्र से अधिक एक समाज का दर्पण है। 'उत्सव' फ़िल्म में चरित्र अक्सर फेलीनी की याद दिलाते हैं। नाटक के रूप में 'मृच्छकटिक' की अनेक प्रस्तुतियाँ हुई हैं और किसी भी रूप में वह अत्यन्त लोकप्रिय नाटक सिद्ध हुआ है। अधिकांश संस्कृत नाटकों के राजसी पृष्ठभूमि से हटकर लोकजीवन के मनोरंजक और ऐय्याश पक्ष को प्रहसन और चुहल का निशाना बनाकर चलने वाले नाटकों में 'मृच्छकटिक' बेजोड़ है। चरित्र-चित्रण और वातावरण को 'उत्सव' फ़िल्म में 'मृच्छकटिक' के अनुरूप ही काफी ठीक पकड़ा गया है। लेकिन 'मृच्छकटिक' की अनेक गम्भीर सम्भावनाओं को लगभग अगर विकृत नहीं, तो नज़रंदाज़ तो कर ही दिया है। मसलन, राजा के साले शकार के मूर्ख और लंपट चरित्र के माध्यम से जिस राजनीतिक छींटाकशी को हबीब तनवीर ने अपनी नाट्य-प्रस्तुतियों में इतनी कुशलता से उभारा है, शशि कपूर की भूमिका उसकी तुलना में लगभग एक सपाट खलनायक की दो-आयामी तस्वीर होकर रह गई है। 'उत्सव' में अनेक राजनीतिक प्रसंग हैं, लेकिन शकार का चरित्र उनसे बिल्कुल अछूता रहता है। मूल 'मृच्छकटिक' में शकार की भाषा और उसके बोलने के लहजे को लेकर मज़ेदार व्यंग्य है—उसके उच्चारण में 'स' की जगह 'श' के बाहुल्य से पैदा की हुई उल्टी-पुल्टी शकारी भाषा का एक दिलचस्प उदाहरण इस प्रकार है—

*झाणज्झणंत बहुभूशणशद्दमिश्शं कि दोवदी विअ पला अशि लाभभीदा*
*एशे हलामि सह शक्ति जधा हणूमे विश्शावशुश्श बहिणिं विअ तं शुभद्दम।*

अर्थात अरी! अपने गहनों को झनझनाती हुई, राम से डरी हुई द्रौपदी की तरह क्यों भाग रही हो? मैं तुम्हें उसी भाँति ले भागता हूँ, जिस प्रकार हनुमान विश्वावसु की भगिनी सुभद्रा को ले भागे थे।

इस प्रकार शूद्रक ने शकार के माध्यम से न केवल भाषाई व्यंग्य, बल्कि दम्भी शकार के उलटे-पुलटे साहित्य-ज्ञान प्रदर्शन को भी आड़े हाथ लिया है। फ़िल्म में शकार के इन दोनों पक्षों का अत्यन्त मनोरंजक और सारगर्भित इस्तेमाल हो सकता था, लेकिन शशि कपूर को रावण की तरह बनाकर इस सम्भावना को बिल्कुल नष्ट कर दिया गया है। ऐसा लगता है कि निर्देशक दृष्टि शकार की राजनीतिक सम्भावनाओं पर उतनी नहीं थी (जिसके कारण शशि कपूर की भूमिका बिल्कुल ज़ाया हो गई), जितनी कि रेखा के व्यक्तित्व से आक्रान्त थी, जिसके कारण वसन्तसेना केन्द्र में रही।

शूद्रक का 'मृच्छकटिक' भास के जिस 'दरिद्रचारुदत्त' का विस्तार माना जाता है, उस चारुदत्त का चरित्र भी रेखा के सामने दबा-दबा सा ही रहता है।

'उत्सव' में कामूसत्र के रचयिता ऋषि वात्स्यायन को वसन्तसेना की हवेली में सम्भोग-आसनों का अध्ययन और वर्गीकरण करते दिखाया गया है। निस्सन्देह यह प्रक्षेप कामशास्त्र के साथ जुड़े वात्स्यायन के नाम की लोकप्रियता के कारण ही 'मृच्छकटिक' नाटक में किया गया है, यद्यपि वात्स्यायन की जो भी तस्वीर हमारे मन में बनती है, उसे अमजद ख़ां का अभिनय और 'मृच्छकटिक' का सन्दर्भ दोनों ही अस्वीकार करते हैं। प्रसंगवश, शूद्रक के ही एक अन्य भांण (प्रहसन नाटक) 'पद्म प्राभृतकम' का उल्लेख करना चाहूँगा। शूद्रक के 'मृच्छकटिक' और 'पद्म प्राभृतकम' में कई समानताएँ हैं—ख़ासकर वातावरण और चरित्रों को लेकर। 'पद्म प्राभृतकम' में विट वेश्या के घर में गए बौद्ध भिक्षु संघिलक पर व्यंग्य करता है कि उसका वहाँ पाया जाना उसी तरह है, जैसे दत्तक सूत्र में ओंकार का। दत्तक का समय ठीक-ठीक निश्चित नहीं, पर कामसूत्र में वात्स्यायन के उल्लेख से पता चलता है कि शायद वे ईसा की आरंभिक सदियों में रहे होंगे। दत्तक ने पाटलिपुत्र की गणिकाओं के लिए कामशास्त्र के छठे अधिकरण वैशिक अधिकरण को बढ़ाया था और वेश्याओं के बीच रहकर इसी दत्तक ने दत्तक सूत्र की रचना की थी।

'उत्सव' में दत्तक की जीवनी के आधार पर ही शायद स्वयं वात्स्यायन को वसन्तसेना के महल में रख दिया गया है, लेकिन वात्स्यायन की भूमिका में अमजद ख़ां को किस आधार पर रख दिया गया, यह तो शुद्ध हास्य की दृष्टि से भी समझ में नहीं आता। फिर भी, कुल मिलाकर 'उत्सव' एक दिलचस्प प्रयोग है और निस्सन्देह भारतीय अतीत के एक ऐसे पृष्ठ को साहस के साथ सामने लाने की कोशिश करता है, जो निरा आध्यात्मिक या बैरागी अतीत नहीं है। जहाँ यदि धर्म और मोक्ष नहीं, तो कम से कम काम और अर्थ के पुरुषार्थ को तो पूरे उल्लास से प्रस्तुत किया ही गया है।

हरज़ोग पश्चिम जर्मनी के शायद सबसे विचारशील फ़िल्म निर्देशकों में माने जा सकते हैं। सुप्रसिद्ध जर्मन निर्देशक फासबाइंडर (1945-1982, जिनकी अल्पायु में ही मृत्यु हुई) की अपेक्षा हरज़ोग ने बहुत ही कम फ़िल्में बनाई हैं, लेकिन बहुत ही अच्छी फ़िल्में बनाई हैं। उनकी नवीनतम फ़िल्म 'व्हेयर द ग्रीन एंट्स ड्रीम', जो इस उत्सव की इनी-गिनी श्रेष्ठ फ़िल्मों में रखी जा सकती है, फिर एक बार उनकी प्रतिभा को पुष्ट करती है और उनके भविष्य के प्रति पूरी तरह आश्वस्त। फ़िल्म में कथानक या पात्र महत्त्वपूर्ण नहीं हैं, एक विचार महत्त्वपूर्ण है। कुछ भूवैज्ञानिक

ऑस्ट्रेलिया में धरती का गहरा उत्खनन करने के लिए बड़ी-बड़ी मशीनें ले जाकर काम शुरू करते हैं। ऑस्ट्रेलिया के आदिवासियों से उनकी सीधी टकराहट होती है, जब वे इस वैज्ञानिक का विरोध करते हैं। आदिवासियों का सीधा तर्क है कि वे इस धरती पर पहले से रह रहे हैं, धरती उनकी पवित्र भूमि है और धरती की सतह के नीचे स्वप्न देखने वाली हरी चींटियाँ उनका विश्वास हैं। आज की सभ्यता को कोई अधिकार नहीं कि वह इस पवित्रता को रौंद डाले। एक आदिवासी जब पूरे विश्वास से पूछता है--तुम्हें कैसा लगेगा, यदि हम तुम्हारे गिरजाघरों को खोद कर फेंक दें, तो नई सभ्यता के प्रतिनिधियों के पास कोई उत्तर नहीं रहता। ज़मीन पर क़ब्ज़े को लेकर मुक़दमा चलता है। कोई साफ़ फ़ैसला नहीं होता। एक अजीबोग़रीब समझौता होता है। आदिवासियों को एक हवाई जहाज़ पसन्द आया था, जिसकी वे माँग करते हैं। उन्हें हवाई जहाज़ में बैठना अच्छा लगता है, हालाँकि वे उसको उड़ाना नहीं जानते, लेकिन एक दिन उन्हीं आदिवासियों में से एक उस हवाई जहाज़ को उड़ाता है। ज़ाहिर है कि यह अनाड़ी उड़ान ज़्यादा दूर नहीं जा पाती और पास की पहाड़ियों में कहीं हवाई जहाज़ क्रैश कर जाता है। नायक भूवैज्ञानिक इस पूरी त्रासदी को गहराई से समझते हुए अपने काम से विरक्त हो जाता है।

**जर्मन फ़िल्मकार वर्नर हरज़ोग की 'व्हेयर द ग्रीन एंट्स ड्रीम' ( 1984 )**

आदि-सभ्यताओं और आधुनिक सभ्यताओं के बीच द्वन्द्व के ऊपर बनी अनेक फ़िल्में याद आती हैं। हरज़ोग जिस रूप में इस द्वन्द्व को समझते और प्रस्तुत करते हैं, वह कई तरह के सवाल मन में उठाता है। क्या हम आदि-सभ्यताओं और आधुनिक सभ्यता के बीच कोई निर्णायक चुनाव कर सकते हैं? जिस द्वन्द्व को हरज़ोग ने दर्शाया है, उसकी असली ज़मीन कहाँ है—हमारे भीतर? हमारे बाहर?

कहीं ऐसा तो नहीं कि जिस द्वन्द्व या लड़ाई को हरज़ोग आदि-सभ्यताओं और आधुनिकता के बीच देख रहे हैं, दरअसल वह हमारी ही रोमांटिक और यथार्थवादी प्रवृत्तियों के बीच का सतत द्वन्द्व हो ? जब हम अपने वर्तमान या प्रत्यक्ष को सोचते हैं, तब तो हमारी दृष्टि यथार्थवादी, भौतिक और आलोचनात्मक होती है, लेकिन जब हम अपने अतीत या भविष्य को सोचते हैं, हमारी दृष्टि भावुक, आदर्शवादी, सरल विश्वासी और पक्षपाती होती है।

भारत में आज हर दूसरी फ़िल्म किसी-न-किसी रूप में आदिवासियों या पिछड़ी जातियों या किसान-मज़दूरों की ज़िन्दगियों से जुड़ी हुई बन रही है—गौतम घोष की 'दख़ल' (1981) और 'पार' फ़िल्में उसी कड़ी में नई रचनाएँ हैं, जिसके सबसे रेटॉरिकल रूप 'मृगया' (मृणाल सेन) और 'आक्रोश' (गोविन्द निहलानी) रही हैं और जिसकी सबसे सौम्य और कलापूर्ण शुरुआत सत्यजित राय की 'पॉथेर पाँचाली' करती है। इस फ़र्क़ की ओर बराबर ध्यान जाता है कि जिस आदिवासी ज़िन्दगी का नमूना हरज़ोग के लिए एक स्वप्न हो सकता है, हमारे लिए वह स्वप्न नहीं है, यथार्थ है और कभी-कभी बड़ा ही कटु यथार्थ है, जिसके पीछे सदियों के शोषण और अज्ञान की दहला देने वाली यादें हैं। हमारे लिए स्वप्न अगर कुछ हो सकता है, तो शायद थोड़ी-सी वह प्रगति या आधुनिकता ही, जिससे हरज़ोग इतना घबराए हुए लगते हैं। बहरहाल, हरज़ोग की यह चिन्ता निर्मूल नहीं है कि प्रगति का पागलपन आज जिस तेज़ी से अपने पर्यावरण और प्राकृतिक सम्पदाओं को दूषित और नष्ट कर रहा है, वह प्रगति नहीं, आत्मघात की भूमिका है।

लेकिन भारतीय जीवन के सन्दर्भ में जब हम आदिवासियों या पिछड़े वर्गों की ज़िन्दगी को पेश करते हैं, तो सबसे पहले प्रगति और आधुनिकता जैसे मूल्यों को लेकर हमारा दृष्टिकोण स्पष्ट होना चाहिए और भारतीय होना चाहिए। एक देश के अन्दर आदिवासी से लेकर आधुनिक तक सभ्यताओं और संस्कृतियों के अगर कई स्तर या वर्ग बनते, या बनाए जाते हैं, तो उसका मतलब है, उनके बीच उस भेद को मान्यता देना, जिसकी जड़ों में ग़ैर-बराबरी, अशिक्षा और शोषण के बीज हैं। आधुनिकता के जो भी लाभ हैं, उनसे आदिवासियों को वंचित रखकर ही उनके आदि-स्वरूप की रक्षा सम्भव है। उन्हें या गाँव की ज़िन्दगी को लेकर भावुक होना एक बात है, लेकिन उस ज़िन्दगी के कटु यथार्थ को झेलना बिल्कुल अलग बात है। भारतीय अतीत आज भी हमारे बीच कहीं-कहीं इतने सड़े रूप में ज़िन्दा है कि उसकी ओर मुँह करते हुए भी दहशत होती है। इस दहशत को हरज़ोग नहीं महसूस कर सकते, क्योंकि वे हमारी तरह उस अतीत के अँधेरों और घुटन में नहीं जी रहे, जिससे बाहर निकलने के लिए हम छटपटा रहे हैं। 'आक्रोश', 'सद्‌गति' या 'पार'

जैसी फ़िल्में जिस यथार्थ का चित्रण हैं, उसका हल कम से कम हमारे लिए अतीत में नहीं, भविष्य में है और भविष्य को हमारी फ़िल्में ज़्यादातर नियतिवादी ढंग से निबटाकर छुट्टी पा लेती हैं। उसे समस्यामूलक मानती नहीं लगतीं। शायद इसीलिए उनमें विचारों की कोई प्रखर चुनौती या द्वन्द्व उभर नहीं पाता। गौतम घोष की 'पार' मुझे इस माने में ज़्यादा आत्मविश्वासी और शायद इसीलिए विश्वसनीय लगी कि वह परिवर्तन की ज़रूरत को लेकर भड़भड़िया नहीं है, उस जिजीविषा और हिम्मत की बात करती है, जिसके बिना परिवर्तन सम्भव नहीं।

अतीत और वर्तमान को लेकर पाश्चात्य जीवन में मूल्यों का जो संकट है, उसके लिए इतिहास पर सोच-विचार उनके लिए मूलत: विश्लेषणात्मक और शास्त्रीय है, क्योंकि आधुनिकता उनके लिए एक ऐसा यथार्थ बन चुका है, जिससे वे भाग नहीं सकते। इसके बरक्स हम जब अतीत, परम्परा या आदिवासियों की बात करते हैं, तब हम इस यथार्थ से भाग नहीं सकते कि हमारे जनजीवन का एक बहुत बड़ा हिस्सा आज भी आदिवासी स्तर का है, जिसे बदलना है और बहुत कुछ आधुनिकता की दिशा में बदलना है। गोविन्द निहलानी की 'पार्टी' आधुनिकता और आदिवासियों के सवाल को एक साथ उठा तो लेती है लेकिन दोनों ही को झेल नहीं पाती। आदिवासियों के प्रति सहानुभूति को चलिए एक बार फिर स्वीकार किया, लेकिन 'पार्टी' में जिस प्रकार की बोदी आधुनिकता की आलोचना की है, वह आलोचना करने वाली समझ ख़ुद भी उससे बहुत फ़र्क़ नहीं लगती : वह जब भी 'पार्टी' के दायरे से बाहर निकलने की कोशिश करती है, सीधे आदिवासियों की तरफ़ भागती है : आधुनिकता की विसंगतियों के ख़िलाफ़ कोई वयस्क स्टैंड नहीं ले पाती। हरज़ोग की आदिवासी गवाहियाँ आधुनिकता के एक संगीन जुर्म को साबित करने की कोशिश हैं, आधुनिकता का अस्वीकार नहीं हैं, लेकिन 'पार्टी' का आदर्श नायक जिस अर्थहीनता से जिस अर्थपूर्णता की ओर बढ़ना चाहता है, उसकी कोई दृढ़ रूप-रेखा नहीं बनती।

लातिन अमेरिकी सिनेमा अपने समय और अपनी ज़मीन को लेकर जहाँ ज़्यादा सावधान और प्रामाणिक लगता है, वहीं विचार या विचारधाराओं को लेकर भी पर्याप्त सतर्क और कहीं-कहीं पर्याप्त विश्लेषणात्मक भी। पतनोन्मुखता या डिकेडेंस की यह भी एक निशानी है कि किसी भी आदर्श अथवा यक़ीन को लेकर हम ऐसे अफ़ीमची हो जाएँ कि किसी भी प्रकार के आत्मनिरीक्षण की क्षमता ही समाप्त हो जाए। इसीलिए शायद ब्राजील के निर्देशक नेलसन परेरा दोस सांतोस (1928) की फ़िल्म 'मेमरीज़ ऑफ़ प्रिज़न' (1984), हंगरी की मार्ता मेजोरोस (Márta Mészáros, 1931) की 'डायरी फॉर माय चिल्ड्रन' (1984) या ब्राज़ील के ही लियोन हिर्समान (Leon Hirszman, 1937-1987) की 'दे डोंट वियर ब्लैक टाई' (1981) ऐसी फ़िल्में हैं, जो राजनीति-निरपेक्ष नहीं हैं, बल्कि राजनीति

का बहुत मानवीय अर्थों में कला की भाषा में अन्तरंग विवेचन हैं। इस माने में राजनीतिक सिनेमा भारत में काफ़ी अप्रौढ़ रहा है, लेकिन इस फ़िल्मोत्सव में अडूर गोपालकृष्णन (1941) की 'मुखामुखम' (आमने-सामने) (1984) और कुमार शाहनी की 'तरंग' (1984) फ़िल्में इस बात को सिद्ध करती लगीं कि भारतीय फ़िल्मकार अब इस बात को लेकर सचेत हैं कि राजनीति का मतलब कला में वही नहीं हो सकता, जो राजनीति में होता है। कला, राजनीति से अलग नहीं, लेकिन उससे एक अलग तरह की चेष्टा ज़रूर है। वह जीवन के साथ एक आत्मीय रिश्ता बनाने की कोशिश है। इस समारोह में राजनीति से सम्बन्धित फ़िल्मों में भी एक नई गहराई देखने को मिली, वह कई मानों में पूर्वी योरोपीय देशों में बननेवाली फ़िल्म-चेतना की याद दिलाती थी। इसे एक स्वस्थ लक्षण ही माना जाएगा कि इधर बनने वाली अनेक भारतीय फ़िल्में भी अपने परिवेश और चिन्तन को लेकर अब ज़्यादा सतर्क और संयमित हैं।

# औरत और अजनबी[1]

ज़रूरी नहीं कि कोई फ़िल्म उन सभी सवालों का पूरा-पूरा या सही-सही जवाब दे ही सके, जिन्हें वह उठाती है, या जो उसके द्वारा उठते हैं। यह बात किसी भी रचना पर लागू हो सकती है और रायनर साइमन (1941) द्वारा निर्देशित जर्मन जनवादी गणराज्य की फ़िल्म 'द वुमन एंड द स्ट्रेंजर' (1985) जो कि जर्मन लेखक लियोनार्ड फ्रैंक (1882-1961) के उपन्यास 'कार्ल एंड अन्ना' पर आधारित है, पर ख़ास तौर पर लागू होती है कि एक बहुत ही सशक्त कथानक अन्त तक पहुँचते-पहुँचते किस तरह स्वयं रचनाकार के लिए भी शायद एक ऐसी चुनौती बन जाता है, जिसके सामने वह बेबस-सा अनुभव करता है। एक रचना की ज़िन्दगी इतनी जटिल या इस रूप में असहज भी हो सकती है कि उसका बर्ताव हमारी इस आशा को बिल्कुल कुंठित करने वाला हो कि हम उससे कोई आदर्श या तर्कसंगत अन्त पाएँ। ख़ासकर परिचित ढंग के कथानकों या जीवन-स्थितियों को लेकर चलने वाली कहानियों की एक सफलता यह तो हो सकती है कि वे हमें किसी पुराने सवाल तक ले जाकर इसके साथ बिल्कुल नई तरह अकेला कर दें—फ़िल्म के नायक (या उप-नायक) रिचर्ड की तरह इस पुराने सवाल को बिल्कुल नई तरह पूछते हुए कि 'मैं कौन हूँ?'

फ़िल्म के कथानक से उसका रवैया ज़्यादा अर्थपूर्ण है और इस रवैये में ही फ़िल्म का मूल अभिप्राय पढ़ा जाना चाहिए। दो जर्मन युद्धबन्दी कार्ल और रिचर्ड तथा रिचर्ड की पत्नी अन्ना, कथानक के तीन प्रमुख पात्र हैं। प्रथम महायुद्ध में दूर कहीं एक रूसी बन्दी शिविर में रिचर्ड अपनी पत्नी अन्ना, अपने घर, अपनी सुखी गृहस्थी को भरपूर तीव्रता से अक्सर याद करता है। उसका साथी कार्ल, जो अविवाहित है, रिचर्ड की यादों में जीने वाली इस ज़िन्दगी में उतना ही घनिष्ठ हिस्सा लेता है और धीरे-धीरे अन्ना के प्रति और उसकी गृहस्थी में एक उत्सुकता भरा आकर्षण बना लेता है। रिचर्ड की भावनाओं का जिस तरह धीरे-धीरे कार्ल में प्रत्यारोपण होता है, वह फ़िल्म का एक बहुत ही सफल और कलापूर्ण हिस्सा है।

1. दिनमान, 9-15 फरवरी, 1986

संयोगवश, कार्ल शिविर से भाग निकलने में सफल होता है। रिचर्ड से पहले ही वह घर लौटता है और अन्ना के जीवन में प्रवेश करता है। अन्ना जानती है कि वह रिचर्ड नहीं है और कार्ल भी उसे इस धोखे में ज़्यादा देर नहीं रखता कि रिचर्ड की तरह उसकी ज़िन्दगी को अन्ना के सामने रखते हुए भी वह वास्तव में न तो रिचर्ड है, और न हो सकता है। रिचर्ड की मृत्यु की एक पूर्व सूचना पर विश्वास करते हुए अन्ना, कार्ल को अपनाती है। लगभग उसी समय जब दोनों को विश्वास हो जाता है कि अन्ना गर्भवती है, रिचर्ड वापस लौटता है। तीनों के बीच गहरे असमंजस, आक्रोश और उदासी के क्षणों को अद्‌भुत बारीक़ी और संयम से निभाते हुए भी फ़िल्म हमें अकेले छूट गए रिचर्ड के साथ एक ऐसे बिन्दु पर छोड़ जाती है, जहाँ कई सवाल हमें घेर लेते हैं।

जो भविष्य अन्ना के गर्भ में है, उसके लिए अन्ना का रिचर्ड को त्याग कर कार्ल के साथ चले जाना किसी हद तक स्वाभाविक ही है। लेकिन रिचर्ड में अगर युद्ध के पहले का अतीत प्रतीकित है, तो चारित्रिक स्तर पर कार्ल की सापेक्षता में उसकी

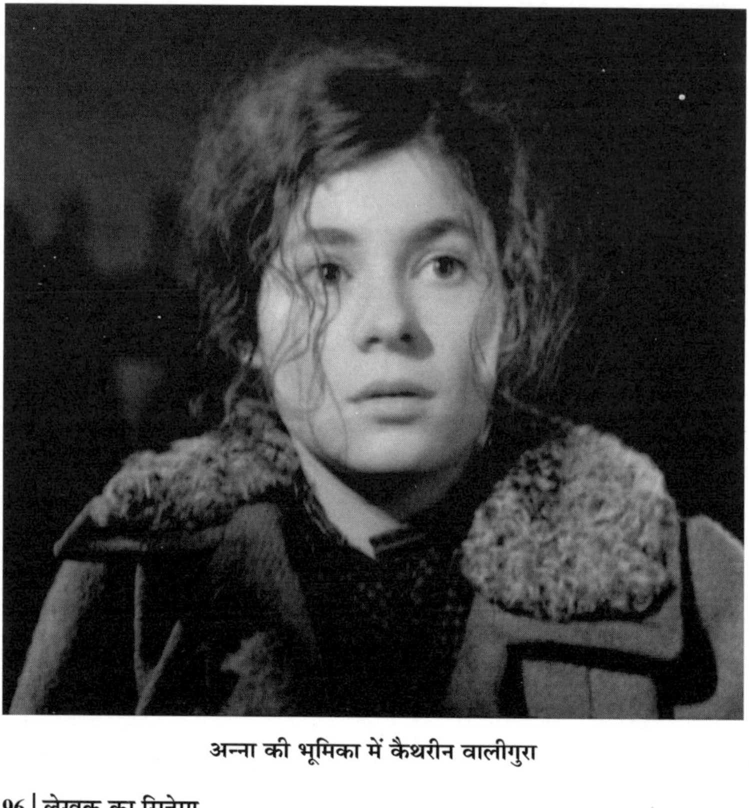

अन्ना की भूमिका में कैथरीन वालीगुरा

स्थिति न्यायसंगत नहीं बनती। जिस अत्यन्त मानवीय स्तर पर तीनों चरित्रों का विकास दिखाया गया है, रिचर्ड शायद उसका सबसे आहत अंश है और इस चुनौती से फ़िल्म लगभग पलायन करती हुई सी लगती है कि वही उसका सबसे निरीह अंश भी, जो न्याय नहीं पाता। युद्धजनित अपराधबोध को न तो हम रिचर्ड से जोड़ पाते हैं, न कार्ल और अन्ना से ही। दरअसल, युद्ध के प्रसंग में तीनों की ही स्थिति पीड़ितों की कोटि की है। रिचर्ड की त्रासदी अगर ऐतिहासिक कारणों से है, और रिचर्ड के लिए फ़िल्म अगर इतनी ही गुंजाइश छोड़ती है, कि अन्ना के बिना भी उसके सामने जीने का एक विकल्प है, तो यह मानकर चलना पड़ेगा कि अन्ना जिसे रिचर्ड और कार्ल दोनों पाना चाहते हैं, किसी आदर्श का प्रतीक नहीं, केवल एक अन्तरिम भौतिक समाधान है। अपनी सारी मानवीय ऊष्मा के बावजूद अन्ना किसी महान नैतिक गरिमा के आदर्श की याद नहीं दिलाती। युद्धोत्तर जर्मनी के सामने वैसे भी नैतिक सवालों की अपेक्षा शायद, मानवीय स्तर पर जो कुछ भी बचाया जा सके, उसे किसी भी तरह बचा ले जाने का सवाल ही अगर प्राथमिकता रखे, तो यह अस्वाभाविक नहीं। शायद इसीलिए अन्त में रिचर्ड का यह परेशान सवाल कि 'मैं कौन हूँ' शुद्ध भौतिक स्तर पर उत्तर खोजता है, दार्शनिक स्तर पर नहीं। यद्यपि दर्शक के लिए ज़रूर यह प्रश्न अपनी अस्तित्ववादी ध्वनि के कारण दार्शनिक क्षेत्रों में भी छलक जाता है।

रायनर पूर्व जर्मनी के जाने-माने नए फ़िल्म निर्देशकों में हैं। उनकी सुप्रसिद्ध फ़िल्म 'टिल यूलेंसपाइगल' (1975) ने विशेष रूप से ध्यान खींचा था। अब भी वह जर्मनी में दिखाई जाती है और अब तक पंद्रह लाख से अधिक लोग उसे देख चुके होंगे। 'वुमन एंड द स्ट्रैंजर' के तीनों अभिनेता बिल्कुल नए हैं, लेकिन उनके अभिनय में अद्‌भुत संयम, कुशलता और एकाग्रता है। निस्सन्देह यह फ़िल्म उत्सव की उत्कृष्टतम फ़िल्मों में से एक थी।

# घोर हिंसा और सेक्स से लदी फ़िल्मों का ज़माना अब लदने वाला है![1]

हैदराबाद में 10 से 24 जनवरी तक आयोजित 'फ़िल्मोत्सव 86' में दिखाई गई इस बार की सर्वोत्कृष्ट फ़िल्मों में योरप, ख़ासकर हंगरी, की फ़िल्में सबसे अधिक चर्चित रहीं। शारीरिक की अपेक्षा आत्मिक स्तर पर अधिक जीने वाली फ़िल्मों का एक निश्चित वर्ग था, जिसकी मौजूदगी फ़िल्मों में बहुत धीरे-धीरे आ रहे एक ख़ास परिवर्तन की ओर ध्यान खींचती थी। यह सब जो सामने दिखाई देता है, उसे ज्यों का ज्यों दिखा सकने में कैमरा की बुनियादी ताक़त छिपी है। लेकिन प्रत्यक्ष के छिपे या गूढ़ अर्थों तक पहुँचने के लिए ज़रूरी है कि चित्रों की भाषा को लगभग क्लासिक्स की तरह रचा जा सके। सूक्ष्म कलात्मक विवेक से। प्रत्यक्ष को दिखाना एक बात है, उसे एक नया अर्थ दे सकना, या उसके माध्यम से किसी नये अर्थ तक पहुँच सकना, बिल्कुल दूसरी बात। और इस बात को सिद्ध कर सकने वाली फ़िल्में ही मुझे अपनी विशिष्टता और गरिमा, दोनों में इस उत्सव की सबसे उल्लेखनीय उपलब्धियाँ लगीं। घोर हिंसा और सेक्स से लदी-फँदी फ़िल्मों का ज़माना, ऐसा लगता है कि अगर लद नहीं गया, तो जल्दी ही लदने वाला है। शारीरिकता की अति जितनी ज़्यादा लुभाती है, उतनी ही जल्दी थकाती भी है। और इस दृष्टि से, अगर मैं आज की बदलती हुई प्रबुद्ध फ़िल्मी पसन्द को बहुत ग़लत नहीं पढ़ रहा हूँ, तो इस वक़्त फ़िल्मों में काम कर रही उत्कृष्टतम निर्देशकीय प्रतिभाएँ यथार्थ की ज़्यादा निविड़ और जटिल तहों को उद्घाटित करने की कोशिश में हैं। यहाँ मैं यह निष्कर्ष क़तई नहीं निकालने का प्रयत्न कर रहा हूँ कि उनमें दैहिक या भौतिक का निषेध है, बल्कि यह कि सतही भावनाओं और आवेगों के विस्फोटक उतावलेपन के बजाय उनकी संरचना और लय में एक गम्भीर विचारशीलता और गवेषणात्मक धीरज है।

हंगरी के विख्यात फ़िल्म निर्देशक इस्तवान साबो की नवीनतम फ़िल्म 'कर्नल रेड्ल' इस फ़िल्मोत्सव के प्रमुख आकर्षणों में से थी। 1981 में 'मेफिस्टो' फ़िल्म

1. सारिका, 1-15 मार्च, 1986

के प्रदर्शन के साथ ही साबो का नाम संसार के अग्रणी फ़िल्मकारों की कोटि में गिना जाने लगा, यद्यपि उसके पहले ही से 'कॉन्फीडेंस' फ़िल्म में उनकी अनोखी प्रतिभा की साफ़ पहचान बनने लगी थी। 'मेफिस्टो' के चार वर्ष बाद 'कर्नल रेड्ल' फ़िल्म ने एक बार फ़िल्म जगत में साबो की साख को पुष्ट ही नहीं किया, बल्कि उसे और आगे बढ़ाया है। 'कर्नल रेड्ल' फ़िल्म का विषय रेड्ल का जीवन चरित्र तथा उन परिस्थितियों का सूक्ष्म अध्ययन है, जिन्होंने उस चरित्र का निर्माण, और फिर विनाश किया। कुछ चरित्रों को जटिल परिस्थितियाँ बनाती-बिगाड़ती हैं—रेड्ल की कहानी इसी बाद वाली कोटि में आती है, जिसे स्टेफात्स्वाइग और नाटककार ऑसबॉर्न ने भी अध्ययन का विषय बनाया है। रेड्ल, गैलिसिया के एक साधारण रेलवे कर्मचारी का लड़का है, जो अपने साहस, सूझ-बूझ और महत्त्वाकांक्षा के बल पर वियना के फ़ौजी संगठन में ख़ुफिया विभाग के उच्चतम पद पर पहुँचने में सफल होता है। इस समय बीसवीं सदी के प्रारंभिक वर्ष हैं, लेकिन इस पद पर वह ज़्यादा दिन ठहर नहीं पाता। शीघ्र ही वही अभिजात्य वर्ग, जिसने उसे यहाँ तक पहुँचाया, उसके ख़िलाफ़ षड्यंत्र करके उसे आत्महत्या के लिए मजबूर करता है। एक वास्तविक जीवन पर आधारित रेड्ल की पृष्ठभूमि, उसकी मानसिकता, उसका समय और समाज, उसके साथियों और उसके विरोधियों के साथ सम्बन्धों के उलझे ताने-बाने—कई स्तरों पर फ़िल्म का लगभग एक एपिक ढाँचा खड़ा किया गया है। रेड्ल के उत्थान और पतन की गाथा में क्लासिकल ग्रीक त्रासदियों की

**इस्तवान साबो की फ़िल्म 'कर्नल रेड्ल' ( 1985 ) में क्लाउस मरिया ब्रान्दोआ**

भव्यता और गठन की यादें हैं। भोर के अँधेरे में पिस्तौलों से मुक़ाबले का एक दृश्य तथा अन्त में रेड्ल की आत्महत्या, फ़िल्म के अविस्मरणीय अंशों में से है। मनुष्य के भीतर और बाहर चलने वाले द्वन्द्व के अत्यन्त जटिल और स्थायी गणित को समझने की कोशिश में यह फ़िल्म मनुष्य ही नहीं, कला की भी ढँकी शक्तियों को दर्शाती है।

1986 की अन्तर्राष्ट्रीय फ़िल्म गाइड में वर्ष 84-85 की जिन दस फ़िल्मों को सर्वश्रेष्ठ चुना गया है, उनमें 'कर्नल रेड्ल' के अलावा जो दो अन्य फ़िल्में इस उत्सव में दिखाई गई, उनमें निर्देशक पीटर वीयर (1944, ऑस्ट्रेलिया) की 'विटनेस' (1985) तथा स्वीडन के निर्देशक अलन एडवाल (1924-1997) की 'एके एंड हिज़ वर्ल्ड' विशेष रूप से उल्लेखनीय हैं। 'एके' में एक मासूम बच्चे की छोटी-सी दुनिया का अत्यन्त मार्मिक और गहन चित्रण है। एक बच्चे की आँखों से उसकी दुनिया को देखना, और एक अत्यन्त प्रौढ़ संवेदना, समझदारी और सहृदयता के साथ उसे इतना नाज़ुक रूप दे पाना, कम ही फ़िल्मों में सम्भव हो सका है। इस फ़िल्म के सबसे सशक्त अंश वे हैं, जहाँ एक बच्चे की कोमल भावनाएँ प्रौढ़ों की दुनिया से टकराती हैं। इस टकराहट के पूरे आघात को फ़िल्म भरपूर सम्प्रेषित करती है, लेकिन कहीं भी हिंसा या निर्दयता के फूहड़ प्रदर्शनों का सहारा नहीं लेती, एक ख़ास तरह का संयम और सावधानी बनाए रखती है, जो कहीं-कहीं बेरिमान की याद दिलाता है। 'एके' की दुनिया का सबसे बड़ा संकट खलता से अधिक दूसरों की मूर्खता या अज्ञान है—और इस सचाई को एक धर्मांध उपदेशक की कट्टरता द्वारा बहुत ही ख़ूबसूरती से चित्रित किया गया है। एक बच्चे की विकसित होती मानवीय संवेदना किस प्रकार दुनिया के फूहड़ झटके खाकर भी सुरक्षित रहती है, इसे एक पूरी रोमांचकथा के ताने-बाने और सुखान्त संरचना में कुशलता से पिरोया गया है। सबसे महत्त्वपूर्ण है एके का भय, उत्कंठा और मृत्यु जैसे जैविक अनुभवों से पहला साक्षात्कार और उनके साथ उसकी कोमल सुलहें।

फ़िल्मोत्सव के दौरान पंद्रह दिन के भीतर लगातार संसार की पचास से भी ऊपर श्रेष्ठ फ़िल्मों को देखना, जहाँ अपने आप में एक अनूठा अनुभव है, वहीं उनका मूल्यांकन करते समय एक नितान्त व्यावहारिक कठिनाई सामने आती है। श्रेष्ठ फ़िल्मों की तुलना में ऐसी फ़िल्में, जो ज़रा कम अच्छी की कोटि में आती हैं, उनके साथ पूरा न्याय नहीं हो पाता। हंगरी के ही पेतर बाचो (Péter Bacsó, 1928-2009) की फ़िल्म 'व्हाट्स द टाइम मिस्टर क्लॉक' (1985) इस बार की बेजोड़ फ़िल्मों में से एक थी। द्वितीय महायुद्ध के दौरान यहूदियों पर नाज़ियों के अत्याचार की पृष्ठभूमि पर अब तक सैकड़ों फ़िल्में बन चुकी हैं। द्वितीय महायुद्ध की विभीषिका अब केवल ऐतिहासिक नहीं, योरपीय अन्तर्मन में लगभग एक

मिथकीय गहराई से जड़ पकड़ चुकी थी। युद्धकालीन छायाएँ अनेक ऐसी फ़िल्मों में हाशियों में मँडराती दिख पड़ती हैं, जिनका मुख्य विषय युद्ध नहीं भी होता। रचनात्मक स्तर पर इस पुराने विषय से भी बिल्कुल नया कुछ निकाल सकने वाली फ़िल्मों में 'मिस्टर क्लॉक' की अपनी अलग जगह रहेगी।

बाचो ने एक विचित्र प्रकार का कथानक लिया है। वर्ष 1944, हंगरी के एक छोटे-से शहर में हेनरीक वाइसकोफ़ घड़ीसाज़ है, जिसे अब मिस्टर क्लॉक कहते हैं क्योंकि उसमें बिना घड़ी या सूरज का सहारा लिए भी, किसी भी वक़्त, सही-सही टाइम बता सकने की दैवी क्षमता है। शहर पर जर्मनी का क़ब्ज़ा होता है, पर मिस्टर क्लॉक की दुकान को कोई नुक़सान नहीं पहुँचाया जाता, क्योंकि जर्मन गेस्टापो मुखिया ख़ुद घड़ियों का शौक़ीन है। मिस्टर क्लॉक उसके साथ दोस्ती के नाटक की आड़ में कई स्वतंत्रता सेनानियों को जेल से मुक्त कराने में सफल होते हैं, लेकिन अन्त में स्वयं को मृत्युदंड से नहीं बचा पाते। कथानक के इस हल्के ताने-बाने में वाचो ने किसी भी प्रकार के दमन के ख़िलाफ़ एक व्यक्ति के अदम्य संघर्ष का दिलचस्प रूपक खड़ा किया है, जिसमें कटु हास्य, काल्पनिक उड़ानों और गहरी त्रासदी का अद्‌भुत चित्रण है।

जकी ओक्तेन (1941-2009) द्वारा निर्देशित तुर्की में बनी फ़िल्म 'पहलवान' (रेसलर, 1984) तथा तुर्की की ही पृष्ठभूमि पर जर्मनी में बनी निर्देशक एर्देन किराल (1942) की 'आईना' (दे स्पीगल, 1984) फ़िल्में बिल्कुल सीधे-सादे कथानक को लेकर चलती हैं, लेकिन जिस कुशलता और गहराई से मानव मन की गुमसुम ग्रन्थियों में हलचल पैदा कर देती हैं, वह ख़ासतौर पर उल्लेखनीय है। 'आईना' में ज़मींदार आग़ा के फ़ॉर्म पर ग़रीब नस्मत्तीन नौकरी करता है तथा अपनी सुन्दर पत्नी ज़ेलिहान के साथ झोपड़ी में रहता है। आग़ा का छोटा भाई ज़ेलिहान के प्रति आकर्षित होता है। नस्मत्तीन ईर्ष्यावश झोपड़ी में ही उसकी हत्या करके उसे वहीं दफ़ना देता है। नस्मत्तीन के बैल की बेचैनी, ज़ेलिहान का उस हत्या का साक्षी होने के कारण धीरे-धीरे घुटना और घुलना और अन्त में नस्मत्तीन द्वारा उस बैल की हत्या...एक स्त्री की अतृप्त इच्छा, एक पुरुष की उद्‌दाम वासना और दूसरे की ईर्ष्या, एक निरर्थक हत्या से उत्पन्न दोहरा पाप-बोध, जो ज़ेलिहान में उस हत्या की साक्षी होने के नाते और नस्मत्तीन में उसका कर्ता होने के नाते, दोनों को नष्ट कर डालता है। यह सब एक अजीब कुचक्र की तरह निर्दोष बैल की बेकार हत्या में अद्‌भुत प्रतीकात्मक अभिव्यक्ति पाता है।

ग्रीक फ़िल्म 'द लव ऑफ़ युलिसिस' (1984, निर्देशक : वासिलीस वाफिआस, 1944) एक असामान्य और अलग ढंग की कोशिश थी। संगीत की अत्यन्त कल्पनाशील और चित्रात्मक अवधारणा द्वारा नौकरी से बर्खास्त हुए एक सामान्य खजाँची के दिमाग़ी फ़ितूर और भटकाव को बड़े ही रोचक तरीक़े से सैर-सपाटे के रूप में ग्रीस के आकर्षक दृश्यों से बाँधा गया है। फक्कड़ मन की तरंगों की बहुत ही गीतात्मक और कहीं-कहीं लगभग सुर्रियलिस्टिक संरचना बन पड़ी है। ग्रीस के नए फ़िल्मकारों में इधर निकोस पाराकीस (1944) का नाम उभरा है, जिनकी 'लॉफिंग एंड कैमूफ्लॉज' (1984) हँसोड़ शैली में होते हुए भी गम्भीर अभिप्रायों से ख़ाली नहीं। स्पेन की 'स्टिको' (1985, निर्देशक : ख़ाइमे दे आरमिन्यान, 1927) भी कुछ इसी कोटि की फ़िल्म थी। रोमन क़ानून का एक अनुभवी शिक्षक कांट्रेरास अपने एक पुराने शिष्य बार्सेना की ग़ुलामी स्वीकार करता है। अनेक दिलचस्प स्थितियाँ सामने आती हैं, यह सिद्ध करते हुए कि ग़ुलाम बनने से ग़ुलाम बनाना कहीं ज़्यादा बड़ी मुश्किलें पैदा कर सकता है। बार्सेना को हारकर अपने प्रोफेसर की तर्कक्षमता और योग्यता के सामने घुटने टेकना पड़ता है और ग़ुलाम बनाने का समझौता बार्सेना के लिए बहुत भारी सिद्ध होता है।

अधिकांश फ्रेंच फ़िल्मों में अपराध, जासूसी और रोमांचक कथानकों की ही प्रमुखता रही। फ्रेंच न्यू वेव सिनेमा से जुड़ क्लोद शाब्रोल (Claude Chabrol, 1930-2010) की 'पूले ओ विनेग्र' (चिकन विद विनेगर, 1985) बहुत नई ज़मीन नहीं तोड़ती, अपराध-कथा, दिलेरी, और व्यंग्यपूर्ण सामाजिक टिप्पणियों का उनका पूर्वपरिचित मिला-जुला वातावरण प्रस्तुत करती है, लेकिन उसको प्रस्तुत करने की शैली में सफ़ाई और मँजा हुआ कौशल है। मौरीस पिआला (Maurice Pialat, 1925-2003) की 'पोलिस' (1985) में भी हम इसी तरह के कथानकों की परिमार्जित प्रस्तुति पाते हैं। पोलिश फ़िल्मकार आन्द्रे वायदा की इस टिप्पणी में अतिशयोक्ति हो सकती है कि फ्रेंच न्यू वेव के पास अब नया विशेष कुछ देने को नहीं रहा, और यद्यपि इसमें काफ़ी सचाई है भी कि विषय ज़रूर कभी-कभी उबाने की सीमा तक अपने को दुहराते हुए लगते हैं, लेकिन फ़िल्मकारों की कला में परिष्कार और प्रयोगशीलता की दृष्टि से न्यू वेव से जुड़ी प्रतिभाएँ अब भी उल्लेखनीय काम कर रही हैं।

अंग्रेज़ी भाषा की कई फ़िल्में अपनी विशिष्ट जगह बना सकीं। ब्रिटिश फ़िल्मों में माइक नेवेल (1942) की 'डांस विद अ स्ट्रेंजर' (1985) एक सच्ची घटना पर आधारित है। 13 जुलाई, 1955 को इंग्लैंड में अन्तिम बार एक स्त्री को फाँसी दी

गई थी, जिसको लेकर काफ़ी सनसनी रही थी। रूथ एलिस के कटु जीवनानुभवों और अन्त में उसकी त्रासदी को लेकर यह एक विचारोत्तेजक फ़िल्म बनी है, जो कई सामाजिक और मनोवैज्ञानिक सवालों से हमारा सामाना कराती है। ऑस्ट्रेलियाई निर्देशक फ्रेड शेपीसी (1939) की 'प्लेंटी' (1985) फ़िल्म में युद्धोत्तर ब्रिटेन के राजनीतिक वातावरण में सूजन त्राहर्न और महत्त्वाकांक्षी मानसिकता की अशान्त गहराइयों का बड़ा ही पेचीदा और अन्तरंग चित्रण हुआ है। प्लॉट की जटिलता के बावजूद ब्रिटिश फ़िल्मकार डेविड हेअर (1947) की 'वेदरबी' (1985) एक सशक्त फ़िल्म है—मध्यवर्गीय ज़िन्दगी की घुटन और आन्तरिक दबावों को बारीक़ी से उद्‌घाटित करती हुई। डेविड हेअर नाटककार के रूप में अधिक जाने जाते हैं। 'वेदरबी' का नाट्यालेख और फ़िल्मीकरण दोनों उन्हीं का है, जबकि 'प्लेंटी' की पटकथा उनकी है, जिसे शेपीसी ने फ़िल्माया है। इन दोनों फ़िल्मों को लेकर यद्यपि यह आक्षेप बहुत ग़लत नहीं लगता कि हेअर के पात्र जीवन की अपेक्षा उसके विचारों को अधिक जीते हुए लगते हैं। लेकिन मुझे लगता है कि इन दोनों ही नायिका-प्रधान फ़िल्मों में दो अत्यन्त कुशल और परिपक्व प्रतिभा वाली फ़िल्मी अभिनेत्रियों-वानेसा रेडग्रेव और मेरिल स्ट्रीप का चुनाव बहुत ही सूझ-बूझ से किया गया है, जो आलेखों के लगभग बौद्धिक ताने-बाने को बड़े ही जीवन्त व्यक्तियों का भराव देती हैं। शायद ऐसे ही अभिनयों में हम अभिनेता या अभिनेत्री की निश्चित शक्ति को पहचान पाते हैं।

अमेरिकी फ़िल्मों में निर्देशक पीटर बोगडानोविच (1939) की फ़िल्म 'मास्क' (1985) एक अत्यन्त सार्थक व निर्भीक प्रयास था। कुछ बच्चों के शरीर में कैल्शियम की मात्रा अधिक हो जाने से एक पैदाइशी बीमारी हो जाती है, जिसमें सिर भयानक और बदसूरत ढंग से बड़ा हो जाता है। ऐसे ही एक बीमार बच्चे के माध्यम से निर्देशक ने समाज में उसके सहज स्वीकार किए जाने की समस्या को बहुत ही आत्मीय और मार्मिक ढंग से उठाया है। एक विकलांग बच्चे की भी भीतरी सुन्दरता तक पहुँचने के लिए बाहरी बदसूरती को भेद सकने वाली मानवीय दृष्टि को निर्देशक ने बड़े ही यत्न से सुरक्षित रखा है।

अन्य अमेरिकी फ़िल्मों में सूज़न साइडेलमान (1952) की चर्चित फ़िल्म 'डेसपरेटली सीकिंग सूज़न' (1985), पीटर वियर की 'विटनेस' तथा नॉर्मन जेविसन (1926) की 'एग्नेस ऑफ़ गॉड' (1985) उत्कृष्ट फ़िल्मों में से थी। स्टैनली क्यूब्रिक (1928-1999) की प्रसिद्ध विज्ञान-रोमांचकथा वाली '2001 : अ स्पेस ओडिसी' (1968) फ़िल्म को जिन लोगों ने कभी पसन्द किया होगा, उनके लिए उसी कड़ी में पीटर हाएम्स (1943) की '2010' (1984) शायद कोई बहुत नया अनुभव नहीं जोड़ सकी, न ही क्लिंट ईस्टवुड (1930) की 'पेल राइडर' (1985), जो एक बार फिर अमेरिकी वेस्टर्न्स के मिथक को दुहराती हुई लगी। इस परम्परा

की फ़िल्मों से लगता है कि अभी भी सुप्रसिद्ध क्लासिक्स 'हाई नून' (1952, निर्देशक फ्रेड ज़िनेमान) और 'शेन' (1953, निर्देशक जॉर्ज स्टीवन्स) जैसी फ़िल्मों से वे बहुत आगे नहीं जा पातीं।

अगर रिआयती नज़र से न देखा जाए, तो कहूँगा कि भारतीय फ़िल्मों ने किसी हद तक निराश ही किया। 'फ़िल्मोत्सव 86' की सर्वोत्कृष्ट फ़िल्मों से उनकी तुलना न करें, तो भी श्याम बेनेगल (1934) की 'त्रिकाल' (1985), गोविन्द निहलानी की 'आघात' (1985), अरविन्दन की 'चिदंबरम' (1985), तपन सिन्हा की 'आदमी और औरत' (1984) कुछ बहुत अच्छी फ़िल्में होते हुए भी ख़ुद इन निर्देशकों की अपनी ही पिछली कई सर्वोत्कृष्ट फ़िल्मों से आगे नहीं जातीं। बेनेगल की 'त्रिकाल' में कुछ बहुत अच्छे प्रसंग हैं और कुछ उतने ही ख़राब और कमज़ोर प्रसंग भी। गोवा की पृष्ठभूमि पर पुर्तगाली वातावरण का रंग-रोग़न एक अतीत की याद दिलाता है, लेकिन अगर 'त्रिकाल' का मतलब उस अतीत तक ही सीमित रह जाना नहीं था, तो यह फ़िल्म वर्तमान या भविष्य के लिए कोई बहुत उद्देश्यपूर्ण संकेत नहीं देती। आज़ादी के लिए लड़ाई के आदर्श को ज़रूर बीच-बीच में डाल दिया गया है। दमन की हिंसात्मक झलकें अक्सर लातिन अमेरिकी फ़िल्मों की याद दिलाती हैं। कथानक उखड़ा-उखड़ा-सा है तथा पात्रों व वातावरण की अपेक्षा दबा हुआ-सा है। 'त्रिकाल' बेनेगल की फ़िल्मों में एक नई तरह की फ़िल्म होते हुए भी बहुत सफल या सशक्त फ़िल्म नहीं कही जा सकती।

**श्याम बेनेगल की 'त्रिकाल' ( 1985 ) के एक दृश्य में नसीरुद्दीन शाह**

अरविन्दन की 'चिदंबरम' इस माने में एक साफ़-सुथरी फ़िल्म है कि वह सेक्स को लेकर भारतीय जन मानस (ईथॉस) के गहरे छिपे संस्कारों को छूती है। आधुनिकता को सम्मुख रखकर वह इन संस्कारों में कोई उद्विग्नता नहीं पैदा करती, न ही उसकी विवेचना करती है, उन्हें केवल एक सशक्त यथार्थ के रूप में प्रस्तुत करती है। 'चिदंबरम' के

कथानक में कुछ भी नया नहीं है, पर उसकी सौन्दर्यदृष्टि में एक कसक है, जो फिर से एक बार हमारी स्वाभाविक प्रतिक्रियाओं को, हमारी चिन्ताओं के केन्द्र में रखती है। बहुत महत्त्वाकांक्षी फ़िल्म न होते हुए भी इसे एक आत्मविश्वासी फ़िल्म तो कहा ही जा सकता है।

दबावों के बावजूद नए भारतीय सिनेमा आन्दोलन ने जिस तरह भारतीय यथार्थ को समझने और अभिव्यक्ति देने की कोशिश की है, उसका परोक्ष असर आज के व्यावसायिक सिनेमा पर भी पड़ा है। नए सिनेमा आन्दोलन का काम समाज की सही तस्वीर हमारे सामने रखना और फ़िल्म विधा की रचनात्मक सम्भावनाओं को विस्तृत करना है। भारतीय पैनोरमा में दिखाई गई अनेक छोटी-बड़ी फ़िल्में इस बात का पक्का सबूत थीं कि नया फ़िल्म आन्दोलन फ़िल्म जगत में अपनी एक विशिष्ट पहचान और जगह बना चुका है, और अगर उसे सही प्रोत्साहन मिलता रहा, तो उससे बड़ी-बड़ी आशाएँ की जा सकती हैं। इस तरह की फ़िल्मों को टीवी पर तथा छोटे-बड़े शहरों में भी दिखाए जाने की योजना निश्चय ही एक बहुत बड़ी ज़रूरत की पूर्ति है।

# प्रदूषण के ख़िलाफ़ फ़िल्में[1]

यद्यपि 'रेड ज़ोन' (फ्रांस, 1985 निर्देशक : होबेअर अरीको) ग्यारहवें फ़िल्मोत्सव की असाधारण फ़िल्मों में से नहीं हैं, परन्तु हमारे समय की एक असाधारण समझ की ओर भरपूर ध्यान खींचती है। औद्योगिक संस्थानों और फैक्ट्रियों द्वारा किए जाए रहे पर्यावरण के प्रदूषण से कहीं ज़्यादा ख़तरनाक चरित्र-प्रदूषण के ताने-बाने पर बहुत ही कुशलता से एक माफिया टाइप कथानक को रचा गया है।

नायिका क्लेअर एक स्कूल में पढ़ाती है। अचानक एक दिन भयानक अग्निकांड में उस पूरे के पूरे गाँव का सफ़ाया हो जाता है, जहाँ उसका पिछला पति रहता था। क्लेअर (जो अग्निकांड की एकमात्र जीवित साक्षी है, बच जाती है) निश्चित है कि आग अपने आप नहीं लगी, कुछ छिपाने के लिए जान-बूझकर लगाई गई थी। अपनी जान की बाज़ी लगाकर वह इस खोज में जुट जाती है कि आग क्यों और कैसे लगी तथा उसके लिए कौन लोग दोषी हैं। इस खोज में कोई उसका साथ नहीं देता—सिवाय एक धुनी-से सनकी नवयुवक के। तमाम ख़तरे उठाते हुए वे अन्त में सचाई तक पहुँचते तो हैं, लेकिन बिल्कुल हताश और निरुपाय। गाँव में जिस नलकूप से पानी पहुँचता था, वह किसी ज़हरीले रसायन के धीरे-धीरे रिसने के कारण विषाक्त हो गया था और उस पानी को पीने के कारण कई लोग मर गए थे। इसके पहले कि यह भेद खुले, लगभग अमानुषिक योजनाबद्ध तरीक़े से आकस्मिक अग्निकांड का नाटक रचकर सम्पूर्ण गाँव को नष्ट कर दिया जाता है, जिसमें औद्योगिक तथा सरकारी तंत्रों की पूरी सांठगांठ इस कांड का सबसे भयानक पहलू है और उनके ख़िलाफ़ पूरी मानवीयता का मुक़दमा रखने वाले दो विवश इंसान शायद उसका सबसे निरीह पक्ष।

प्रदूषण के सवाल को चारित्रिक प्रदूषण के साथ उठाकर निर्देशक ने हमारा ध्यान प्रदूषण के सही कारणों की ओर बहुत ही तीव्रता से खींचा है। भोपाल कांड जैसी दहला देने वाली घटनाओं के बाद सारी दुनिया का ध्यान इस समस्या पर केन्द्रित हुआ है। पर्यावरण को स्वच्छ रखने की सबसे अधिक चिन्ता भारत को होनी

1. जनसत्ता, 23 जनवरी, 1987

चाहिए, क्योंकि भारत ने इसके सबसे गहरे आघात को झेला है और आज भी रसायन, शोर, विषाक्त गर्द आदि से बचाव के सबसे कम उपाय भारत में ही लागू किए जा रहे हैं। जिस तरह फैक्ट्रियों से रोज़ निकलते धुएँ और ज़हरीले कचरों को चुपचाप वातावरण और नदियों में उँड़ेल दिया जाता है, जिस तरह शहरों में खुलेआम लाउडस्पीकरों और सवारियों के शोर को बढ़ने दिया जा रहा है, इससे लगता है, मानो पर्यावरण की शुद्धता को लेकर हमारे अन्दर कोई चेतना ही नहीं है। यह चिन्ता भी जब फ्रांस जैसे देशों (जहाँ प्रदूषण की समस्या इतनी गम्भीर नहीं शायद) की फ़िल्मों में उठती है, तो ध्यान इस ओर भी जाता है कि दुनिया-भर में अपनी सभ्यता का ढिंढोरा पीटने पाले हम इन दैनिक मामलों में इतने कुन्द क्यों हैं, जिनके साथ अन्ततः हमारे जीवन-मरण का प्रश्न जुड़ा है? हम तब तक नहीं जागते, जब तक एक कांड-महाकांड नहीं हो जाता—जब तक वह एक बड़ा राजनीतिक मुआमला नहीं बन जाता। हमारी अधिकांश फ़िल्में भी ज़िन्दगी और समाज से जुड़े एक से तमाम घनिष्ठ प्रसंगों के प्रति हमें एक स्थूल राजनीतिक या अख़बारी दृष्टि तो दे पा रही हैं, लेकिन इससे ज़्यादा गहरे कारणों की ओर नहीं जा पातीं। कहीं शायद उनमें यह भय भी रहता है कि इसमें ज़्यादा गहरे कारणों में जाने वाली फ़िल्मों को दर्शक या तो समझ नहीं पाएगा, या उनमें रुचि नहीं लेगा। आज झुग्गी-झोपड़ी की समस्या हमारी फ़िल्मों में लगभग एक 'क्लीशे' बन गई हैं, लेकिन जब हम स्पेन के महान फ़िल्मकार लुइस बुनुएल (1900-1983) की 'वीरीदिआना' (1961) जैसी फ़िल्मों को देखते हैं, तो लगभग वैसी ही समस्याओं के नए मानवीय आयाम हमारे सामने आते हैं। कम से कम हमारे अन्दर इस तरह सोचने की उत्सुकता भी जागती है कि इस या ऐसी समस्याओं को हल करने के ज़्यादा ठोस और स्थायी तरीक़ों को हम खोजें, केवल नारेबाज़ियों व भूख-हड़तालों के लटकों से वास्तविक समस्या को नाटकीय बनाकर न छोड़ दें।

सही मानो में सामाजिक यथार्थ को निष्पक्षता और निडरता से चित्रित करने वाली फ़िल्म बहुत हिम्मती फ़िल्म होगी। एक यथार्थवादी फ़िल्म किसी के प्रति रिआयती न होगी, इसलिए एक ख़तरनाक फ़िल्म भी होगी—उन भ्रष्ट लोगों के लिए ख़ासतौर पर जो सत्ता में हैं—और जिनकी वजह से ख़ुद अपने लिए भी। सीधे अपने समय के, समाज के और राजनीति के यथार्थों से टकराए बिना, केवल इस या उस आदर्श का ढिंढोरा पीटकर रह जाने से प्रभावशाली फ़िल्म नहीं बन सकती—हाँ, सबके लिए एक निरापद फ़िल्म ज़रूर बन सकती है।

इसी सिलसिले में समारोह के आरम्भ में दिखाई गई निर्देशक डेनिस ओ रूरके (1945-2013, ऑस्ट्रेलिया) की बहुत ही सशक्त फ़िल्म 'हाफ लाइफ : अ पैराबल फॉर द न्यूक्लियर एज' (1985) को याद करना चाहूँगा। मार्शल द्वीप के निकट अमेरिका ने जो आणविक विस्फोट किया था, उसके प्रदूषण के भीषण नतीजों को

उस छोटे–से द्वीप के निवासी आज भी झेल रहे हैं। इस ऐतिहासिक तथ्य को उन्होंने बहुत ही कुशलता और गहराई से इस्तेमाल करते हुए वृत्तात्मक फ़िल्म कला को एक बिल्कुल नई ताक़त और पहचान दी है। कहीं भी वह इस मज़बूत मानवीय सूत्र को ओझल नहीं होने देते कि वैज्ञानिक प्रगति का अर्थ मनुष्य के ख़िलाफ़ नहीं, उसके पक्ष में जाना चाहिए। उसका बयान जिस राजनीतिक हृदयहीनता को उद्घाटित करता है, उसमें हस्तक्षेप केवल राजनीति द्वारा नहीं, हमारी उस पूरी सांस्कृतिक चेतना द्वारा होना चाहिए, जिससे हमारी सम्पूर्ण मानवीय स्थिति जुड़ी है। मैं समझता हूँ, ऐसी फ़िल्मों को ख़ास महत्त्व दिया जाना चाहिए, जो राजनीति से भी परे हमारी सोच–समझ के उन शैक्षिक संस्कारों को मज़बूत करती हैं, जिन पर हमारा भविष्य और हमारे संसार की सुरक्षा निर्भर है।

# दुनिया को बचाए रखने की चिन्ताएँ[1]

सही मानो में रूसी फ़िल्मकार आन्द्रेई तारकोव्स्की के सिनेमा को बौद्धिक सिनेमा कहा जा सकता है, जो एक साथ उदात्त, गम्भीर और मननशील है। ठीक इन्हीं कारणों से उनकी फ़िल्मों को बहुत मुश्किल फ़िल्में भी कहा जा सकता है। अक्सर उबाऊ हद तक अरोचक तारकोव्स्की की फ़िल्में दर्शक से जिस तरह के धीरज की माँग करती हैं, वैसा धीरज, फ़िल्मों में सबसे पहले रोचकता ढूँढ़ने वाले दर्शक में आमतौर पर नहीं होता। इसलिए आश्चर्य नहीं, अगर पहली बार में तारकोव्स्की की फ़िल्में अच्छे-अच्छे फ़िल्म देखने वालों की पकड़ से फिसल जाएँ।

'सैक्रीफाइस' (1986) उनकी अन्तिम फ़िल्म है, जो दिल्ली में आयोजित 11वें अन्तर्राष्ट्रीय फ़िल्म समारोह में दिखाई गई। तारकोव्स्की और उनकी यह फ़िल्म इन दिनों विशेष रूप से चर्चा के केन्द्र में है। अभी कुछ ही दिनों पहले उनका असमय निधन हो गया, जिसके कारण भी उनका व्यक्तित्व और कृतित्व, नए सिरे से हमारी सहानुभूति और उत्सुकता को जगाता है। पिछले कुछ वर्षों से कैंसर से पीड़ित थे और यह उनमें दिलचस्पी रखने वाले सभी जानते थे कि वह अब बहुत दिनों हमारे बीच जीवित नहीं रहेंगे। उद्विग्नता, आशंका और एक अटूट उदासी से सराबोर उनकी फ़िल्में कई मायनों में तारकोव्स्की के अपने जीवन और मृत्यु को चरितार्थ करती लगती हैं। वह जो कुछ जीवन में एक दिन अचानक ही नष्ट हो जाता है या वह सब जो जीवन भर ठीक से बन नहीं पाता, तारकोव्स्की की फ़िल्मों के ऐसे दो चरमबिन्दु हैं, जिनके बीच उनका एक लम्बा और अन्यमनस्क संवाद है। यह संवाद कभी तो एक दार्शनिक के चिन्तन की तरह गझिन होता है, और कभी एक अधसोये-अधजागे व्यक्ति की बड़बड़ाहट की तरह बिखरा हुआ और बेतरतीब। लेकिन दोनों ही हालत में अद्‌भुत रूप से पारदर्शी। पारदर्शी मैं उस विशेष अर्थ में कह रहा हूँ, जिसमें उनके पात्र विचारों के वाहक की तरह ठोस नहीं लगते, विचारों के भोक्ता की तरह उन्हीं में घुले हुए लगते हैं। इसीलिए शायद तारकोव्स्की की फ़िल्मों को सिर्फ़ देखना नहीं, एक

1. दिनमान, 25-31 जनवरी, 1987

**रूसी फ़िल्मकार आन्द्रेई तारकोव्स्की** **( चित्र : साभार reflectonfilm.co.uk)**

किताब की तरह पढ़ना, समझना और व्याख्यायित भी करना पड़ता है—तभी हम उनके उस एकांत चिन्तन में हिस्सेदारी बरत पाते हैं, जो वह एक फ़िल्म द्वारा करते हैं। तारकोव्स्की की फ़िल्मों को समझने के लिए उनके पात्रों से अधिक फ़िल्मकार के विचारों के साथ तादात्म्य बिठाना ज़रूरी है। लगभग उसी तरह जैसे दोस्तोयेव्स्की के पात्रों के साथ चलना मूलतः उस चिन्तन से सामना करना है, जिसे दोस्तोयेव्स्की अपने असन्तुलित और असामान्य पात्रों द्वारा हम तक पहुँचाना चाहते हैं। इस मानसिक असामान्यता का संकेत तारकोव्स्की भी अपनी 'सैक्रीफाइस' में देते हैं—दोस्तोयेव्स्की के 'द ईडियट' उपन्यास और 'प्रिंस मिश्किल' के सन्दर्भों से। तारकोव्स्की के पात्र भी अपने समय के सम्मुख नहीं, विमुख चिन्तन करते हैं। इस विमुख चिन्तन को समाज-विरोधी चिन्तन न मानकर तर्क और वितर्क या ऊह और अपोह (जिसे अंग्रेज़ी में 'प्रॉस एंड कॉन्स' कहते हैं) की तरह का सोच-विचार मानना चाहिए। विमुख चिन्तन एक तकनीक है, जिसके द्वारा एक कलाकार सामाजिक विसंगतियों की ओर झकझोर कर हमारा ध्यान खींचता है। तारकोव्स्की की दुश्चिन्ता दरअसल दुनिया की सुरक्षा की चिन्ता है। विनाश के जिस भयानक कगार पर हम अपनी दुनिया को धकेल कर ले आए हैं, वहाँ तारकोव्स्की की व्यग्रता हमारे विवेक के सबसे मानवीय और सबसे मूल्यवान संस्कारों को पुकारती है। उसे एक सन्निपाती चीख मानकर उसको अनसुना करना एक पागलपन होगा।

तारकोव्स्की की फ़िल्मों की सबसे बड़ी खूबी मुझे यह लगती है कि वे हमें विश्वास दिलाती हैं कि उनकी चिन्ताएँ एक ख़ूबसूरत दुनिया को बचाए रखने की चिन्ताएँ हैं, किसी अस्वस्थ मन की विकृतियों की अभिव्यक्तियाँ नहीं हैं। हम अगर उनके कहे की अवहेलना करते हैं, तो अपने लिए ख़तरा उठाते हैं।

'सैक्रीफाइस' उनकी अन्य फ़िल्मों की ही तरह एक मुश्किल फ़िल्म होते हुए भी अपेक्षाकृत अधिक बोधगम्य फ़िल्म है। पर यह ज़रूर है कि 'सैक्रीफाइस' किसी भी मायने में उन दिक़्क़तों को आसान नहीं करती, जो हम तारकोव्स्की की किसी भी फ़िल्म को पूरी तरह आत्मसात करने में महसूस करते हैं। जैसा कि एक अनौपचारिक बातचीत के दौरान सत्यजित राय ने टिप्पणी की थी—'अनूठा अनुभव है तारकोव्स्की की फ़िल्मों को देखना, परन्तु वे इस हद तक अपने में खो जाते हैं मानो दर्शक की उपस्थिति हो ही नहीं।'

इसमें सन्देह नहीं कि किसी सन्त की-सी तन्मयता या ध्यानस्थता है उनकी फ़िल्मों में। अगर वह दर्शक की ज़रूरतों से किसी हद तक बेख़बर दीखते हैं, तो उसके पीछे दर्शक की किसी तरह की उपेक्षा या अनादर का भाव नहीं होता। अपने में पूरी तरह डूबकर अपने को खोजना भी अगर एक तरीक़ा हो सकता है, तो निःसन्देह तारकोव्स्की ने सिनेमा जैसे माध्यम को एक बिल्कुल नई सामर्थ्य दी है। दर्शक उन्हें पा सकता है, लेकिन अपनी शर्तों पर नहीं, बिल्कुल उनकी शर्तों पर। इस मायने में तारकोव्स्की अत्यन्त कठोर और निर्मम है। वह दुनियादार नहीं है। उसकी मानसिकता एक सन्त की मानसिकता है—रूखी, बेलौस और उदात्त।

कुछ अनुभव होते हैं, जो आसानी से ख़ुद हम तक पहुँचते हैं, लेकिन कुछ ऐसे भी अनुभव होते हैं, जिन तक हमें कोशिश करके पहुँचना होता है। तारकोव्स्की की फ़िल्में खुली जगहों से भरी पड़ी हैं और कितना अजीब है यह अनुभव कि यह खुलापन भी कभी तो एकदम संकुचित और दमघोंटू हो जाता है और कभी इतना उदात्त और सरल जैसा कि 'सैक्रीफाइस' के शुरू के प्रसंग हमें बताते हैं।

फ़िल्म के प्रारंभिक दृश्य द्वारा तारकोव्स्की हमें एक मन देते हैं—ऐसा मन जिसकी निगाहों से हम उनकी बाक़ी फ़िल्म को देखते हैं और अन्त में हम इसी मन के भरपूर विध्वंस के साक्षी होते हैं। वे जैसे बाहरी और भीतरी जगहों को गढ़ते हैं—उससे लगता है, मनुष्य और मनुष्य के बीच की जगहें ही नहीं, चीज़ों और चीज़ों के बीच की जगहें भी मुखर हो उठी हैं। हो सकता है, उनको पढ़ने का यह मेरा एक बिल्कुल निजी और काव्यात्मक तरीक़ा हो, लेकिन उनकी एक विशेषता मुझे यह भी लगती है कि उसमें पूरी तरह इसकी गुंजाइश है। वह बार-बार हमारा ध्यान धार्मिक प्रसंगों, चित्रकला, दर्शन और साहित्य की ओर ले जाते हैं, जो अकारण ही नहीं है।

बिल्कुल फ़र्क़ मानों में खुली जगहों का यह इस्तेमाल हमें हंगारी फ़िल्मकार मिकलोश यान्चो और यूनानी फ़िल्मकार ऐंजलोपुलोस की भी याद दिलाता है। लेकिन अन्तहीन सपाट मैदान यान्चो में जहाँ आज़ादी की आकांक्षा या लगभग प्रागैतिहासिक सैरों का आभास देते हैं, वहाँ तारकोव्स्की विस्तार को लगभग अन्तता के तट पर ले जाकर मनुष्य की अन्तिम नियति की तरह अकेला कर देते हैं। नायक अलेक्ज़ेंडर (स्वीडी अभिनेता अर्लोंड जोजेफसन जिन्होंने बर्गमान की कई फ़िल्मों में काम करके प्रसिद्धि पाई है) जब भी अपने घर से बाहर आता है, अक्षितिज फैलाव उसकी आत्मा की रहस्यमयी गहराइयों का दर्पण-सा लगता है। (शायद यह आकस्मिक नहीं कि क्षितिज की यह झिलमिल पतली रेखा, दर्पण की तरह ही चमकती हुई अनेक दृश्यों पर धार-सी थमी रहती है।) इसी तरह 'सैक्रीफाइस' में भीतर के आधे-उजले, आधे-अँधेरे कमरे भी जिस मानसिकता को प्रतिबिंबित या प्रतीकित करते हैं, उसमें दुश्चिन्ता और ख़ालीपन है। जबकि ऐंजलोपुलोस में खुले प्रांगणों और अन्धे गलियारों का काफ़्का वाला संत्रास है। यहाँ इस ओर ध्यान खींचना चाहता हूँ कि जगह के संयोजन का फ़िल्मों में निर्णायक महत्त्व होता है और अगर कुशलता से सँभाला न जाए, तो एक तारकोव्स्की, यान्चो या ऐंजलोपुलोस की सफलता के अनुकरण की कोशिश ख़ासे भोंडे प्रयोगों को जन्म दे सकती है।

तारकोव्स्की की 'सैक्रीफाइस' फ़िल्म उनके पुत्र को समर्पित है। अरसे से तारकोव्स्की स्वीडन में निर्वासित रह रहे थे। उनका पुत्र रूस में रहता रहा है। बीमारी के अन्तिम दिनों में वह उससे मिलना चाहते थे। सत्यजित राय और फ़िल्म जगत के अन्य अनेक जाने-माने नामों की ओर से एक याचिका रूस भेजी गई थी, जिसके कारण विशेष अनुमति पर उनका पुत्र अन्त समय उनसे मिल सका। उल्लेखनीय है कि 'सैक्रीफाइस' में एक बच्चे और उसके पिता के बीच सम्बन्धों का अत्यन्त मार्मिक और केन्द्रीय इस्तेमाल है तथा उस बच्चे के भविष्य के प्रति चिन्ता को संसार के विनाश से बचाने की चिन्ता के साथ बड़ी ही कुशलता से पिरोया गया है। बच्चों के जीवन पर उदासी की छाया को तारकोव्स्की की अपनी स्थिति में आसानी से पहचाना जा सकता है।

आज तारकोव्स्की हमारे बीच नहीं हैं। 54 वर्षों की अल्पायु में उन्होंने आठ अद्वितीय फ़िल्में हमें दी हैं। इतनी कम उम्र में और इतनी कम फ़िल्मों के बल पर भी उनकी गणना संसार के शीर्षस्थ फ़िल्मकारों में की जाती है। 1960 में 'इवान्स चाइल्डहुड' के निर्माण के बाद से तारकोव्स्की ने पीछे मुडकर नहीं देखा और 'सैक्रीफाइस' निश्चित रूप से उनकी सफलता का एक नया मापदंड स्थापित करती है। हो सकता है, मेरी तरह उनके अन्य प्रशंसकों को 'सैक्रीफाइस', 'स्टॉकर' की अपेक्षा कम गूढ़ व स्तरीय फ़िल्म लगे, परन्तु वह कहीं भी किसी भी माने में एक

चुकती हुई प्रतिभा की देन नहीं लगती। तारकोव्स्की अभी भी अपने रचनात्मक जीवन के शिखर पर थे। उनकी ख्याति भी उनकी फ़िल्मों की तरह ही फ़िल्मी दुनिया की लकदक से लगभग बचती हुई, पर रास्ता बनाती हुई कब सफलता की चकित कर देने वाली ऊँचाइयों पर पहुँच गई, मानो पता ही नहीं चला। उनकी प्रसिद्धि के साथ कोई धूमधाम, भीड़भाड़ नहीं जुड़ी है—एक अनुत्तेजित, एकांतिक गरिमा है—लगभग एक निष्कासित मन की उदासी लिए हुए। निष्कासित शब्द मैं यहाँ भौतिक अर्थ में उतना नहीं ले रहा, जितना एक अत्यन्त संवेदनशील मन के कभी भी व्यावहारिक दुनिया में बहुत हिल-मिल न पाने के अर्थ में। शायद किसी अन्य फ़िल्मकार ने इस मानसिक अकेलेपन को इतनी प्रभावी और काव्यात्मक फ़िल्मी भाषा नहीं दी है।

# कुछ जीवनीपरक फ़िल्में[1]

नई दिल्ली में 11 से 24 जनवरी, 1987 तक आयोजित भारत का ग्यारहवाँ अन्तर्राष्ट्रीय फ़िल्म समारोह। अगर संसार के बड़े-बड़े फ़िल्म निर्देशकों की एक सूची बनाना हो, तो इससे ज़्यादा ज़ोरदार सूची बनाना कठिन होगा—बुनुएल, तारकोव्स्की, रेने, शाब्रोल, हरज़ोग, ज़ानुसी, रोमान पोलाँस्की, कोस्ता-गावरास, कार्लोस साउरा, मार्गरिट फॉन ट्रोटा, बोंदारचुक, इश्तवान गॉल इत्यादि, जिनकी फ़िल्में इस समारोह में दिखाई गईं। जहाँ तक फ़िल्मों का सवाल है, तारकोव्स्की की 'सैक्रीफाइस', हरज़ोग की 'फिट्जकराल्डो' और फॉन ट्रोटा (1942) की 'रोज़ा लक्सेमबर्ग' (1986) निश्चित रूप से स्तरीय फ़िल्में थीं। बुनुएल की कुछ पुरानी फ़िल्में दिखाई गईं, जो आश्चर्यजनक रूप से नई और ताज़ा लगीं। इसी क्रम में कार्लोस साउरा की 'लव द मैजीशियन' (1986) उनकी अपनी ही परम्परा में एक अच्छी फ़िल्म मानी जा सकती है—लेकिन उनकी उपलब्धियों में कुछ नया नहीं जोड़ती। अपनी परम्परा से बिल्कुल हटकर फ़िल्में बनाने वाले बड़े नामों से ज़ानुसी की 'ईयर ऑफ़ द क्वाएट सन' (1984), पोलान्स्की (1933) की 'द पाइरेट्स' (1986) और कोस्ता-गावरास की 'फैमिली बिजनेस' (1986) उल्लेखनीय फ़िल्में थीं—यद्यपि इन फ़िल्मों के लिए यह नहीं कहा जा सकता कि इन नामी फ़िल्मकारों के पिछले काम को ये फ़िल्में आगे बढ़ाती हैं।

अलाँ रेने की 'मेलो' (1986) फ़िल्म देखना फिर एक बार पूरी तरह सुगठित और सुव्यवस्थित फ़िल्म देखने के लगभग क्लासिकल अनुभव से गुज़रना था। किसी भी स्तर पर फ़िल्म अपनी बहुत ही चुस्त और सधी हुई भाषा से स्खलित नहीं होती। वह जो कहना चाहती है, बहुत ही साफ़-सुथरे और शिष्ट अन्दाज़ में कहती चली जाती है—सौ फ़ीसदी उस दुरुस्त लहजे, लय, सोच और तकल्लुफ़ के साथ, जिसके लिए हम फ्रेंच तहज़ीब, संस्कृति और कला के यों भी क़ायल हैं, लेकिन अब (जबकि फ्रांस के न्यू वेव सिनेमा की तहज़ीब और भाषा की धाक न केवल इतिहास हो चुकी है और उसका वह अनूठा अन्दाज़े-बयाँ आज भी फ़िल्मों के खून

1. सारिका, मार्च, 1987

में रच-बस चुका है) रेने जैसे सिद्ध कलाकार की किसी नई फ़िल्म के बारे में उन्हीं पुरानी तारीफ़ों को दुहराना कुछ-कुछ वैसा ही लगता है, जैसे किसी नामी उस्ताद गवैये का कोई नया गाना सुनकर केवल यह कह पाना कि उनके गायन का सुर, लय, ताल वग़ैरह बिल्कुल दुरुस्त रहा।

यह सवाल सिर्फ़ रेने की 'मेलो' फ़िल्म देखकर उठा हो, ऐसा नहीं। आमतौर पर फ्रेंच फ़िल्मों को देखते हुए यह बात मन में आती है कि इतनी कमाल की कला आख़िर इन पार्टियों, ड्राइंगरूमों, बेडरूमों और कमरों से बाहर क्यों नहीं निकलती? और अगर निकलती है, तो निकलते ही अपराधी दुनिया का शिकार क्यों हो जाती है?

पिछले कुछ वर्षों में अपराध-कथा फ्रेंच फ़िल्मों का लगभग स्थायी मुहावरा-सा बन गया है। लगता है, वे ज़िन्दगी के बारे में सोचते या हँसते ही अपराध-कथाओं के बहाने हैं। इसी सिलसिले में हम शाब्रोल की 'इंस्पेक्टर लावार्दे' (1986) को भी याद कर सकते हैं, जो इसी फ़िल्मोत्सव में दिखाई गई। इसी कड़ी में कोस्ता-गावरास की 'फैमिली बिजनेस' तथा ओलिवये अस्साया (1955) की 'डिसऑर्डर' (1986) फ़िल्में भी याद आती हैं। मैं इन फ़िल्मों का एक साथ नाम लेकर ऐसा कोई सामान्यीकरण नहीं करना चाहता कि अधिकांश फ्रेंच फ़िल्मों ने अपने को अपराध कथाओं की दुनिया से घेर लिया है। ऐसा कहना फ्रेंच सोच-विचार के बारे में एक बहुत ही जल्दबाज़ और मासूम निष्कर्ष निकाल लेना होगा।

दरअसल, आज की दुनिया को समझने-बूझने के लिए एक मिथक, सार्वभौमिक मिथक का सबसे बुनियादी ढाँचा अपराध-कथाओं या रहस्यकथाओं का मानकर चला जा सकता है। अपने चिन्तन को एक अपराध-कथा द्वारा प्रस्तुत करना, लगभग उसी तरह की कोशिश है, जैसे कॉमिक्स या कार्टून्स के द्वारा कभी-कभी बहुत गम्भीर बातें कहना। इन अर्थों में फ्रेंच फ़िल्मों ने निस्सन्देह कई बहुत ही जटिल प्रस्तुतियाँ, उर्दू शायरी की तरह फ़ॉर्म या रूप-पक्ष को लगभग एक जगह स्थिर करके या फ्रीज करके, उसके भीतर बारीकियाँ पैदा की हैं। अगर फ़ॉर्म की सहजता को एक मुश्किल गुण मानें, तो रेने की फ़िल्मों का अर्थ अक्सर जीवन की उन स्थायी प्रवृत्तियों का नाटक या प्रस्तुति होता है, जिनके मूल तत्त्व जैविक—और इसीलिए सार्वभौमिक—सचाइयों के सबसे गहरे और जटिल अन्तर्द्वन्द्वों से हमारा निर्मम सामना कराते हैं। रेने और परिष्कृत फ़िल्मकारों की सादगी का एक अभिप्राय यह भी होता है कि शिल्प की पेचीदगी में दर्शक का ध्यान न उलझाकर कथ्य की जटिलता पर उसे भरपूर केन्द्रित किया जाए।

तारकोव्स्की की फ़िल्मों का देखने के कई तरीक़े हो सकते हैं, लेकिन आमतौर पर हम जिस तरह फ़िल्म को देखते हैं, तारकोव्स्की की फ़िल्मों को उस तरह देखना

ग़लत होगा। उन्होंने अपनी फ़िल्म 'स्टॉकर' में ज़ोन यानी क्षेत्र शब्द कई जगह इस्तेमाल किया है। सबसे पहले वे अपनी फ़िल्मों में इस ज़ोन को स्थापित करते हैं, जो विचारों की तरह उन्मुक्त और असीम हो। खुली जगहों और बन्द जगहों के अन्तर्सम्बन्धों में तारकोव्स्की मनुष्य के भीतर चलने वाले अन्तर्द्वन्द्वों की छवियाँ रचते हैं। ऐसा लगता है, वे चीज़ों को ज़्यादा महत्त्व नहीं देते, उन्हें जोड़ने या अलग करने वाली जगहों द्वारा कभी अपने अन्दर के ख़ालीपन को, तो कभी दुश्चिन्ताओं की गहराइयों और अकेलेपन को मुखर करते हैं। घर में कमरे की चीज़ों के बीच बेमन या विचारमग्न टहलता हुआ नायक, घर के बाहर की अपेक्षा घर के भीतर कहीं ज़्यादा अकेला और असीम में खोया हुआ प्रतीत होता है। चीज़ों के प्रति उपेक्षा लगभग एक दार्शनिक की उपेक्षा या वस्तु-निरपेक्षता का रूपक प्रस्तुत करती है। लेकिन नायक अ-संसारी नहीं है : संसार की सुरक्षा के लिए अत्यन्त व्यग्र है। वह मनुष्य के अतीत को सोचता है—धार्मिक चित्रों के पन्ने उलटता है, मनुष्य के धार्मिक विश्वासों में विश्वास पाना चाहता है, लेकिन एक भय और उत्कंठा का मानसिक दबाव उसे निश्चिन्त नहीं होने देता, क्योंकि यह बुरी ख़बर फैल चुकी है कि शीघ्र ही एक भयानक दुर्घटना से दुनिया का विनाश हो सकता है।

'सैक्रीफाइस' का नायक अलेक्जांडर ईश्वर को साक्षी बनाकर एक प्रण करता है कि अगर दुनिया बच सके, तो वह अपना सर्वस्व बलिदान कर देगा। विनाश किसी प्रकार टल जाता है और अपने प्रण के अनुसार, नायक अपना घर-बार, सबकुछ फूँक देता है। अन्त में हम उसके घर को जलते हुए देखते हैं। नायक को लगभग विक्षिप्तावस्था में अस्पताल भेज दिया जाता है। अन्तिम दृश्य में हम उसके बच्चे को उसी पेड़ में पानी देते देखते हैं, जिसे उसके पिता ने लगाया था। शुरू का दृश्य और अन्तिम का दृश्य लगभग एक-सा है। उन दोनों दृश्यों के बीच की फ़िल्म लगभग एक उदास अँधेरी रंगहीनता में डूबी रहती है। अन्त में रंगों और बच्चे की वापसी मानो एक चक्राकार

समय की गति को पूरा करती है, मानो दुनिया एक भीषण दु:स्वप्न से गुज़रकर फिर से शुरू हुई हो। बच्चा जब कहता है—'आरम्भ में केवल शब्द था...', तब तारकोव्स्की मनुष्य की आदिम निरीहता की ओर हमारा ध्यान खींचते हैं। निस्सन्देह तारकोव्स्की की 'सैक्रीफाइस' न केवल एक उत्कृष्ट कलाकृति है, बल्कि अपने समय के लिए एक ज़रूरी सन्देश भी।

इस संयोग की ओर ख़ासतौर पर हमारा ध्यान जाना चाहिए कि इस बार कुछ बहुत अच्छी फ़िल्में वे थीं, जो किस न किसी जीवनचरित पर आधारित थीं। और अगर तारकोव्स्की की 'सैक्रीफाइस' तथा हरज़ोग की 'फिट्जकराल्डो' फ़िल्म के भी आत्मकथात्मक पहलू को महत्त्व दें, तो निस्सन्देह जीवनीपरक फ़िल्में ही इस बार की सर्वश्रेष्ठ फ़िल्में मानी जा सकती हैं। इस वर्ग में मार्गरिट फॉन ट्रोटा (Margarethe von Trotta, पश्चिम जर्मनी) की रोज़ा लक्सेमबर्ग के जीवन पर आधारित 'रोज़ा लक्सेमबर्ग', अलें कवालिए (Alain Cavalier, फ्रेंच, 1931) की सन्त थेरेस की जीवनी पर आधारित 'थेरेस' (1986), अठारहवीं सदी के प्रसिद्ध जर्मन कवि होल्डरलिन की जीवनी पर आधारित हरमन जोशे (Herrmann Zschoche, जर्मन, 1934) की फ़िल्म 'हाफ ऑफ़ लाइफ' (1985), शेली, बायरन तथा मेरी शेली की जीवनियों को केन्द्र में रखकर बनी केन रसेल (ब्रिटिश, 1927-2011) की 'गोथिक' (1986), सत्रहवीं सदी के चित्रकार कारावागिओ की जीवनी पर आधारित डेरेक जारमान (1942-1994) की इंग्लिश फ़िल्म 'कारावागिओ' (1986), तथा अफ्रीकी गुलाम चीको या गलंगा की जीवनी पर आधारित वाल्टर लीमा जूनियर (ब्राज़ील, 1938) की 'चीको रेई' (1985) को इस बार की उल्लेखनीय फ़िल्मों में माना जा सकता है। अंशत: जीवनचरित शैली से जुड़ी हुई दो अन्य महत्त्वपूर्ण फ़िल्मों के नाम भी यहाँ लिए जा सकते हैं—अंग्रेज़ी फ़िल्म 'द मिशन' (1986), जिसकी पटकथा रॉबर्ट बोल्ट और निर्देशन रोलाँड जॉफे (ब्रिटेन, 1945) का है और मारिया लुइज़ा बेमबर्ग (अर्हेंतीना, 1922-1995) की 'मिस मैरी' (1986) जो एक गवर्नेस की ज़िन्दगी पर आधारित है।

जीवनचरित पर आधारित फ़िल्मों के बारे में कुछ बातें विचारणीय हैं। जीवनी के बारे में पढ़कर जानना तथा उसे परदे पर देखना, दो भिन्न तरह के अनुभव हैं। जीवनी अमूर्त नहीं होती, और इस तथ्य को फ़िल्म का चाक्षुष माध्यम पुष्ट करता है। वह एक जीवनी को वास्तविकता और प्रत्यक्षता देती है। रोज़ा लक्सेमबर्ग की ज़िन्दगी, उसके चरित्र और समय को बिम्बों में मूर्त करते वक्त वह हमें एक अन्य समय की वास्तविकता के आभास में ले जाती है—जबकि शब्द हमें केवल उस समय की, उस चरित्र के बारे में अमूर्त जानकारियाँ भर ही देते हैं और उन्हें मूर्त करने

का काम हम पर छोड़ देते हैं। बिम्ब और जीवनी इस माने में एक-दूसरे के ज़्यादा निकट पड़ते हैं कि दोनों ही स्वभावत: तथ्यपरक हैं, इसीलिए किसी ऐतिहासिक चरित्र पर एक अच्छी फ़िल्म को देखना लगभग एक ऐतिहासिक वातावरण और उस समय के सोच-विचार के अनुभवों से गुज़रने की-सी निकटता का अनुभव करा सकता है। एक महत्त्वपूर्ण जीवनी केवल एक व्यक्ति की जीवनी ही नहीं होती, बल्कि उस समय का जीवन भी होता है, जिसमें वह रहता है। रोज़ा लक्सेमबर्ग के जोश और अधैर्य को समझने के लिए उस समय के जर्मनी को समझना ज़रूरी है, जिसके शासकों के ख़िलाफ़ रोज़ा मज़दूरों की एक संगठित आवाज़ को उठवाना चाहती थी। उसकी ज़िद और कठोरता में भले ही हमें आज अतिवादी झलकें दिखें, लेकिन उसका चरित्र परोक्ष रूप से उस समय का चरित्र भी है, जिसने रोज़ा और उसके साथियों का इतने तानाशाही तरीक़े से विनाश कर दिया।

अगर कहें कि क्रान्ति का चरित्र ही किसी हद तक रेटॉरिकल और रोमांटिक उन्मेष से जुड़ा होता है, तो उसका चित्रण निश्चय ही रोज़ा लक्सेमबर्ग के माध्यम से उसके समय की एक नाजुक धड़कन को पकड़ता है। फॉन ट्रोटा अपनी फ़िल्मों में ऐतिहासिक वस्तुओं का न्यूनतम उपयोग करती हैं, काल-विशेष को चरित्रों के मनोभावों से अभिव्यक्त कर सकने की उनमें अद्‌भुत क्षमता है।

एक कवि या कलाकार अपने समय को, राजनीतिज्ञ की अपेक्षा बिल्कुल भिन्न तरह जीता है। अठारहवीं सदी के प्रसिद्ध जर्मन कवि होल्डरलिन के गहरे प्रेम-प्रसंग तथा अन्तत: उसकी विक्षिप्तता पर आधारित 'हाफ़ ऑफ़ लाइफ़' को शायद इस बार की सबसे रोमांटिक भावनाओं वाली फ़िल्म कहा जा सकता है। 18वीं-19वीं सदी वाली जर्मन कविता का वह रोमांटिक दौर यों भी साहित्य में अपनी अतल भावुकता के लिए विख्यात है। होल्डरलिन का प्यार जहाँ उसे अनुभूति की चरम ऊँचाइयों की ओर ले जाता, वहीं उसके रास्ते में सांसारिक अड़चनें चरम निराशा और त्रासदी की भूमिका भी बनाती हैं। होल्डरलिन और उसकी प्रेमिका के सम्बन्धों की अबाध तीव्रता एक धूमकेतु की तरह उनके जीवन के कुछ क्षणों को दिव्यता से आलोकित करती हुई अँधेरे में खो जाती है। उस आलोक की साक्षी होल्डरलिन की कविताएँ आज भी हमें एक कवि की उस दुनिया की याद दिलाती हैं, जिसे वह बिल्कुल उन्मुक्त जीना चाहता था।

एक कवि की दुनिया, उसके सोचने और अनुभव करने के तरीक़ों को बहुत तार्किक ढंग से नहीं सोचा-समझा जा सकता। केन रसेल की फ़िल्म 'गोथिक' का ताना-बाना लगभग विचित्र कथा का-सा है, लेकिन इसके द्वारा रसेल हमें एक ऐसी अजूबा और अस्वाभाविक मानसिक दुनिया में ले जाते हैं, जहाँ कुछ भी सामान्य और तर्कसंगत नहीं। बायरन, शेली, शेली की पत्नी मेरी शेली, डॉ पॉलीडोरी तथा बायरन की प्रेमिका और मेरी की बहन क्लेअर, एक रात (जून 16, 1816) विला

डिओडाटी के भुतहे क़िले में बिताते हैं। उस रात का श्रृंखलाबद्ध वृत्तांत इन लोगों की डायरी में नहीं मिलता, पर इतना निश्चित है कि वे वहाँ विचित्र अनुभवों से गुज़रे। बाद में मेरी शेली द्वारा परिकल्पित यंत्र-दैत्य फ्रैंकेस्टाइन तथा डॉ. पॉलीडोरी का 'द वैंपायर' आज की पिशाच कथाओं के स्थायी मिथक बन चुके हैं। पागलपन की जिस बारीक़ सीमारेखा पर वे अत्यन्त संवेदनशील पात्र एक भय से कँपा देने वाली रात को जीते हैं, उसका औचित्य तर्क से सिद्ध नहीं होता, उन रचनाओं से सिद्ध होता है, जो उन्होंने उस अनुभव के बाद हमें दीं। एक कलाकार की ज़िन्दगी और सोच-विचार में फंतासी के महत्त्व को समझने में रसेल की फ़िल्म एक महत्त्वपूर्ण कोशिश है—भले ही हम उसे एक महान फ़िल्म की संज्ञा न दें। फ़िल्म की अतियथार्थवादी शैली द्वारा रोमांटिसिज़्म के सबसे सनसनीख़ेज़ पक्ष को दिलचस्प तरीक़े से प्रस्तुत किया गया है, लेकिन इस कोशिश में शेली और बायरन के चरित्र शायद एक कवि से अधिक, 'मार्की द साद' की ओर भटक गए हैं।

सत्रहवीं सदी का पूर्वार्ध ऐसा समय नहीं था, जब समाज उस तरह की ज़िन्दगी को स्वीकार कर पाता, जिसके लिए चित्रकार कारावागियो बदनाम थे। उनके समलैंगिक सम्बन्धों तथा अस्वाभाविक जीवन ने उन्हें अपने ही समाज से बेगाना कर दिया था। कारावागियो का जीवन अधिकतर समाज के निचले वर्ग के बीच बीता और अपने धार्मिक चित्रों के लिए जो मॉडल उन्होंने चुने, वे भी इसी बदनाम वर्ग से। पर झगड़े-फसाद और मारपीट की ज़िन्दगी जीते हुए कारावागियो ने कुछ अत्यन्त उत्कृष्ट कृतियाँ कला-जगत को दी हैं। कारावागियो की तहस-नहस ज़िन्दगी उन अन्तर्विरोधों का जीता-जागता उदाहरण हैं, जिन्हें वे किसी हद तक सन्तुलित करना चाहते थे। कलाकार जो कुछ जीता है, और जो कुछ हमें देता है, उसके बीच कभी-कभी सीधा सम्बन्ध खोज पाना बहुत मुश्किल होता है। सम्भव है, कारावागियो की धार्मिक कला किसी हद तक उस अपराधबोध की ही निवारक चेष्टा हो, जिससे उनका अन्तर्मन पीड़ित रहता है। डेरेक जरमान द्वारा निर्देशित 'कारावागियो' यद्यपि बहुत उत्कृष्ट फ़िल्म नहीं कही जा सकती, पर इसमें एक समय-विशेष की मानसिकता के साथ मिलकर न जी पाने की विवशता को एक कलाकार की ज़िन्दगी के रचनापक्ष और उसकी स्वतंत्रता से जोड़कर देखने की कोशिश की गई है। इसी सन्दर्भ में जब हम तारकोव्स्की की पहले की एक फ़िल्म जो कलाकार रुबलेव की ज़िन्दगी पर बनी थी, सोचते हैं, तो 'कारावागियो' की सीमाएँ और स्पष्ट नज़र आने लगती हैं।

'थेरेस' और 'द मिशन' यद्यपि दोनों ही धार्मिक चरित्रों पर आधारित फ़िल्में हैं, लेकिन उनके स्वभाव में बुनियादी अन्तर है। 'थेरेस' की ऊपरी सतह जितनी शान्त है, 'द मिशन' की ऊपर की सतह उतनी ही उग्र और बेचैन है, लेकिन इन सारी बेचैनी और उग्रता के बावजूद 'मिशन' किसी हद तक एक सीधी-सादी फ़िल्म है—एक पादरी के कट्टर विश्वासों की तरह सन्देहों और अन्तर्द्वन्द्वों से लगभग मुक्त।

मिशन का कथानक रोमांचक और साहसिक होते हुए भी इकहरा है। इगुआजु प्रपात के निकट घने जंगलों में आदिवासियों के बीच जसुट पादरी गैब्रिएल भीषण ख़तरे उठाकर आदिवासियों का विश्वास पाने में सफल होता है तथा उनकी मदद से एक गिरजा और एक छोटी-सी बस्ती की स्थापना करता है। बाद में पोप के हस्तक्षेप और यूरोपीय सत्तातंत्रों के षड्यंत्रों के कारण इस बस्ती का विनाश होता है। फ़िल्म में एक डॉक्यूमेंटरी की-सी तात्कालिकता और विवरण-शक्ति है, पर वह एकाग्रता और घनत्व नहीं, जो 'थेरेस' को अधिक सधी हुई और बहुआयामी फ़िल्म बनाता है। कम उम्र में ही थेरेस संसार त्यागकर कॉन्वेन्ट का जीवन अपना लेती है। उसमें उत्साह है, चंचलता है, धुन है, लेकिन कॉन्वेन्ट की कठोर ज़िन्दगी उसके कोमल जीवन को नष्ट कर देती है और 1897 में क्षय रोग से उसकी मृत्यु हो जाती है। 1925 में उसे सन्त घोषित किया गया था। निर्देशक अलें कावालिए ने थेरेस के माध्यम से कॉन्वेन्ट की ज़िन्दगी और उसमें रहने वाले पात्रों का गहरा मनोवैज्ञानिक अध्ययन प्रस्तुत किया है। ऊपर से उद्वेल-रहित दिखने वाली कॉन्वेन्ट की ज़िन्दगी की भीतरी उथल-पुथल और तनावों को बहुत कुशलता से चित्रित किया गया है। फ़िल्म का नाज़ुक ताना-बाना कहीं भी क्षतिग्रस्त नहीं होता। फिर भी दर्शक पर एक कोमल जीवन के लगभग हृदयहीन विध्वंस की कथा अपनी पूरी बेचैनी छोड़ती है।

ग़ुलाम जीवन की यातनाओं तथा अपनी हिम्मत और सूझ-बूझ से उससे छुटकारा पा जाने की सच्ची ऐतिहासिक घटना पर आधारित 'चीको रेई' इस बार की एक उत्कृष्ट ब्राज़ीलियन फ़िल्म मानी जा सकती है। विवरण और चरित्र इस फ़िल्म के सशक्त पक्ष हैं, जिनके द्वारा एक नृशंस युग की हिंसा और हृदयहीनता की अत्यन्त जीवन्त तस्वीर सामने रखी गई है। पर उतना ही नहीं, यह फ़िल्म हमें फिर से याद दिलाती है कि लातिनी अमेरिकी देश जब भी अपने इतिहास की बर्बरताओं को याद करते हैं, उनकी दृष्टि मनुष्य और मनुष्य के बीच भेदभाव, गैर-बराबरी और शोषण के चित्रण को नहीं, उनके ख़िलाफ़ लड़ाई को मुख्य मुद्दा बनाते हैं। इस ज़रूरी बात की ओर हमारा ध्यान रहना चाहिए कि अन्याय और अन्धविश्वास का यथार्थ चित्रण-भर काफ़ी नहीं, उनके ख़िलाफ़ अगर एक फ़िल्म मज़बूत और दृढ़संकल्प विरोधी या प्रतिवादी रुख नहीं रखती, तो वह अपने उद्देश्य को अधूरा या शायद ग़लत तरह पेश कर रही होती है। यह बात मैं इसी समारोह में दिखाई गई उत्पलेन्दु चक्रवर्ती की 'देवशिशु' जैसी फ़िल्मों को भी ध्यान में रखकर कह रहा हूँ। अन्याय अथवा अन्धविश्वास का जीतना उसी तरह है, जैसे एक विलेन या खलनायक का जीतना। ज़िन्दगी में ऐसा भी होता है, पर कला को इस माने में ज़िन्दगी से ज़्यादा ज़िम्मेदार और न्यायी मानना ज़रूरी है।

इस सिलसिले में एक सुधी कलाकार के लिए अपने आप से कुछ बुनियादी सवाल पूछना ज़रूरी है। वह कला को जीवन (अथवा यथार्थ) का अनुकरण मात्र

मानता है ? या जीवन में एक ज़रूरी हस्तक्षेप भी ? यह तर्क कि अगर विद्रोह भावना या आक्रोश का शमन या विरेचन एक कृति के अन्दर ही हो जाता है, जो दर्शक के लिए वास्तविक जीवन में एक झूठे इत्मीनान की परिस्थिति बनेगी, अन्यथा वह एक विद्रोह-भावना से भरा हुआ घर लौटेगा और वास्तविक जीवन में उसके ख़िलाफ़ लड़ाई लड़ेगा, बहुत दूर तक हमारा साथ नहीं देता। अगर एक यथार्थ यह है कि ज़िन्दगी त्रासद है, तो उतना ही बड़ा यथार्थ यह भी है कि आदमी इस त्रासदी से उबर सकने की हिम्मत और सामर्थ्य भी रखता है। इस सामर्थ्य को सम्बोधित कला यथार्थ का सही-सही चित्रण करते हुए भी मनुष्य को निराशावादी और भाग्यवादी हो जाने के ज़्यादा बड़े खतरे से बचाएगी और इस माने में शायद संस्कृत सुखांत नाटकों की परम्परा एक स्वस्थ मानसिकता की तरफ़दार कला थी। इसमें शक नहीं कि त्रासदी अगर जीवन में है, तो कला में भी वह आएगी ही, लेकिन वह इस तरह नहीं रखी जानी चाहिए कि उसको चुनौती दे सकने वाली शक्तियाँ कमज़ोर या अप्रभावी लगें। मैं यहाँ एक रचना के अन्त या समापन की बात नहीं, बल्कि उस निष्कर्ष या निष्कर्षों की बात सोच रहा हूँ, जो एक रचना के पूरे व्यक्तित्व या मिज़ाज से रेखांकित होते हैं : जिस ख़ास अर्थ में 'थेरेस' का अन्त एक त्रासदी में होते हुए भी एक मासूम लड़की के अक्षुण्ण शौर्य और संकल्प दृढ़ता की मार्मिक कहानी है या तारकोव्स्की की 'सैक्रीफाइस' मनुष्य के सद्विवेक में आस्था और विश्वास की दलील है।

# सलाम बॉम्बे कई सवाल खड़े करती है[1]

बारहवें भारतीय फ़िल्मोत्सव में दिखाई गई मीरा नायर (1957) की फ़िल्म 'सलाम बॉम्बे' वर्ष 1988-89 की ख़ासी चर्चित हिन्दी फ़िल्म रही है। विदेशों में (ख़ासतौर पर कान, फ्रांस में 'कैमरा द ओर' सम्मान पाने के बाद इस फ़िल्म ने अतिरिक्त ख्याति पाई है) एक सफल फ़िल्म के रूप में भी और एक महत्त्वपूर्ण सामाजिक दस्तावेज़ के रूप में भी। अमेरिका के प्रसिद्ध ऑस्कर पुरस्कार के सन्दर्भ में इस वर्ष चीनी फ़िल्म 'रेड सोरघम' (1987, निर्देशक झांग यिमू) के साथ 'सलाम बॉम्बे' का नाम भी लिया जा रहा है।

बम्बई के बदनाम मुहल्ले कमाठीपुरा के गली-कूचों में गुज़र-बसर करने वाले लावारिस बच्चों, नशाखोरों, वेश्याओं और अपराधियों की ज़िन्दगी पर बनी फ़िल्म जब देश से पहले विदेशों में प्रदर्शित और प्रशंसित हो, तो मन में अनायास एक सन्देह भी पैदा होता है कि कहीं यह भी भारत की ग़रीबी और फटेहाली का एक और बम्बइया अलबम तो नहीं, जिसके पीछे सामाजिक या काल्पनिक मंशा से पहले व्यावसायिक स्वार्थ हो? पर ऐसा नहीं है। 'सलाम बॉम्बे' को देखना एक फ़र्क़ तरह के अनुभव से गुज़रना है। पाश्चात्य प्रभाव यदि है भी, तो उत्कृष्ट तकनीक के रूप में रचनात्मक ढंग से आया है। भारतीय समस्याओं को भारतीय दृष्टि से ही देखने की ईमानदार कोशिश है। विदेशों में लम्बे समय तक रहने और बसने के बावजूद मीरा नायर ने फुटपाथ के जिन वास्तविक बाल कलाकारों से अभिनय कराया है, वे किसी मिथक के नहीं, एक विषम दुर्व्यवस्था के शिकार हैं, यह तथ्य प्रभावी ढंग से सामने आता है। घोर यथार्थवादी फ़िल्म होते हुए भी 'सलाम बॉम्बे' हमारे मन को एक कविता की तरह छूती है, क्योंकि कटु यथार्थ की तीव्रता को बरकरार रखते हुए भी वह व्यक्ति की कोमल और उदात्त भावनाओं को सुरक्षित रखती है।

बेसहारा बच्चे, नशा, वेश्याएँ और उनके दलाल, बम्बई के स्लम्स—आसानी से यह फ़िल्म बुरी तरह निराशावादी हो सकती थी, पर नहीं। फ़िल्म दर्शक के

1. धर्मयुग, 26 फरवरी, 1989

गहरे मानवीय संस्कारों और एक जीवन्त हास्यबोध पर अपनी पकड़ ढीली नहीं होने देती। बम्बइया हिन्दी की क्षमता को केवल हास्य के लिए नहीं, बल्कि सूक्ष्म भावों के सम्प्रेषण में भी उतनी ही कुशलता से इस्तेमाल किया गया है। किसी त्रासदी को पूरी तरह उभारने के लिए ज़रूरी नहीं कि त्रासद स्थितियों और कातर दृश्यों का ढेर लगा दिया जाए। फ़िल्म इस विवेक के प्रति पूरी तरह सचेत रहती है कि मनुष्य को उसकी हार के अँधेरे में नहीं, उसकी जिजीविषा के आलोक में भी देखना ज़रूरी है।

**मीरा नायर की फ़िल्म 'सलाम बॉम्बे' ( 1988 ) का एक दृश्य**

दस वर्षीय कृष्णा या चायपाव (शफीक सैयद) को अपना घर छोड़ने पर मजबूर होना पड़ता है। घटनाचक्र उसे बम्बई की उस अँधेरी और बन्द गली में ढकेल देता है, जहाँ उस जैसे ही तमाम लावारिस और बेसहारा बच्चे, अनेक असामाजिक तत्त्वों के बीच एक नारकीय जीवन जीने को मजबूर हैं। किसी तरह 500 रुपए कमाकर घर लौट जाने का उसका सपना बार-बार टूटता है। वह जिस विकृत और अश्लील दुनिया से निकल भागना चाहता है, वह एक ऐसा दलदल है, जो उसकी हर कोशिश को नाकाम करता चला जाता है। उसकी शक्ति जीवन के प्रति उस बुनियादी प्यार, करुणा और साहस में है, जिसकी झलकें वह रेखा (अनिता कंवर), मंजू (हंसा विट्ठल), चिल्लम (रघुवीर यादव) और सोलासाल (चन्दा शर्मा) में पाता है। कृष्णा का सोलासाल को दुबारा चाय का गिलास

पकड़ाना, कमरे में आग लगाकर दोनों की भाग निकलने की बचकाना कोशिश, चिल्लम के इलाज के लिए रेखा से बीस रुपए माँगकर लाना, माँ को चिट्ठी लिखवाना कि सोते समय उसकी याद आती है और वह जल्दी घर लौटना चाहता है, बच्चों का घोड़ागाड़ी पर सैर के लिए निकलना और फिर उसी रास्ते चिल्लम की अर्थी उठाकर ले जाना, मंजू को अकेला न छोड़ने की कोशिश में ख़ुद भी पुलिस द्वारा पकड़े जाना और आख़िर में खीझकर इन सबके लिए बहुत हद तक ज़िम्मेदार बाबा की हत्या कर देना फ़िल्म के सशक्त और मार्मिक प्रसंग हैं। कृष्णा इस दुनिया को बदल तो नहीं पाता, पर उसका आक्रोश इस दुनिया को एक बार हिलाकर ज़रूर रख देता है। हत्या के बाद हम कृष्णा और रेखा को एक अंधड़ में फँसे दो सूखे पत्तों की तरह देखते हैं, जो एक-दूसरे से दूर होते चले जाते हैं। अन्त में कृष्णा के चेहरे पर एक बेबसी, खीझ और उदासी घनीभूत होती है कि अब वह क्या करे? किस तरफ जाए? यह सवाल मानो उससे ज़्यादा उस समाज के सामने हो, जो उस तरह की मासूम ज़िन्दगियों को नष्ट होने से बचा न पा रहा हो।

'सलाम बॉम्बे' में कथ्य को कथानक से ज़्यादा महत्त्व दिया गया है। वृत्तचित्र शैली इसलिए इस फ़िल्म पर अपनी पक्की छाप छोड़ती है। इस मामले में मीरा नायर के वृत्तचित्रों के उनके पिछले अनुभव उनका अच्छा साथ देते हैं। कहानी को शायद इसलिए भी गौण रखा गया है कि विषय की गम्भीरता ज़्यादा उभर सके। फ़िल्म में जगहों और लोगों का भी न केवल विश्वसनीय विवरण है, दोनों के बीच अनिवार्य रूप से चलती रहने वाली अन्तर्प्रक्रियाओं को भी सटीक बिम्बों और प्रतीकों द्वारा व्यक्त किया गया है। प्रत्येक दृश्य व प्रसंग अपने आप में एक सम्पूर्ण वक्तव्य भी लगता है और फ़िल्म की पूरी योजना में एक मजबूत कड़ी भी। टूला गोयनका द्वारा इस फ़िल्म का सम्पादन कुशलतापूर्वक किया गया है। कृष्णा, सोलासाल और मंजू की कोमल भावनाएँ जिस कठोरता से बार-बार टकराकर आहत होती हैं, उसका दृश्य-संयोजन बहुत अर्थपूर्ण ढंग से किया गया है।

सामाजिक यथार्थ के हूबहू चित्रण की कला में लम्बी परम्परा है। उन्नीसवीं सदी में ज़ोला, कुप्रिन, फ्लॉबेअर, डिकेंस आदि ने अपने उपन्यासों में विवरण की इस कला को एक चरम पर पहुँचा दिया था। बीसवीं सदी की व्यावसायिक यथार्थवादी फ़िल्मों ने उनके मुहावरे को लगभग एक 'क्लीशे' की तरह अपना लिया। सौभाग्य से 'सलाम बॉम्बे' में ऐसे दृश्य दो-एक से अधिक नहीं, जो फ़िल्म में एक ग़लत तरह की दिलचस्पी को प्रोत्साहित करते। ऐसे प्रयोगों को लेकर एक संयम और विवेक बरता गया है। एक-दूसरे प्रकार की कमज़ोरी से भी यह फ़िल्म अपने को बचाती है—करुण प्रसंगों को लेकर उसमें भावुकता का सैलाब नहीं है, कोमल भावनाओं की संयत और दृढ़ विश्वसनीयता है, क्योंकि फ़िल्म शक्तिहीनता तथा शक्ति के अपव्यय की त्रासदी के बीच एक सही और ज़रूरी फ़र्क़ कर सकी है।

'सलाम बॉम्बे' का कोई भी चरित्र किसी भी अन्तिम नतीजे पर नहीं पहुँचता। सभी हमारे सामने सवाल रखकर मानो एक फ्रीज में ठहर जाते हैं। इन फ्रीजेज का एक बड़ा कोलाज बनता है। कई सवाल उठते हैं, सवाल नए नहीं। समाज के इन सड़े-गले अंशों के लिए कौन ज़िम्मेदार हैं? आर्थिक, पारिवारिक, मनोवैज्ञानिक, सामाजिक, राजनीतिक, व्यावसायिक, बड़ी आबादी...अनेक फ़ॉर्मूलों से स्थिति का विश्लेषण और व्याख्या सम्भव है, लेकिन जिस बिन्दु पर आकर सारे प्रस्ताव और हल स्तब्ध रह जाते हैं, वहीं मानो यह फ़िल्म भी ठिठक कर समाप्त हो जाती है। बुराई की जड़ें व्यक्ति के स्वभाव में हैं या एक विषम आर्थिक सामाजिक व्यवस्था में? ये जुड़वाँ सवाल हैं। शायद इन्हें वैकल्पिक मानकर नहीं चला जा सकता। इनकी गतियाँ एक-दूसरे को काटती हुई चलती हैं। पूरा समाज बदले, इससे पहले भी बहुत कुछ किया जा सकता है—शायद मीरा नायर द्वारा सलाम बॉम्बे ट्रस्ट की स्थापना जैसी कोशिश को उनके इस विश्वास के प्रतीक के रूप में भी पढ़ा जा सकता है।

'सलाम बॉम्बे' ने ऐसे कई सवाल उठाए हैं, जिनका उत्तर शायद फ़िल्म को नहीं, हमें अपने अन्दर खोजना और देना होगा।

# फ़िल्मोत्सव 1990, कलकत्ता[1]

भारत का अन्तर्राष्ट्रीय फ़िल्म समारोह : 90—इस वर्ष कलकत्ता में 10-20 जनवरी तक ख़ासे उत्साह और ख़ासी बदइंतज़ामी के बीच सम्पन्न हुआ। 10 जनवरी को समारोह के उद्घाटन के अवसर पर रवीन्द्र सरोवर के मुक्ताकाश मंच पर विश्वविख्यात फ़िल्मकार सत्यजित राय और बंगाल के मुख्यमंत्री ज्योति बसु ने अपने शालीन भाषणों से जिस गरिमामय वातावरण को बनाया, उसे जीपी सिप्पी ने मुँह खोलते ही ढहा देने में कोई क़सर नहीं रखी। फ़िल्म, साहित्य और कला के लिए हमेशा उत्साही कलकत्ता में उस दूसरे यथार्थ से बाहर निकलते ही पहला सामना हुआ, जिसकी ओर राय ने अपने संक्षिप्त भाषण में इशारा किया था—बुरी तरह टूटे-फूटे फुटपाथ, सवारी से दूर भागतीं खस्ता हाल टैक्सियाँ, जानलेवा ट्रैफिक, धूल-धक्कड़ और भीड़-भभ्भड़ वग़ैरह के बीच से रास्ता निकाल-निकालकर फ़िल्मों तक पहुँचना, फ़िल्में देखने से कम चौंधियाने वाला अनुभव न था।

कुछ फ़िल्में निस्सन्देह उच्च कोटि की थीं, पर ज़्यादातर फ़िल्में सामान्य लगीं तथा अन्तर्राष्ट्रीय स्तर की नहीं कही जा सकतीं। इस समारोह में दिखाई गई अमेरिकी निर्देशक गॉडफ्रे रेग्गियो (1940) की 'पोवाक्कात्सी' (1988) एक बिल्कुल अलग तरह की कृति थी, जिसकी अभी विस्तार से चर्चा करूँगा। इसके अलावा मुझे पोलिश फ़िल्मकार क्रिश्तोफ किश्लोव्स्की (1941-1996) की तीन फ़िल्में 'अ शॉर्ट फ़िल्म अबाउट लव', 'अ शॉर्ट फ़िल्म अबाउट किलिंग' (दोनों फ़िल्में 1988) और 'ब्लाइंड चांस' (1987) बहुत ही प्रभावशाली फ़िल्में लगीं। इसमें कोई सन्देह नहीं कि पोलैंड के विख्यात फ़िल्मकार आन्द्रे वायदा और ज़ानुसी की तरह ही किश्लोव्स्की भी वहाँ के एक ऐसे प्रतिभासम्पन्न और अत्यन्त संवेदनशील फ़िल्मकार हैं, जिनका काम अन्तर्राष्ट्रीय स्तर का माना जा सकता है और जिन्होंने पिछले दशक में अपनी एक निश्चित पहचान बनाई है।

अन्य फ़िल्मों में उद्घाटन के अवसर पर दिखाई गई ग्रीस के थियो ऐंजलोपुलोस की 'लैंडस्केप इन द मिस्ट' (1988) एक साफ़-सुथरी, सन्तुलित फ़िल्म कही जा

1. सारिका, मार्च, 1990

सकती है, पर शायद उस स्तर तक नहीं पहुँच सकी है, जिस तक ख़ुद उनकी पिछली फ़िल्में 'ट्रैवलिंग प्लेयर्स' (1974) और 'द हंटर्स' (1976) पहुँच सकी थीं। दो बच्चे पिता की तलाश में एक दिन अपने घर से निकल पड़ते हैं—उस पिता की तलाश में, जिसे उन्होंने कभी देखा नहीं है, केवल माँ से सुन रखा है कि वे कमाई के लिए जर्मनी गए हुए हैं। बच्चों के लिए पिता की खोज दुनिया की जटिल और मुश्किल राहों से गुज़रते ख़ुद अपनी वयस्कता की खोज की यात्रा का रूपक बन जाती है। बालक एलेक्ज़ेंडर और उसकी बड़ी बहन वायला जीवन का उसकी पूरी क्रूरता और कोमलता में एक के बाद एक अनुभव करते हैं। वय:सन्धि पर खड़ी वायला बलात्कार और प्रेम के झकझोर देने वाले अनुभव से कुछ इस तरह गुज़रती है कि दोनों में से किसी पर भी विश्वास कर पाना उसके लिए मुश्किल हो जाता है। इसी नाज़ुक बिन्दु पर मानो वह बिल्कुल अपने सहारे संयत हो सकने की प्रौढ़ मानसिकता में प्रवेश करती है—अन्तिम दृश्य में दिखाए गए एक छोटे-से स्वावलम्बी वृक्ष की तरह। इस फ़िल्म की शैली और गति ऐंजलोपुलोस की पिछलों फ़िल्मों से बिल्कुल भिन्न है तथा यथार्थवादी मुहावरे के ज़्यादा नज़दीक है।

पोलैंड के क्रिश्तोफ ज़ानुसी की 'इन्वेंटरी' (लेखा-जोखा, 1989) और प्रसिद्ध अमेरिकी फ़िल्मकार वुडी एलेन (1935) की 'अनदर वुमन' (दूसरी स्त्री) (1988) स्त्री-पुरुष सम्बन्धों को लेकर बहुत सूक्ष्म और सतर्क फ़िल्में होते हुए भी इस माने में असाधारण फ़िल्में नहीं कही जा सकतीं कि वे स्त्री और पुरुष या स्त्री और समाज के बीच निरन्तर बहुत तेज़ी से बदल रहे रिश्तों के बारे में कोई जानकारी या नई समझ देती हों। 'इन्वेंटरी' में ज़रूर मुझे लगा, एक ख़ास समस्या की ओर इशारा है। तीन प्रमुख पात्रों पर कहानी केन्द्रित है—युवा नायक तोमेक भूगोल का विद्यार्थी है, जो अपनी तलाकशुदा माँ जोफ़िया के साथ रहता है। दोनों ही सीधे-सादे धार्मिक संवेदना वाले लोग हैं। माँ डेंटिस्ट है, जहाँ तोमेक एक दिन जूलिया से मिलता है, जो उसे काफी परेशान और टूटी हुई लगती है। तोमेक उसकी मदद के लिए हाथ बढ़ाता है और जब उसे अपना लेता है, तब समस्याएँ शुरू होती हैं। जूलिया को मादक दवाओं की लत है। तोमेक बेरोज़गार है। माँ की आय इतनी नहीं कि तीनों उस पर रह सकें, न यह नैतिक दृष्टि से तोमेक को स्वीकार्य ही है। जर्मनी में रह रहे अपने सम्पन्न पिता से भी तोमेक आर्थिक सहायता स्वीकार करना अपने आत्मसम्मान के विरुद्ध समझता है। घरों की रँगाई का एक छोटा-सा काम ढूँढ़ लेता है—पर माँ के सारे तर्कों के बावजूद अपने इस संकल्प से नहीं डिगता कि उसे अन्त तक जूलिया का साथ देना है, क्योंकि उसकी मदद के बिना वह बिल्कुल नष्ट हो जाएगी। फ़िल्म में माँ और बेटे के बीच एक लम्बा और निर्णायक प्रसंग है। माँ अत्यन्त संयत और सन्तुलित ढंग से सिद्ध कर देती है कि जूलिया के लिए तोमेक की चिन्ता नितान्त अव्यावहारिक है, भावुक है, तर्कविरुद्ध है। तोमेक के पास माँ

के तर्कों का कोई माक़ूल जवाब नहीं है, केवल एक तीव्र मानवीय संवेदना का नैतिक आवेग है, जिसके बल पर वह जूलिया की मदद का अन्तिम निर्णय लेता है। एक प्रश्न उठता है, पाश्चात्य जीवनमूल्य तर्क पर जितना भरोसा रखकर चलते हैं, कहीं ज़ानुसी की फ़िल्म उस भरोसे पर एक प्रश्नचिह्न तो नहीं लगाती? कहीं ऐसा तो नहीं कि मानवीय मूल्यों का स्रोत भावनात्मकता से बौद्धिकता की ओर ज़्यादा खिसक गया हो? तोमेक के व्यवहार के पीछे प्रेम के बजाय एक दृढ़ मानवीय करुणा को प्रमुख रखकर ज़ानुसी शायद मानव-सम्बन्धों के ज़्यादा बड़े आधार की ओर संकेत करते हैं।

**पोलिश फ़िल्मकार क्रिश्तोफ़ किश्लोव्स्की की फ़िल्म 'अ शॉर्ट फ़िल्म अबाउट लव' ( 1988 ) के एक दृश्य में ग्राजीना सपोवोव्सका**

फ़िल्म माध्यम की बुनियादी ताक़त उसकी वृत्तात्मकता में है, यानी जो है या जो हो रहा है, उसे ज्यों का त्यों बिम्ब में पकड़ सकने की क्षमता में। बिम्बों की भाषा में तथ्यों का विवरण देते हुए फ़िल्म सबसे अधिक प्रामाणिक सिद्ध होती है। कहानी या नाटक को भी फ़िल्म द्वारा प्रस्तुत किया जा सकता है, लेकिन फ़िल्म का ख़ास अपनी विधा में रचनात्मक होने का मतलब उसके कहानी या नाटक होने से भिन्न हो सकता है। 'फ़िल्मोत्सव 90' की कई ऐसी महत्त्वपूर्ण फ़िल्में ध्यान आकृष्ट करती हैं, जिनमें एक सुनियोजित प्लॉट की अपेक्षा जीवन को उसके स्वाभाविक बिखराव या परस्परता में इस तरह पेश करने की कोशिश

की थी कि हम उसे अधिक से अधिक अरंजित घनिष्ठता में महसूस कर सकें। कहानी-सी लगती हुई भी कहानी के जादू को तोड़ती हुई-सी पोलिश फ़िल्मकार क्रिश्तोफ किश्लोव्स्की की पूर्वोक्त तीनों फ़िल्में शायद इस बार की उत्कृष्टतम फ़िल्मों में से मानी जा सकती हैं। उन्होंने बाइबिल के टेन कमांडमेंट्स की ध्वनियों से जोड़ते हुए दस लघुचित्र—'डेकालॉग'—की परियोजना बनाई है। ये पहले टीवी, फिर सिनेमा के लिए विस्तृत की गई फ़िल्में हैं। प्रेम और हत्या पर बनी उपरोक्त फ़िल्में मनुष्य की दो बुनियादी प्रवृत्तियों को केन्द्र में रखकर बनाई गईं अत्यन्त सार्थक, सशक्त और विचारपूर्ण कृतियाँ हैं। विषय पुराने हैं, लेकिन पुराने विषयों पर भी कितनी ताज़गी और कलापूर्ण ढंग से सोचा जा सकता है, इसका अन्दाज़ा, फ़िल्म देखकर ही लगता है। फ़िल्म का कथानक बहुत महत्त्वपूर्ण नहीं है : चरित्रों से अत्यन्त जीवन्त सम्पर्क का अहसास शायद इन फ़िल्मों की सबसे बड़ी ख़ूबी है। अधेड़ उम्र की नायिका मैगडालीन की फ़िल्म में सशक्त उपस्थिति देर तक मन पर बनी रहती है। किशोर वय का टॉम अपनी अकेली माँ के साथ एक छोटे-से फ्लैट में रहता है और डाकख़ाने में काम करता है। अपने कमरे की खिड़की से झाँककर वह गली-पार दूसरे फ्लैट में रहती मैगडालीन के कमरे की खिड़की के पार, एक दूरबीन द्वारा, उसके निजी जीवन प्रसंगों को छिपकर देखता है। धीरे-धीरे उसके प्रति प्रबल आकर्षण अनुभव करने लगता है। कभी-कभी उसके जीवन में लुकाछिपी हस्तक्षेप भी कर डालता है—कभी केवल उसे निकट से देखने की लालसा में, तो कभी शरारत में। एक दिन मैगडालीन पर जब यह भेद खुलता है, तो पहले तो वह एक विक्षुब्ध बेचैनी महसूस करती है, फिर टॉम के प्रति सहानुभूति। शायद उसके किशोर मनोविज्ञान को लेकर वह एक चुहल-भरा कौतुहल भी महसूस करती है। उसे अपने कमरे में ले जाकर सेक्स के बारे में उसकी उत्सुकता को शान्त करना चाहती है। उत्कंठा और घबराहट में टॉम को लगता है कि वह असफल रहा। ग्लानि उसके मानसिक सन्तुलन को इस हद तक बिगाड़ देती है कि वह आत्महत्या की कोशिश करता है। मैगडालीन भीषण अपराधबोध से विचलित हो उठती है कि एक संवेदनशील किशोर-मन की आन्तरिक समस्याओं को समझने में उससे अनायास इतनी बड़ी भूल हुई। टॉम का जीवन बच जाता है, पर उसकी माँ नहीं चाहती कि मैगडालीन फिर उससे मिले। फ़िल्म का सबसे मार्मिक दृश्य वह है, जब मैगडालीन टॉम के कमरे में उसकी दूरबीन से अपने कमरे में अपने आपको टॉम की निगाहों और संवेदना से देखती है। मैगडालीन की अप्रत्याशित रूप से उदार और मानवीय प्रतिक्रियाओं में किश्लोव्स्की ने कामुकता से क्रमशः एक प्रौढ़तर ममत्व की दिशा में जो बारीक़ सन्तरण दिखाया है, उसकी कोमलता और विश्वसनीयता सचमुच सराहनीय है। निस्सन्देह, मैगडालीन की भूमिका को ग्राज़ीना शापोतोव्स्का के अभिनय ने पूरी गहराई और

आत्मविश्वास से चित्रित किया है। सेक्स से सम्बन्धित इतने नाज़ुक प्रसंग को भी इतनी शालीनता से चित्रित किया जा सकता है, यह देखकर सुखद आश्चर्य हुआ।

'हत्या के बारे में फ़िल्म' हत्या-मात्र के प्रति एक विचित्र जुगुप्सा जगाती है। वह हत्या चाहे किसी सिरफिरे हत्यारे द्वारा पूरी तैयारी से की गई हो, चाहे राज्य द्वारा दंड-स्वरूप उतनी ही भयानक तैयारी के बाद। हिंसा और प्रतिहिंसा के प्रति एक ही प्रकार की मानसिकता को रेखांकित करती हुई यह फ़िल्म मृत्यदंड के विरुद्ध कोई साफ़ तर्क न रखते हुए भी हत्या के 'उपकरणों' और 'साधनों' को कुछ इस तरह इस्तेमाल करती है—(मसलन पहले उस रस्सी को, जिससे हत्यारा एक टैक्सी-चालक की गला घोंटकर हत्या करता है, फिर उस रस्सी को जिस पर लटकाकर हत्यारे को फाँसी दी जाती है) कि अपराधी और दंड देने वाली मनोवृत्तियों के बीच बहुत कम फ़ासला रह जाता है। हत्या के लिए दोनों ही अपने-अपने औज़ारों को जिस हृदयहीन कुशलता से जाँचते-परखते हैं, उसकी विडम्बना सचमुच दहला देने वाली है। हत्या के लिए तर्क चाहे एक हत्यारे के प्रतिशोध की भावना में हो, चाहे क़ानून में, कहीं न कहीं हिंसा की उस आदिम प्रवृत्ति की याद दिलाते हैं, जिसके लिए जायज़ कारण ढूँढ़ लेने में आदमी को देर नहीं लगती।

किश्लोव्स्की की ही 'ब्लाइंड चांस' उपरोक्त दोनों फ़िल्मों से बिल्कुल अलग तरह की फ़िल्म है। डॉक्टरी पढ़ रहे विटाक ड्यूगोश के जीवन में तीन मौक़े आते हैं, जब वह अपने जीवन को एक निर्णायक मोड़ दे सकता है। छूटती ट्रेन पकड़ने की तीन नाकाम कोशिशों से उसके तीन जीवन-प्रसंग जुड़े हैं। जिन जीवनों को पकड़ पाने में वह बार-बार असफल रहता है, और जो जीवन उसे बार-बार पकड़ लेता है (अस्पताल में घिसटते शव की तरह जिसका बिम्ब लौट-लौटकर विटाक की मानसिक अवस्था को प्रतिबिंबित करता लगता है) उनके बीच मनुष्य की आकांक्षाओं और जीवन-यथार्थ पर विचारोत्तेजक टिप्पणी प्रस्तुत की गई है।

अन्य फ़िल्में, जिनमें विषय या कथ्य को ही प्रधानता दी गई है—एड्स रोग से सम्बन्धित वेरा हितिलोवा (Věra Chytilová, 1929-2014) की चेक फ़िल्म 'टेंटेड हॉर्सप्ले' (कुत्सित खिलवाड़, 1988) तथा शोही इमामुरा की 1989 में आई जापानी फ़िल्म 'ब्लैक रेन' (हिरोशिमा पर गिराए गए बम की विभीषिका से सम्बन्धित) विशेष रूप से उल्लेखनीय हैं। एड्स इस समय दुनिया में बहुचर्चित और घातक यौनरोग है। फ़िल्म इस रोग की पूरी भयानकता को एक अत्यन्त मानवीय कोण से सम्प्रेषित करती है।

जिस फ़िल्म ने मुझे विषय और तकनीक दोनों दृष्टि से काफी प्रभावित किया, वह थी अमेरिकी निर्देशक गॉडफ्रे रेग्गिओ की 'पोवाक्कात्सी'। यह होपी

भाषा से लिया गया एक संयुक्त शब्द है—पोवाक् का अर्थ है मायावी या जादूगर (कुछ-कुछ राक्षसी अर्थ में) तथा कात्सी का अर्थ है जीवन : भावार्थ है, एक ऐसी जीवनपद्धति जो दूसरों के जीवन की शोषक हो। यह एक शब्दरहित फ़िल्म है। केवल बिम्बों और संगीत के कुशल संयोजन द्वारा एक भाषा की रचना की गई है। प्रयोग यद्यपि एकदम निराला नहीं, लेकिन इस भाषा द्वारा रेग्गियो ने पृथ्वी पर रहने वाले प्राणियों तथा प्राकृतिक सम्पदा के तेज़ी से नष्ट होते जा रहे भंडार को लेकर जो चिन्ता और चिन्तन व्यक्त किया है, वह कई स्तरों पर हमें सोचने के लिए बाध्य करता है। रेग्गियो ने बिम्बों की सामान्य गति और लय न रखकर उन्हें पूरी फ़िल्म में धीमी लय में बाँधा है, मानो सांकेतिक तौर पर कह रहे हों कि इन दृश्यों पर धीरता से विचार कीजिए।

फ़िल्मोत्सव के दौरान रेग्गियो से परिचय और बातचीत का एक दिलचस्प अवसर मिला। दरअसल, कात्सी (जीवन) में उन्होंने तीन फ़िल्मों की योजना बना डाली है। 'कोयानिस-कात्सी' यानी असन्तुलित जीवन, 1983 में बन चुकी है। बिम्बों का विलंबित लय में संयोजन तथा उसके साथ फिलिप ग्लास के अत्यन्त कुशल संगीत की संगत, इस फ़िल्म में ही अपना प्रभावशाली मुहावरा बना चुकी थी। इसी मुहावरे को रेग्गियो ने अपनी नई फ़िल्म 'पोवाकात्सी' (1987) में दुहराया है, तथा इसी शैली में अपनी अगली फ़िल्म 'नाकोय-कात्सी' (प्रकृति की मृत्यु) फ़िल्म बना रहे हैं। नाकोय का शाब्दिक अर्थ है युद्ध यानी युद्ध का जीवन, जिसमें मनुष्य और प्रकृति के विनाश के बीज छिपे हैं। यह कात्सी शृंखला की तीसरी फ़िल्म होगी। इस तीसरी फ़िल्म का आलेख रेग्गियो अपने साथ लाए थे, जिस पर मेरी उनसे काफी बातचीत हुई। 'पोवाकात्सी' तथा इस आलेख को ध्यान में रखते हुए यहाँ रेग्गियो के चिन्तन पर एक दृष्टि डालना चाहूँगा। मनुष्य और मनुष्य, तथा मनुष्य और प्रकृति के बीच बनते-बिगड़ते सम्बन्धों को वे एक व्यापक परिवेश में रखकर सोचना चाहते हैं। 'पोवाकात्सी' का फ़िल्मांकन ब्राज़ील, इजिप्त, केन्या, पेरू, भारत, हांगकांग, इज़राइल, फ्रांस, नेपाल तथा बर्लिन-जर्मनी में किया गया है। देशों के इस कोलाज की ही तरह बिम्बों का कोलाज भी सन्दर्भगर्भित है। भारत से रेग्गियो काफी अरसे से जुड़े रहे हैं तथा गांधी को इस युग के महानतम विचारकों में से मानते हैं। (भारतीय दृश्यों के फ़िल्मांकन में श्याम बेनेगल के प्रति आभार मानते हैं।) 'पोवाकात्सी' को देखना मंत्रमुग्ध कर देने वाला, लगभग आध्यात्मिक क़िस्म का अनुभव था। प्रत्येक बिम्ब मानो हमसे संवाद के लिए उत्सुक एक वक्तव्य हो। मनुष्य की जीवन-पद्धति में व्याप्त युद्ध, आक्रामकता और हिंसावृत्तियों को वे आत्मघाती मानते हैं। पुराने समयों में जब मनुष्य के हाथों में सीमित ताक़तें थीं, ये प्रवृत्तियाँ फिर भी इतनी विनाशक नहीं हो सकी थीं, जितनी आज हो सकती हैं, जब विज्ञान और टेक्नोलॉजी के विकल्प

के रूप में उनके दिमाग़ में किस प्रकार की जीवनपद्धति की बात आती है, उन्होंने एक सन्त की-सी सहजता से कहा, 'शायद किसी प्रकार के हस्तनिर्मित जीवन (हैंडमेड लाइफ) के चित्र उभरते हैं।' उन्हें सन्देह है कि विज्ञान और टेक्नोलॉजी ने हमारी पृथ्वी और उस पर बसे जीवन को अधिक सुरक्षित बनाया है : शायद इसका उल्टा ज़्यादा सही है। एक दूसरे के प्रति व्यक्तिगत तथा सामूहिक जिम्मेदारी को रेग्गियो प्राथमिक महत्त्व देते हैं और इसी सन्दर्भ में आधुनिकता की उपासना को एक अंधी सनक मानते हैं। उनका आग्रह है कि दुनिया को नई तरह परिकल्पित करो, उसे एक विनम्र और सादा स्वप्न दो, अन्यथा तकनीक का दैत्याकार फैलाव उसे खा जाएगा : कोई दूसरा नाम दो प्रगति को, जिसका प्रमुख आशय हो दूसरों के साथ सौहार्द्रपूर्ण ढंग से जीना। आज़ादी का यह अर्थ नहीं कि हमें किसी भी तरह जीने की छूट है, न प्रजातंत्र हमें उस तरह की आज़ादी ही देता है। सही आज़ादी के लिए हमें संघर्ष करना होगा और उसे सब के हित में सही तरह परिभाषित और परिकल्पित करना होगा। मनुष्य की आज़ादी को वह एक सही 'नैतिक चुनाव कर सकने के विवेक' में देखते हैं। तकनीक के महाकाय जादू ने मनुष्य की बुद्धि को चकरा दिया है। वह पूरे संसार को ही एक उपभोक्ता माल में तब्दील कर देना चाहता है। हम अपने ही रचे एक कृत्रिम मायाजाल में कुछ इस तरह फँस गए हैं कि हमारा यथार्थबोध एक आक्रामक और हिंसक जीवनपद्धति का ग़ुलाम होता जा रहा है। यह जीवन-पद्धति हमारी मित्र नहीं, शत्रु है। रेग्गियो के चिन्तन में हो सकता है, हमें किंचित सरलीकरण की प्रवृत्ति नज़र आए। वर्तमान से असन्तोष स्वाभाविक है : वापस लौटने की इच्छा अगर अपलायनवादी है, तो भविष्य की कल्पना का आधार किसी प्राक्-आधुनिक जीवन-पद्धति में खोजना भी कम निर्हेतुक नहीं। दूसरे, तकनीकी विकास : मनुष्य की आक्रामक प्रवृत्तियों के साथ मोटे तौर पर जोड़ना मुझे ठीक नहीं लगता। मनुष्य की जिन आक्रामक और हिंसक वृत्तियों पर नियंत्रण ज़रूरी है, उसका निदान तकनीक पर नियंत्रण में नहीं है। सम्भवतः उनके इस यक़ीन में ज़्यादा दम है कि सही नैतिक विवेक सही जीवन-विवेक भी है, और इसीलिए मनुष्य को भौतिक जीवन की अन्धाधुंध समृद्धि से पहले अपने आत्मिक जीवन की समृद्धि की बात सोचनी चाहिए। उनका कहना था कि ऐसा लगता है, बड़े-बड़े व्यवस्था तंत्रों के जंगल में मानवता के अर्थ खोते चले जा रहे हैं : सचाई को नाम देने के लिए शब्द और भाषा जूझ रहे हैं। मैंने अपनी फ़िल्म में एक अनुभव देना चाहा है—संगीत और बिम्बों को इस तरह सम्पादित किया है कि दोनों एक-दूसरे में घुल-मिलकर शब्दरहित ध्वनि-रूपक बनाते हैं, जो पूर्णतः अनुभवगत है। उनका कहना है, 'इस अनुभव को दर्शक देखने से ज़्यादा सोखता है।' 1983 में जब 'कोयानानिस-कात्सी' अमेरिका और अन्य देशों में दिखाई

गई, तो उसकी शैली का व्यापक प्रभाव पड़ा—कई फ़िल्मों पर, और संगीत पर बनी अनेक वीडियो फ़िल्मों पर। ख़ासतौर पर 'कात्सी' शृंखला की फ़िल्में यद्यपि महान फ़िल्मों की कोटि में नहीं रखी जा सकतीं, पर उनके पीछे जो चिन्तन है, आज उसका विश्वव्यापी महत्त्व है—एक समस्या के रूप में भी, और आक्रामकता तथा हिंसा जैसी प्रवृत्तियों पर जो सोच-विचार कोनराड लॉरेंज़ और आरद्रे आदि ने पशुविज्ञान (ईथॉलजी) के क्षेत्र में किया है, उसके सन्दर्भ में भी, लेकिन गांधी के मानवतावाद की ओर रेग्गियो के झुकाव का मतलब अगर आधुनिक तकनीकी उपलब्धियों का सरासर नकार नहीं है, तो उनकी फ़िल्म दोनों के समन्वय का एक सुन्दर उदाहरण है।

# भारत का अन्तर्राष्ट्रीय फ़िल्म समारोह, 1992[1]

भारत का 23 वाँ अन्तर्राष्ट्रीय फ़िल्म समारोह वर्ष 1992, बैंगलोर में 10–20 जनवरी के बीच सम्पन्न हुआ। इतने कम समय में विभिन्न देशों की इतनी जीवन्त और संवेदनशील झांकी शायद किसी अन्य माध्यम द्वारा सम्भव नहीं है। टीवी और वीडियो की बढ़ती हुई लोकप्रियता के बावजूद मैं नहीं समझता कि वे कभी भी बड़े परदे का विकल्प बन सकेंगे। सम्प्रेषण की जब भी कोई नई तकनीक विकसित होती है, तो एक बार यह ज़रूर लगता है कि उसने पिछले सब को विस्थापित कर दिया। पर शीघ्र ही नए माध्यम की अपनी ऐस्थेटिक्स और भाषा के विकास के साथ–साथ पुरानों के साथ उसके नए समीकरण बनने लगते हैं। एक तरह से देखें, तो नाटक सिनेमा और टीवी के बीच भी विनिमयात्मक और समन्वयात्मक सम्बन्ध बनते हैं, वैकल्पिक नहीं। श्रेष्ठ विश्व सिनेमा की जो बानगी इस समारोह में देखने को मिली, उसने एक बार फिर सिनेमा के भविष्य में आस्था को दृढ़ किया।

पिछले कुछ वर्षों में महिला फ़िल्मकारों ने विश्व सिनेमा में अपनी एक ख़ास जगह बनाई है। विदेशी खंड में इस बार कनाडा की अत्यन्त सम्मानित महिला फ़िल्मकार ऐन व्हीलर (1946) की कई फ़िल्में दिखाई गईं। स्त्री–जीवन के विभिन्न पक्षों पर आधारित व्हीलर की फ़िल्मों ने अन्तर्राष्ट्रीय ख्याति पाई है। अकेली स्त्री, अधेड़ या ढलती उम्र की स्त्रियों की समस्याएँ, कनाडा में बसे विदेशियों की जातीय और अन्तर्सांस्कृतिक मुश्किलों, तथा पारिवारिक और सामाजिक सन्दर्भों में स्त्री के संघर्षों का एक व्यापक फलक व्हीलर के सिनेमा में उभरता है। उनकी फ़िल्मों में जहाँ एक ओर सामाजिक और मनोवैज्ञानिक अध्ययनों की सूक्ष्म जानकारी रहती है, वहीं उनके निजी अनुभवों की सहानुभूतिपूर्ण प्रामाणिकता भी। जैसा उन्होंने स्वयं बताया, समारोह में दिखाई जाने वाली उनकी एक फ़िल्म 'बाय बाय ब्लूज़' (1989) उनकी माँ के अनुभवों पर आधारित है। व्हीलर की अन्य दो फ़िल्में 'लॉयल्टीज़' (1986) और 'ऐंजल स्क्वायर' (1990) भी दिखाई गईं।

---

1. फेमिना, अप्रैल, 1992

भारतीय मूल की दीपा मेहता (जन्म 1950, जो आजकल कनाडा में फ़िल्में बना रही हैं) की 'सैम एंड मी' (1991) भी इस समारोह की चर्चित फ़िल्मों में से रही। फ़िल्म कनाडा में बसे भारतीयों की ज़िन्दगी पर आधारित है। प्रवासी भारतीयों की ज़िन्दगी पर केन्द्रित अनेक उपन्यास व फ़िल्में पिछले कुछ वर्षों में आए हैं। अन्तर्सांस्कृतिक अध्ययनों के रूप में अवश्य इनका एक समाजशास्त्रीय महत्त्व है, पर इस विषय पर कोई बहुत महान साहित्यिक या फ़िल्मी कृति सामने आई हो, ऐसा नहीं लगता। सलमान रुश्दी या विक्रम सेठ के उपन्यासों को पढ़ते हुए भी यही लगता है कि उनमें दो भिन्न दुनियाओं के बीच एक रोचक आवाजाही तो है, पर गहरी जड़ें और लगाव शायद कहीं भी परिलक्षित नहीं होता। ऐन व्हीलर की फ़िल्में इस माने में अलग हैं कि व्हीलर स्वयं एक कैनेडियन की दृष्टि से कनाडा में बाहर से आकर बस गए लोगों की समस्याओं को संवेदनशील ढंग से देखती हैं—उनकी 'लॉयल्टीज़' फ़िल्म उसका एक अच्छा उदाहरण थी।

इसी समारोह में स्वीडन की भी पाँच फ़िल्में दिखाई गईं, जो आठवें दशक में स्वीडन की स्त्रियों के जीवन पर केन्द्रित थीं। स्वीडन में स्त्रियों का पारिवारिक और सामाजिक जीवन आर्थिक दृष्टि से अधिक आत्मनिर्भर और मुक्त है, लेकिन स्वतंत्रता का अर्थ अपने तथा दूसरों के प्रति एक नई तरह की ज़िम्मेदारी भी है। एक मुक्त और समृद्ध समाज में भी अपने लिए जगह बनाने की कोशिश स्त्री के लिए कई तरह की समस्याएँ पेश कर सकती है। ऐसे उन्नत समाजों में जहाँ स्त्री शैक्षिक और आर्थिक दृष्टि से पुरुषों पर निर्भर नहीं है, वहाँ मानवीय रिश्ते बराबरी और सहयोग के अधिक न्यायसंगत आधारों को खोजते हैं। फिर भी प्रेम, सेक्स, विवाह, परिवार आदि की समस्याओं से जूझती स्त्री के संघर्षों में कहीं न कहीं हम उसके मनोविज्ञान की इस बुनियादी पहचान को ही सक्रिय पाते हैं, जिसकी गहरी जड़ें उसके मातृत्व तथा एक सुरक्षित घर से जुड़ी हैं। सूज़न ऊस्तेन (Suzanne Osten, 1944) की फ़िल्म 'अवर लाइफ इज़ नाउ' (वैकल्पिक अंग्रेज़ी शीर्षक 'मम्मा', 1982) में गेर्ड एक फ़िल्म समीक्षक है और उसका पति डेविड एक चित्रकार। अपने काम के सिलसिले में गेर्ड फ्रांस जाती है, जहाँ उसका एक फ्रांसीसी, पिएर (जो बाद में फौज में चला जाता है) से प्रेम हो जाता है, पर यह प्रेम बहुत दिन नहीं चलता। शीघ्र ही डेविड से भी वह अलग हो जाती है। अपनी बच्ची के साथ अकेले रहते हुए, साथ ही एक फ़िल्म पूरी करने की चिन्ताएँ अन्ततः उसे तोड़ देती हैं। वह पिएर की खोज-ख़बर लेना चाहती है, असफल रहती है, लेकिन हार नहीं मानती। दूसरी शादी, दूसरा बच्चा, शायद इससे कोई दूसरा रास्ता निकले।

इस फ़िल्म या गुन्नेल लिंडब्लोम (1931) की 'समर नाइट्स ऑन द प्लैनेट अर्थ' (1986) के बरक्स बो वाइडरबर्ग (1930-1997) की 'द सर्पेंट्स वे'

(1986) अथवा लेन्नार्त ह्यूस्ट्रॉम (Lennart Hjulström, 1938) की 'अ हिल ऑन द डार्क साइड ऑफ़ द मून' (1983) में हमें 19वीं सदी के स्वीडन में स्त्री के जीवन की एक झलक मिलती है। इन बाद वाली दोनों ही फ़िल्मों में 19वीं सदी के स्वीडन में पुरुषों की दुनिया पर आश्रित स्त्री की छवि उभरती है। समग्रता में देखें, तो 20वीं सदी के अन्त तक स्वीडिश समाज में स्त्री की बदलती स्थिति और मानसिकता का एक मोटा ख़ाका इन फ़िल्मों के अध्ययन से संकेतित होता है।

भारतीय परिवारों में स्त्री की जगह को लेकर यहाँ दो नई बांग्ला फ़िल्मों का उल्लेख भी प्रासंगिक होगा—सत्यजित राय की 'आगंतुक' और मृणाल सेन की 'महापृथ्वी'। 1991 में आई दोनों ही फ़िल्मों में कलकत्ता के दो सम्भ्रान्त मध्यवर्गीय परिवारों का जीवन केन्द्रीय है। 'आगंतुक' की कहानी का प्रारूप एक परिचित-सी कथावस्तु का अनुसरण करता है। 35 वर्षों तक विदेशों में अलग भटकने के बाद एक दिन अचानक मनमोहन (उत्पल दत्त) ऑस्ट्रेलिया जाते हुए रास्ते में एक सप्ताह के लिए कलकत्ते में अपनी भतीजी अनिला (ममता शंकर) तथा उसके पति सुधीन्द्र के साथ ठहरता है। पति शुरू से ही इस 'मान न मान, मैं तेरा मेहमान' के प्रति शंकालु है, और यही प्रतिक्रिया उसके मित्रों की भी है। अनिला के व्यवहार में द्विविधा ज़रूर है, पर अतिथि के प्रति पारम्परिक सौहार्द्र का भाव भी। उनका एकमात्र पुत्र अपने इस नए दादा के प्रति सहज आकर्षण अनुभव करता है। कुल मिलाकर इस छोटे-से परिवार का जीवन एक अजीब-सी खलबली और उत्कंठा से भर उठता है, जो उन मित्रों के माध्यम से अतिथि पर एक दिन कुछ इतनी फूहड़ तरह से प्रकट होता है कि मनमोहन आत्मग्लानि से भरकर उसी रात बिना किसी से कुछ कहे, घर छोड़कर चला जाता है। परिवार वाले अपनी ग़लती और अशिष्टता को महसूस करते हैं, और बड़ी मुश्किल से पुनः मनमोहन को दूर कहीं संथालों के बीच खोज पाते हैं। स्नेह और अपनत्व का नया सम्बन्ध दृढ़ होता है। अन्त में मनमोहन परिवार से विदा लेते हैं। अनिला और सुधीन्द्र को उनके जाने के बाद पता चलता है कि वे अपनी सम्पत्ति का एक बड़ा हिस्सा अनिला को दे गए हैं।

लम्बे भटकाव के बाद घर लौटने वाले घुमन्तू नायकों की कथा-साहित्य में एक लम्बी परम्परा है। 'आगंतुक' में इसी प्राचीन रूपक का सरलीकृत इस्तेमाल है। कथानक में पेचीदगी नहीं है। निर्देशक का मूल आग्रह मनमोहन की बातचीत के वे अनेक अंश हैं, जिनमें पाश्चात्य आधुनिकता के प्रति उनका असन्तोष प्रकट होता है। घर-वापसी के प्रतीक से अगर किसी प्रकार की पारम्परिक जीवन-पद्धति या जीवन-मूल्यों की ओर लौटना माना जाए, तो इस संकेत की पुष्टि मनमोहन के संथालों के बीच चले जाने से भी होती है। लेकिन यह भी एक तरह का पलायन

ही है। मुख्य बात, मनमोहन के स्वभाव में ही वह बेचैनी और उखड़ापन है, जो जीवन के साथ सहज समझौता नहीं कर पाता। उसकी बेलाग टिप्पणियाँ आधुनिक जीवन की अनेक विसंगतियों की तटस्थ आलोचनाएँ हैं, जिनमें मानवीय मूल्यों की रक्षा की चिन्ता है—वे बुनियादी मूल्य, जिन्हें वह शायद अनिला के संस्कारों और चरित्र में या उसके बच्चे में सहज ही देख पाता है।

मृणाल सेन की 'महापृथ्वी' में भी छह वर्षों बाद सोमू (विक्टर बैनर्जी) पूर्वी जर्मनी से अपने घर लौटता है। चार दिनों पहले ही पश्चिमी और पूर्वी जर्मनी एक हो चुके हैं। योरप में मार्क्सवाद ढहने की कगार पर है। घर लौटने पर सोमू को पता चलता है कि चार दिन पहले ही उसकी माँ ने आत्महत्या कर ली है। बुरी तरह विचलित, वह कारण जानना चाहता है—पिता (सौमित्र चटर्जी) से, भाई अनी (अंजन दत्ता) से, अपने छोटे भाई बुल्लू की विधवा (अपर्णा सेन) से, लेकिन सबसे अधिक स्वयं अपने से कि ऐसा क्यों हुआ? कौन इसके लिए ज़िम्मेदार है? नक्सलवादी बुल्लू की पुलिस की गोली से हुई मृत्यु को लेकर माँ का सन्ताप और पिता से शिकायत कि उसने बुल्लू को असुरक्षित घर से बाहर क्यों जाने दिया? पर उसे कहीं भी सन्तोषजनक उत्तर नहीं मिलता। उत्तर शायद माँ की यत्न से लिखी उस डायरी में हो, जिसे पढ़ने का साहस परिवार का कोई भी सदस्य नहीं जुटा पाता और जिसे एक दिन बहन जलाकर राख कर देती है। इसी बीच दुनिया में बहुत कुछ घटित हो चुका है। दो जर्मनी एक हो चुके हैं। मार्क्सवाद की नींवें हिल चुकी हैं। सोमू के परिवार की ही तरह और न जाने कितने परिवारों का बलिदान व्यर्थ हो गया? कौन ज़िम्मेदार है इन सब के लिए? प्रश्न अनुत्तरित रह जाता है—या शायद सोमू की ही तरह फ़िल्म भी इस प्रश्न का सामना करने से कतरा जाती है। निर्देशक इस प्रश्न को केवल एक व्यक्ति या परिवार ही नहीं, पूरी पृथ्वी के सन्दर्भ में उठाना चाहता है—पर इसके लिए इस फ़िल्म का ढाँचा बहुत हल्का पड़ता है। मार्क्सवाद को लेकर मृणाल सेन की इधर की फ़िल्मों में जो एक मोहभंग व्यक्त हो रहा था, 'महापृथ्वी' उसमें ही एक कड़ी और जोड़ती है। 'आगंतुक' और 'महापृथ्वी' बंगाल के दो विश्वप्रसिद्ध फ़िल्मकारों की नवीनतम कृतियाँ हैं। दुनिया आज अनेक जटिल और चुनौती-भरे परिवर्तनों से गुज़र रही है, जिनका एक फीका अहसास-भर ही ये फ़िल्में करा पाती हैं। विश्व स्तर के फ़िल्मकारों से हम औसत से ज़्यादा गम्भीर रचनाओं की उम्मीद करते हैं।

क्रिश्तोफ ज़ानुसी की नई फ़िल्म 'व्हेअरएवर यू आर, इफ यू आर' (1988) भी एक अच्छी फ़िल्म थी, पर ज़ानुसी जैसे फ़िल्मकार से एक बेहतर फ़िल्म की उम्मीद थी। एक विक्षिप्त स्त्री का मार्मिक चित्रण इस फ़िल्म में हुआ है, लेकिन वैज्ञानिक या डॉक्टरी दृष्टिकोण से नहीं। एक वैज्ञानिक होने के बावजूद ज़ानुसी आत्मिक सन्तुलन और मनुष्य के आध्यात्मिक स्वभाव को महत्त्व देते हैं। इस

माने में ज़ानुसी को यह कहने में कोई हिचक नहीं कि योरप की आध्यात्मिक जड़ें भारत में हैं। अपनी पहचान को वे केवल पोलैंड या योरप से न जोड़कर उसके विश्वव्यापी मानवीय सन्दर्भ पर ज़ोर देते हैं। इस फ़िल्म द्वारा वे अपने इस मन्तव्य को सम्प्रेषित करना चाहते हैं कि जीवन हर हालत में—रुग्णावस्था में भी सम्माननीय है। एक प्रश्न के उत्तर में मार्क्सवाद पर अपने विचार व्यक्त करते हुए ज़ानुसी ने कहा कि पूर्वी योरोप में नई पीढ़ी के मन में भीषण क्षोभ और रोष है कि वैचारिक हठ के पीछे इतने लोगों का जीवन नष्ट कर दिया गया, और यह बात भी उठ रही है कि इसके लिए जो लोग ज़िम्मेदार हैं, उन पर सार्वजनिक मुक़दमा चलाया जाए।

एक सफल फीचर फ़िल्म का कथानक के साथ-साथ वृत्तात्मक पक्ष सबल होना उसकी प्रामाणिकता को स्थापित करने में विशेष महत्त्व रखता है, तथा कथानक को अतिरिक्त गहराई देने में सहायक होता है। भारतीय फ़िल्मों में स्थानीयता या वातावरण को बिलकुल सजावटी ढंग से रख दिया जाता है—उनका कोई चारित्रिक महत्त्व नहीं उभरता। पर इटली के सुविख्यात फ़िल्मकार फ्रांचेस्को रोसी (1922–2015), जिनकी ग्यारह फ़िल्मों का प्रदर्शन इस समारोह का एक विशेष आकर्षण था, की फ़िल्मों को देखना इस तथ्य को नए सिरे से ग्रहण करना था कि स्थान और समय को कितने जीवन्त तरीक़े से चित्रित किया जा सकता है। उनकी एक फ़िल्म 'क्रॉनिकल ऑफ़ अ डेथ फोरटोल्ड' (1987) जो गाबरीयल गार्सीया मारकेस के इसी नाम के प्रसिद्ध उपन्यास पर आधारित है, पर कुछ विचार करना चाहूँगा। जहाँ हम फ़िल्म की असली ताक़त को महसूस करते हैं, वह है स्थान और वातावरण के साथ चरित्रों की पक्की पहचान स्थापित कर सकने की वृत्तात्मक क्षमता—जो शायद किसी भी मायने में मारकेस के उपन्यास से कमज़ोर नहीं ठहरती, लेकिन मारकेस के उपन्यास और रोसी की फ़िल्म से निकलने वाले मुख्य निष्कर्ष में मुझे एक बुनियादी फ़र्क़ लगता है। उपन्यास में वाइकेरियो बन्धुओं द्वारा बिगड़ी आदतों वाले सांत्यागो की दिनदहाड़े हत्या पर मुख्य दबाव पड़ता है। हत्या के पीछे बदले की भावना है, क्योंकि सांत्यागो ने उनकी बहन ऐंजेला का शीलहरण किया था, जिसके कारण नवविवाहिता ऐंजेला का पति विवाह की पहली ही रात उसे त्याग कर चला जाता है। दुख से कातर ऐंजेला उसे सत्रह वर्षों तक पत्र लिखती रहती है, जिनका वह कोई उत्तर नहीं देता। एक दिन वह अचानक लौटता है और पत्नी को स्वीकार करता है। यह अन्त तक किंचित सन्दिग्ध रहता है कि सांत्यागो सचमुच अपराधी था भी या केवल एक शक पर उसकी हत्या हुई। अफ़वाहें, पति का ईर्ष्यालु और अहंकारी स्वभाव, वाइकेरियो बन्धुओं का अड़ियल गुस्सा तथा पूरे शहर का सुबह से ही यह जानते हुए भी कि हत्या होगी, कुछ न कर पाना, उपन्यास में विशिष्ट चरित्रों की तरह उभरते हैं।

**गाबरीयल गार्सीया मारकेस के उपन्यास पर आधारित फ्रांचेस्को रोसी की फ़िल्म 'क्रॉनिकल ऑफ़ अ डेथ फोरटोल्ड' ( 1987 ) के एक दृश्य में ओर्नेला म्यूती**

फ़िल्म इस हत्याकांड के ताने-बाने को तो बखूबी पकड़ती है, लेकिन अन्त में ऐंजेला का प्रेम और पति से सुलह का प्रसंग जिस तरह महत्त्व पा जाते हैं, लगभग फ़िल्मी ढंग से, वह मारकेस के इरादों से फ़र्क़ लगता है। मारकेस का उपन्यास प्रेम-भावना का नाटक नहीं है : वे नाटकीय के ज़्यादा गहरे आशय को मनुष्य-स्वभाव के बुनियादी आवेगों, उनके उन्मादी पैशन्स में पकड़ते हैं। मारकेस मनुष्य की उच्छृंखल कामुकता और उदात्त प्रेम के बीच सूक्ष्म फ़र्क़ करते हैं। रोसी की फ़िल्म एक प्रकार के फ़िल्मी चिन्तन के दायरे में सहज समाधान पा जाती है, जबकि मारकेस हत्या, सन्देह, अफ़वाह जैसे मनुष्य के अविवेकी पक्ष पर दबाव बनाए रखकर अधिक संयत और तर्कसम्मत जीवन-मूल्यों के पक्ष को संकेतित होने देते हैं।

समारोह का एक विशिष्ट आकर्षण फ्रांस की विश्वप्रसिद्ध सिनेमा पत्रिका 'काहिए दु सिनेमा' के चालीस वर्ष (1951-91) पूर्ण करने पर रेनुआं, ओफ्यूल्स, शाब्रोल, त्रूफ़ो, गोदार, रीवेत, रोमल, पिआला आदि निर्देशकों की उन बारह प्रसिद्ध फ़िल्मों का प्रदर्शन था, जिनके साथ फ्रांस ही नहीं, पूरी दुनिया में 'न्यू वेव' का इतिहास जुड़ा है। 'न्यू वेव' के बारे में काफ़ी कुछ लिखा जाता रहा है। इस मूवमेंट से जुड़े निर्देशकों में अब भी सामर्थ्य और प्रतिभा है, इसका एक उत्कृष्ट उदाहरण इस बार दिखाई गई

ज़्हाक रीवेत (1928-2016) की बहुप्रशंसित फ़िल्म 'लाबेल न्वाज्यूज' (1991) थी, जो शायद इस बार की सर्वश्रेष्ठ फ़िल्म मानी जा सकती है। त्रूफ़ो, गोदार, रेने की अपेक्षा रीवेत की फ़िल्में जटिल होती हैं, इसीलिए शायद वह फ्रेंच नई लहर के अपेक्षाकृत कुछ कम परिचित नामों में से रहे हैं। चार घंटे लम्बी इस फ़िल्म के साथ एक संक्षिप्त कथानक देकर न्याय कर पाना असम्भव होगा, विशेषकर जब इस फ़िल्म की कई दृष्टियों से व्याख्या सम्भव है, और कोई एक दृष्टि पर्याप्त नहीं ठहरती। कलाकृति, कलाकार और उसके विषयवस्तु (या अनुभव वस्तु) के बीच जितने गम्भीर, उलझन भरे और गूढ़ सम्बन्धों को रीवेत ने सम्प्रेषित करने की कोशिश की है, वह फ़िल्म माध्यम के सामर्थ्य को लगभग एक श्रेष्ठ साहित्यिक कृति के स्तर तक विस्तृत करता है।

एक प्रसिद्ध फ्रेंच समीक्षक के अनुसार, 'सब कुछ मानो इस फ़िल्म से ही निकलता और उसी में समा जाता है।' रीवेत की फ़िल्मों का सिनेमाई वर्गीकरण हमेशा बहुत मुश्किल रहा है, और यह भी उनकी प्रतिभा के प्रति सम्मान का ही द्योतक है कि उनकी फ़िल्मों पर सोचते समय अक्सर बालज़ाक, काफ़्का, बोर्खेज़ जैसे साहित्यकारों को याद किया जाता है। 'फ़िल्म भी एक लेखकीय कृति की तरह होती है', न्यू वेव सिनेमा के इस सिद्धान्त पर भी रीवेत की फ़िल्में आश्चर्यजनक रूप से खरी उतरती हैं।

न्यू वेव से जुड़ी दूसरी नई फ़िल्म, जिसे इधर हाल की फ़िल्मों में विशेष ख्याति मिली है, ज़्हाक दालों (Jacques Doillon, 1944) की 'ल पेतीत क्रीमीनेल' (1990) विशेष रूप से उल्लेखनीय है। एक बाल अपराधी एक सुहृद पुलिस कर्मचारी और लड़के की बहन को केन्द्र में रखकर अत्यन्त मानवीय स्तर पर तीनों के बीच बनते-बिगड़ते शक्ति और सहानुभूति के बहुत ही मार्मिक सम्बन्धों का चक्र चलता है। पुलिस का शक्ति-तंत्र एक धमकी की तरह तस्वीर से बाहर ही रहता है—केवल उसके अदृश्य प्रभाव को बहुत ही कुशलता से इस्तेमाल करते हुए और बिना उसके हिंसात्मक पक्ष को कोई महत्त्व दिए। कथानक ऊपर से जितना सरल है, उसका अर्थ वैभव अन्दर से उतना ही समृद्ध और जटिल। इस तथ्य को हम नई तरह ग्रहण करते हैं कि अगर कथ्य और चिन्तन में ताकत है, तो उसे व्यवस्थित करने में कथानक की सादगी को भी एक खास तरह से इस्तेमाल किया जा सकता है। शुद्ध मनोरजंन से विशिष्ट एक ज़िम्मेदार कला के रूप में न्यू वेव सिनेमा ने अपनी जो बौद्धिक छवि बनाई है, वह इस आदर्श को ही चरितार्थ करने की कोशिश है कि उच्च कोटि की कला का काम हमारे अन्दर गहरे जीवन-बोध के साथ-साथ गहरा जीवन-विवेक भी जगाना है।

# एक ज़्यादा जटिल और मानसिक प्रदेश की फ़िल्में[1]

भारत के 24वें अन्तर्राष्ट्रीय फ़िल्म समारोह 93 में कई अच्छी फ़िल्में देखने को मिलीं, इसका सन्तोष है। कोई असाधारण फ़िल्म देखने को नहीं मिली, इसका अफ़सोस रह जाता, यदि उसकी कुछ आपूर्ति हंगरी के मिकलोश यान्चो की 'गॉड वॉक्स बैकवड्र्स' (1991) तथा इतालवी फ़िल्मकार जियान्नी अमीलियो (1945) की 'द स्टोलेन चिल्ड्रन' (1991) जैसी फ़िल्मों द्वारा न होती। लगभग इसी कोटि की, यद्यपि इनसे बिल्कुल अलग तरह की उल्लेखनीय फ़िल्म, वृत्तात्मक शैली में बनी जॉर्जी व्लासेन्स्को (1955) की रूसी फ़िल्म 'मेमरीज़ ऑफ़ द कॉकेशस' (1992) लगी, जिसमें रूसी कवि लरमान्तोव की कविता और आर्मीनिया के फ़िल्मकार सर्जी पराजनेव (1924–1990, जिन्हें यह फ़िल्म समर्पित है) के कॉकेशस का अत्यन्त सजीव और काव्यात्मक यात्रा-विवरण प्रस्तुत किया गया है। दृश्यों के संयोजन में उस समूची चेतना को अभिव्यक्ति देने की कोशिश की गई है, जो इसी प्रदेश में जन्मे और पले लरमान्तोव और पराजनेव के व्यक्तित्वों को एक नया अर्थ देती है।

'गॉड वॉक्स बैकवड्र्स' यान्चो की बिल्कुल नई फ़िल्म है। सोवियत रूस के विघटन का पूर्वी यूरोप के देशों, ख़ासकर हंगरी पर जो प्रभाव पड़ा, उसकी जनतांत्रिक सन्दर्भ में विचारपूर्ण और व्यंग्यात्मक टिप्पणियों द्वारा एक दिलचस्प तस्वीर प्रस्तुत की गई है। माहौल में अनिश्चितता तथा भविष्य के प्रति आशंका है। भय और उत्कंठा का भाव नये को लेकर भी उतना ही प्रखर है, जितना पुरानी टूटती हुई व्यवस्था को लेकर कटु है। जो यान्चो की फ़िल्म-भाषा और शैली से परिचित हैं, आसानी से पहचान सकेंगे कि उनके सुपरिचित लैंडस्केप्स और न्यूड्स इस फ़िल्म में भी मौजूद हैं, पर बिल्कुल नई तरह से। पुलिस अकादमी की भव्य इमारत जो अब उजड़कर यदि एक निर्जन लैंडस्केप की तरह लगती है, तो उसमें कई लोगों के बीच एक न्यूड की लगातार उपस्थिति एक प्राकृतिक सचाई की तरह मुखर है। जहाँ सब बोल रहे होते हैं, वहाँ वह कुछ नहीं कहती। केवल उसका उन सबके बीच

1. नवभारत टाइम्स, दिल्ली, 20 जनवरी, 1993

**मिकलोश यान्चो की फ़िल्म 'रेड साम' का एक दृश्य**

अवस्त्र होना मात्र, मानो एक सशक्त टिप्पणी है, उस मक्कारी के ख़िलाफ़, जिसे हर व्यक्ति अपनी तरह ढँके या छिपाये रखना चाहता है।

पिछली फ़िल्मों में न्यूड्स और लैंडस्केप्स के द्वारा यान्चो जिस प्रकार के पुरा-सत्य या बुनियादी सचाई की ओर हमारा ध्यान खींचते रहे हैं, इस फ़िल्म के राजनीतिक प्रसंग में उसका ख़ास महत्त्व है। तानाशाही व्यवस्था और प्रजातांत्रिक व्यवस्था दोनों से ध्यान हटाकर मानो वे हमारी चिन्ताओं के केन्द्र में मनुष्य की उन प्रवृत्तियों को रखना चाहते हैं, जिनसे सावधान रहना ज़रूरी है। प्रकृति और प्रवृत्ति के बीच यान्चो एक महत्त्वपूर्ण कड़ी बनाते हैं, जो आदमी के दृश्य और अदृश्य पक्षों को पूरी बौद्धिक सतर्कता से उद्घाटित करती है। शायद इसीलिए उनकी फ़िल्में पक्ष-विपक्ष की राजनीति न होकर उस स्तर पर हमसे बातचीत की कोशिश हैं, जहाँ हम सबसे पहले या तो मनुष्य हैं, या मनुष्य नहीं रह जाते हैं। उनकी फ़िल्म एक व्यवस्थित प्लॉट की ज़रूरत को भी लगभग उसी तरह ख़ारिज करती लगती है, जिस तरह उस व्यवस्था को जो टूट-फूट रही है। टीवी पर लगातार आती रहने वाली ख़बरों के बिम्ब और वास्तविक जीवन के बिम्बों के बीच यान्चो एक ख़ास तरह का रिश्ता बनाते हैं—मानो दोनों की प्रामाणिकता सन्दिग्ध हो। यह एक नये तरह के झूठ ही नहीं, बल्कि आतंक की भी स्थापना है, और अन्त में फ़िल्मकार तक को उस आतंक का शिकार हो जाना पड़ता है, मानो यह इस भयावह स्थिति का अपने चरम रूप में प्रकट होना है। शायद एक बिल्कुल भिन्न स्तर पर यान्चो की फ़िल्म, हमारे जीवन में प्रसार-प्रचार माध्यम की सन्दिग्ध भूमिका पर भी एक सारगर्भित टीका है।

इस सदी के योरोपीय सिनेमा पर पिछले दो महायुद्धों का भयावह अनुभव तथा कम्युनिज़म के पक्ष या विपक्ष की राजनीति किसी-न-किसी रूप में बराबर छाई रही है। सदी के अन्तिम दशक में आते-आते रूसी व्यवस्था और विश्व-प्रभाव के शिथिल होते-होते योरप, ख़ासकर पूर्वी योरप की मानसिकता में जो एक गहरा परिवर्तन आया है, यान्चो की फ़िल्म शायद उस मूड के चित्रण की एक महत्त्वपूर्ण शुरुआत है।

इतालवी फ़िल्म 'द स्टोलेन चिल्ड्रन' इस माने में सामान्य फ़िल्मों से थोड़ा हटकर है कि वह अपेक्षाकृत पारम्परिक ढंग की सिनेमाई तकनीक को अपनाती है। अमीलियो ने महान निर्देशक वित्तोरियो दे सीका (जिनकी कई फ़िल्में भारत में इस वर्ष पुनरावलोकन खंड में दिखाई जा रही हैं) के प्रभाव को स्वीकार करते हुए कहा है, 'किसी भी प्रकार की अति-बौद्धिकता से मैंने बचने की कोशिश की है और एक सहज विवरण शैली में अपनी बात कहना चाहा है। दे सीका का उदाहरण भी था ही मेरे मन में।' यह एक भिन्न प्रकार की सादगी है, जो उनकी फ़िल्मों की विशेषता है। उनकी फ़िल्मों में सचाई को उसकी शुद्धता में पकड़ सकने की अजीब ताक़त है। अमीलियो की फ़िल्म का इटली में विशेष स्वागत हुआ है, तथा कान समारोह के 1992 के स्पेशल ज्यूरी पुरस्कार से भी यह फ़िल्म सम्मानित हो चुकी है।

कथानक की सरलता, एनरीको लो वर्सो के अभिनय के संयम तथा वर्णन की आडम्बरहीनता के बीच अद्भुत सामंजस्य है, जो पूरी फ़िल्म को एक ख़ास तरह की गम्भीरता और गरिमा देता है। मीलानो के पास कहीं ग्यारह वर्ष की रोज़ेटा और उसका छोटा भाई लुचिआनो अपनी माँ के साथ रहते हैं। माँ के कारण रोज़ेटा को ज़बर्दस्ती वेश्यावृत्ति शुरू करनी पड़ती है। क्षुब्ध लुचिआनो पुलिस में ख़बर देता है, जिसके कारण माँ गिरफ़्तार हो जाती है। सरकार सेना के एक नये फ़ौजी (एनरीको ला वर्सो) को नियुक्त करती है कि वह बच्चों को रोम के निकट एक बाल-सुधारगृह में पहुँचा दे। यह यात्रा केवल इटली के बीच से ही नहीं है, एक ज़्यादा बड़े और जटिल मानसिक प्रदेश के बीच से भी है। रोम में बच्चों को स्वीकार नहीं किया जाता, क्योंकि रोज़ेटा का अतीत दूषित रहा है। फौजी एक निजी और नितान्त मानवीय निर्णय लेकर बच्चों को, और आगे दक्षिण में सिसिली के किसी सुधारगृह में ले जाने का निर्णय करता है। धीरे-धीरे उसमें बच्चों के प्रति एक अभिभावक और पिता की संवेदनाओं के साथ-साथ, बच्चों का भी उसके प्रति कोमल और भावुक होते जाना इस फ़िल्म का मूल विषय है।

आसानी से यह फ़िल्म एक जज़्बाती क़िस्म की ढीली-ढाली कहानी में फिसल सकती थी, पर अमीलियो कहीं भी विवरण के भावनामूलक प्रवाह को हमारे विवेक पर हावी नहीं होने देते। विवरण की गति को इस तरह सँभाले रहते हैं कि

वह एक उन्माद या उद्रेक में न बदल जाए। जिस तरह से बीच-बीच में गति को विश्राम या ठहराव देते हैं, वे मानो ऐसे स्थल हैं, जहाँ हम पूरी स्थिति पर विचार के लिए रुकते हों।

यह तथ्य भी महत्त्वपूर्ण है कि कथानक के पहले संस्करण में रोज़ेटा अन्त में फौजी को हताश होकर गोली मार देती है, जिसे बाद में अमीलियो ने बदल देना बेहतर समझा। इससे कहानी कहीं भी ख़त्म नहीं होती, किसी अन्तिम निर्णय पर नहीं पहुँचती—केवल अत्यन्त मानवीय और संवेदनशील ढंग से एक मुश्किल परिस्थिति का अवलोकन करती है। यह हमें भावनात्मक से अधिक वैचारिक स्तर पर उद्वेलित करता है। मानो फ़िल्म हमें कोई बना-बनाया समधान देती नहीं, हमारे विचार और संवेदनाओं को इस तरह आन्दोलित करती है कि हम इस प्रकार की विषम स्थितियों का कोई नैतिक और न्यायपूर्ण हल निकालें।

# युद्ध का छायापट[1]

किसी भी बड़े अन्तर्राष्ट्रीय फ़िल्मोत्सव में पिछले दो महायुद्धों से सम्बन्धित कुछ फ़िल्में न हों, यह असम्भव है। योरोपीय मन के लिए ही नहीं, विश्व-स्तर पर, इस सदी का शायद सबसे भयानक और कँपा देने वाला अनुभव, ये दोनों महायुद्ध रहे हैं। इन युद्धों की विभीषिका ने अपने को सभ्यता और संस्कृति में अग्रणी मानने वाले योरोपीय समुदाय के मन में अपने प्रति जिस गहरे सन्देह और प्रगति के पूरे अर्थ को लेकर ही जिस तरह के बेचैन करते रहने वाले सवालों को जन्म दिया है, उसकी अनेक झलकें योरप में लगातार बनती रहने वाली युद्ध सम्बन्धी फ़िल्मों में देखी जा सकती हैं।

विशुद्ध मानवीय स्तर पर महायुद्धों का अनुभव एक ऐसा आईना है, जिसमें हम एक ओर मनुष्य की हिंसा-भावना का सबसे स्थायी और शायद सबसे सरलीकृत रूप पाते हैं, तो दूसरी ओर ऐसी जटिल ग्रन्थियाँ भी हैं, जो उसकी स्वाभाविक आक्रामकता को सामाजिक स्तर पर अनेक तरह से प्रकट करती हैं। युद्धों का अनुभव मनुष्य जाति के लिए न केवल ऐतिहासिक है, बल्कि पौराणिक है। युद्ध-भावना के पीछे जिस सुरक्षा और असुरक्षा की मिली-जुली चेतना काम करती है, उसमें आतंक फैलाने और आतंकित होने के बीच अत्यन्त सारगर्भित अन्तर है—इन्हीं अन्तरों के बीच शायद मनुष्य ने कभी-कभी बुद्धिमत्ता और ज्ञान के सबसे मार्मिक प्रसंग भी रचे हैं। 'महाभारत' के बीच 'गीता' जिस गहरे आत्म-मंथन और आत्मान्वेषण का नतीजा है, वही शायद मनुष्य जाति के विकास का वह दूसरा समानांतर इतिहास है, जिसने उसे उसी के आतंक और बर्बरता से बचाने की कोशिश की है। युद्ध-विषयक फ़िल्मों और कलाओं को भी उसी कड़ी में एक महत्त्वपूर्ण कोशिश मानते हुए इस फ़िल्म समारोह की दो फ़िल्में मुझे ख़ासी प्रभावशाली लगीं।

जर्मन फ़िल्मकार फोकर श्लौंडार्फ की 1976 में बनी 'द फैटल ब्लो', जो मार्गरीत योर्सनर[2] के उपन्यास पर आधारित है तथा फ्रेंच फ़िल्म 'स्नो एंड फायर'

1. नवभारत टाइम्स, 31 जनवरी, 1993
2. मार्गरीत योर्सनर, Marguerite Yourcenar, 1903-1987 : बेल्जियम में जन्मी फ्रेंच लेखिका। 1951 में प्रकाशित 'मेमॉयर्स ऑफ़ हैड्रियन' को क्लासिक माना जाता है। पहली महिला जो 1980 में बहुचर्चित फ्रेंच अकादमी के 345 वर्षों के इतिहास में उसकी सदस्य के रूप में चुनी गईं।

जिसके निर्देशक हैं क्लोद पीनोतू (Claude Pinoteau, 1925–2012) और जो 1991 में बनी।

युद्ध सम्बन्धी फ़िल्मों का अगर एक मोटा वर्गीकरण करें, तो उपरोक्त दोनों फ़िल्में बौद्धिक वर्ग की विचारशील ढंग से बनी फ़िल्में मानी जाएँगी। इनसे भिन्न कोटि में हम ईरान–इराक़ युद्ध से सम्बन्धित ईरान के फ़िल्मकार शहराम असदी (1953) की 'अविनार' (1991) जैसी फ़िल्म रख सकते हैं, जो युद्ध के विरुद्ध भावनात्मक स्तर पर हमें आन्दोलित करती है। और तीसरा वर्ग शायद इस बार दिखाई गई जर्मन फ़िल्मकार हेल्मूट डाएट्ल (Helmut Dietl, 1944–2015) की 'श्टोन्क' (1992)। फ़िल्म में हास्य–व्यंग्य शैली है, जो चार्ली चैपलिन (1889–1977) की 'द ग्रेट डिक्टेटर' (1940) की परम्परा में रखी जा सकती है। ये सभी फ़िल्में युद्ध के विरुद्ध सशक्त टिप्पणियाँ प्रस्तुत करती हैं।

'द फैटल ब्लो' में मुख्य पात्र एरिक और सोफी हैं। सोफी की भूमिका में मार्गरीत फॉन ट्रोटा स्वयं एक कुशल फ़िल्मकार के रूप में भी प्रसिद्ध हैं और इस फ़िल्म का आलेख बनाने में भी सहायक रही हैं। किसी सुदूर गाँव में एक बड़े मकान में युद्ध के पक्ष–विपक्ष का जटिल घटनाचक्र चलता है, साथ ही निजी स्तर पर एरिक और सोफी के बीच प्रेम और उपेक्षा का वह उलझनों–भरा द्वन्द्व भी, जिसमें अन्ततः एरिक, सोफी को गोली मार देने के लिए मजबूर होता है। एक ओर वह सोफी के प्रति गहरा लगाव महसूस करता है, दूसरी ओर उसके असामान्य व्यवहार से विक्षुब्धता भी।

सोफी, एरिक से जिस प्रकार का एकनिष्ठ प्रेम चाहती है, उसके लिए उसे लगता है, एरिक की युद्ध–जनित मानसिकता बनी ही नहीं है। शायद दोनों ही एक–दूसरे के बारे में कुछ सही, कुछ ग़लत, धारणाओं के कारण एक त्रासद अन्त पर पहुँचते हैं।

श्लौंडार्फ की इस फ़िल्म का ताना–बाना बहुत अनूठा नहीं है। महायुद्ध के दौरान 'माताहारी' जैसी फ़िल्मों के घटनाचक्र की धुँधली–सी छाया इस फ़िल्म पर मँडराती रहती है—एक जगह फ़िल्म में माताहारी का ज़िक्र भी आता है, पर वह प्रसंग इस फ़िल्म का ज़रूरी हिस्सा नहीं है। फ़िल्म के मूल अभिप्राय को शायद एरिक और सोफी के मनोविज्ञान के उन सूक्ष्म तंतुओं में पकड़ना चाहिए, जहाँ प्रेम और युद्ध के बीच इतनी पतली विभाजक रेखा होती है कि थोड़ी–सी नासमझी भी मनुष्य को बिल्कुल नष्ट कर दे सकती है। ग्रीक त्रासद नाटकों के लिए 'ह्यूब्रीस' (या हेकड़ी/घमंड) शब्द आया है। मनुष्य की घोर अहम्मन्यता ही अन्ततः उसके विनाश का कारण बनती है। एरिक और सोफी एक–दूसरे को नहीं, उससे अधिक

शायद अपने आप को नष्ट करते हैं, क्योंकि दोनों ही एक-दूसरे को, एक-दूसरे की नहीं, अपनी-अपनी शर्तों पर पाना चाहते हैं और इस चाहने में मानो प्रेम भी एक भयानक युद्ध में बदल जाता है। प्रेम उनके बीच सम्भव नहीं हो पाता, क्योंकि दोनों के बीच उत्सर्ग और शान्ति का कोई सन्तुलन नहीं बन पाता।

क्लोद पीनोतू की 'स्नो एंड फायर' 1991 में बनी फ्रेंच फ़िल्म है। दोनों फ़िल्मों के निर्वाह में समय और देश के फ़र्क़ का स्पष्ट अन्तर देखा जा सकता है। फ़िल्म का आलेख निर्देशक ने दानिएल थॉमसन के साथ तैयार किया, जो फ़िल्म की पूरी बनावट के साथ निस्सन्देह बेहतर व्यवस्थित है। कथानक में 'फैटल ब्लो' से कई मानों में एक ऊपरी समानता है। अगस्त 1944 से मई 1945 के बीच फ्रांस युद्ध के उस विषम समय से गुज़र रहा था, जब नाज़ियों ने पेरिस की रक्षा की और आलसेस में युद्ध की निर्णायक घटनाएँ घटीं। युद्ध के प्रथम दृश्यों में गहरी सजीवता और विवरणों में सतर्कता है। इस अत्यन्त पेचीदा पृष्ठभूमि के साथ उससे भी अधिक एक गहन और जटिल प्रेमकथा को इस तरह बुन ले जाना कि दोनों स्तरों पर दो भिन्न प्रकार के संघर्षों के रेशे बिल्कुल साफ़-साफ़ उभरते चले जाएँ—शायद इस फ़िल्म के आलेख, निर्देशन और अभिनय तीनों पक्षों में पूरी तरह प्रशंसनीय है। एक ओर क्रीस्तीन के प्रति मिशेल और ज़्हाक के अत्यन्त मार्मिक प्रेम का त्रिकोण है, तो दूसरी ओर फ्रांस को बचाने के लिए तीनों का त्याग और दृढ़ संकल्प। कथानक अद्‌भुत कुशलता से दो भिन्न स्तरों पर अपनी शक्ति को बनाए रखता है तथा उतनी ही कुशलता से दोनों स्तरों के बीच आवाजाही को भी सँभालता है—एक-दूसरे की क़ीमत पर नहीं, बल्कि दोनों को दो विषम परिस्थितियों में डालकर उनकी भीतरी शक्ति को और भी उभारते हुए। यह फ़िल्म इस बार की उत्कृष्ट फ़िल्मों में अपनी ख़ास जगह रखती है।

युद्ध-सम्बन्धी अधिकांश फ़िल्मों में यह दृष्टव्य है कि उनमें युद्ध के मनोविज्ञान की अपेक्षा मनुष्य की निजी कोमल भावनाओं पर अधिक दबाव डाला गया है। वीरता, शौर्य जैसे गुणों की अपेक्षा प्रेम और त्याग जैसे गुणों का प्रमुखता पाना कहीं न कहीं उन मानवीय मूल्यों की सिफ़ारिश है, जिनके बिना हम युद्ध पर विजय नहीं प्राप्त कर सकते। शायद इस माने में हंगरी के प्रसिद्ध फ़िल्मकार इस्तवान साबो की नई फ़िल्म 'स्वीट एम्मा, डियर बोबे' जिजीविषा के अर्थ को सामूहिक आक्रामकता के ख़िलाफ़ एक बिल्कुल निजी और मानवीय प्रसंग के स्तर पर परिभाषित और स्थापित करना चाहती है। दो सहेलियाँ एम्मा और बोबे एक स्कूल में साथ पढ़ाती हैं और साथ ही एक कमरे में रहती हैं। एम्मा स्कूल के हेडमास्टर से प्रेम करती है पर वह उससे प्रेम नहीं करता। वह कुंठा अनुभव करती है, फिर भी आशा बनाए रखती है। बाद में पता चलता है कि उसकी सहेली बोबे का चरित्र सन्दिग्ध है, जिसके कारण उसे स्कूल और होस्टल में एम्मा का कमरा छोड़ना पड़ता है। बिल्कुल

निराश बोबे कमरे की खिड़की से कूदकर आत्महत्या कर लेती है। मरती हुई बोबे से एम्मा के ये बिलखते शब्द अत्यन्त मार्मिक गहराइयों को छूते हैं कि 'नहीं, बोबे नहीं, ज़िन्दगी से सामना करने का यह तरीक़ा हरगिज़ नहीं है।' एम्मा को भी स्कूल छोड़ना पड़ता है और बाद में हम एम्मा को रेलवे स्टेशन पर चिल्ला-चिल्लाकर अख़बार बेचते देखते हैं—आज की ताज़ा खबर। वह ज़िन्दगी से हार मानने को क़तई तैयार नहीं।

कहीं साबो इस सचाई को उसकी पूरी गरिमा में स्थापित करने में सफल होते हैं कि असली युद्ध शायद हमारे बाहर नहीं, हमारे अन्दर है और असली साहस का मतलब दूसरों को नीचा दिखाना नहीं, अपनी हीनभावना और आत्मदया पर विजय पाना है।

# स्त्री और आज का सिनेमा[1]

विद्यापति की सद्यःस्नाता से भारतीय फ़िल्मों की झिझकती हुई अवस्त्रा तक स्त्री-देह की यात्रा दिलचस्प है। 'माया मेमसाहब' या 'इमॉक्यूलेट कन्सेप्शन' की हिम्मत करती हुई भारतीय नायिकाओं पर अगर मुझे बिल्हण या कालिदास न याद आकर विद्यापति याद आये, तो इसका एक कारण है। संस्कृत काव्य के मांसल और खुले रति-प्रसंगों तक पहुँच पाना अभी बहुत दूर की बात है। अगर भारतीय सिनेमा उनकी ओर लौट रहा है—पश्चिम के न्यूड्स की ओर नहीं—तो शायद वह भी मध्यकाल तक ही पहुँचा है, जहाँ विद्यापति सद्यःस्नाता को देखते हैं, पर खुलकर नहीं। ढिठाई से, पर लुके-छिपे, पानी पर उसके बिम्ब को एक सुन्दर रूपक में बांधते हैं।

*चिकुर गरई जलधारा।*
*अभिमुख डरि जनु रोवई अँधियारा।*
*जहं जहं झलकत अंग। तहं तहं बिजुरि तरंग।*

स्त्री की नग्नता को लेकर जो छवियाँ इस फ़िल्म समारोह 1993 में सामने आईं, उन्होंने मन में कई तरह के सवाल उठाए। भारतीय संस्कृति अगर नग्नता को लेकर किंचित संकोची है, तो इसका कारण यह नहीं कि पाश्चात्य न्यूड्स के प्रदर्शन की कला ज़्यादा साहसिक और निडर है। साक्षात कामसूत्र को ही मंदिरों पर अंकित करने वाली हिम्मत से पाश्चात्य कला का साहस अभी भी बहुत पीछे ही है। शायद इस मांसलता से थककर ही एक, दूसरी तरह की कला का विकास हुआ, जो स्थूल से हटकर उस प्रेम की आत्मा तक पहुँचने की कोशिश थी, जो केवल देह नहीं, उससे परे भी एक सौन्दर्य है। दैहिक से आत्मिक की ओर रुझान बहुत कुछ धार्मिक कलाओं के उदय के साथ जुड़ा रहा है—भारत में भी और योरप में भी। योरोपीय कलाओं में हम स्त्री की छवि में उस अन्तर को होमर की हेलेन या अफ्रोडाइटी की मूर्ति और दान्ते की बिआट्रिस में देख सकते हैं। यह स्त्री की रोमांटिक छवि के उदय का समय था, जिसका एक रूप हम प्री-रफेलाइट (रोज़ेटी) कला में भी देखते हैं।

1. नवभारत टाइम्स, 31 जनवरी, 1993

जिन समाजों और संस्कृतियों में आज भी धार्मिक संवदेना का दबाव अधिक है—जैसे इस्लामिक समाजों में या किसी हद तक भारतीय समाज में—वहाँ स्त्री की छवि अभी भी अपने रोमांटिक संस्करण से मुक्त नहीं है। लेकिन बीसवीं सदी का योरप धार्मिक से जिस ''औद्योगिक'' और ''वैज्ञानिक'' के तरफ़ की भौतिक यात्रा है, उसने पुन: एक समय बाद स्त्री के दैहिक पक्ष को प्रधानता दी। क्लासिकल युग (प्राचीन ग्रीस और भारत) में स्त्री के दैहिक पक्ष में और इस युग के चित्रणों में एक ऊपरी समानता है। पर जहाँ क्लासिकल कलाओं में नग्नता विशुद्ध मानवीय स्तर पर व्यक्त है, बीसवीं सदी की नग्नता या न्यूड्स औद्योगिक और व्यावसायिक इरादों से जुड़ती है। आज के सिनेमा में भी स्त्री की इस मानवीय और व्यावसायिक छवियों के बीच फ़र्क़ साफ़ देखा जा सकता है।

**'बेसिक इन्स्टिंक्ट' (1992) में शेरन स्टोन**

हॉलीवुड में सक्रिय डच निर्देशक पॉल वेरहोवेन (1938) की 'बेसिक इन्स्टिंक्ट' (1992) अगर इस बार की किसी हद तक उन चर्चित फ़िल्मों में से रही है, जिसमें व्यावसायिकता के दबाव को नायिका शैरोन स्टोन की प्रस्तुति में पहचाना जा सकता है, तो शायद मिकलोश यान्चो की 'गॉड वॉक्स बैकवर्ड्स' या पॉल कॉक्स (डच-ऑस्ट्रेलियाई, 1940-2016) की 'द नन एंड द बैंडिट' (1992) दो ऐसी सुचर्चित फ़िल्में रही हैं, जिनमें न्यूड्स की अत्यन्त शालीन और मानवीय व्याख्या प्रस्तुत की गई है। पॉल कॉक्स की फ़िल्म नग्नता को लगभग एक धार्मिक प्रभामंडल देती हुई लगती है—मानो नन की नग्नता और सूली पर चढ़े क्राइस्ट की अर्धनग्न छवि के बीच अधिक अन्तर न रह जाता हो। यह आकस्मिक नहीं कि हॉलैंड में जन्मे पॉल कॉक्स की किंचित धार्मिक झुकाव रखती हुई संवेदनाएँ 'बेसिक इन्स्टिंक्ट' जैसी

फ़िल्मों को बिल्कुल बर्दाश्त न कर पाती हों : उनकी क्षुब्ध टिप्पणी कि 'पता नहीं, इस प्रकार की फ़िल्में इन समारोहों में क्यों दिखाई जाती हैं', दृष्टव्य है।

मिकलोश यान्चो न्यूड्स के एक अद्‌भुत कलाकार हैं। अपनी भाषा में उन्होंने न्यूड्स को एक बिल्कुल अलग तरह की निःशब्द भाषा की तरह इस्तेमाल किया है। पिछली फ़िल्मों में खुले सपाट मैदानों, पानी और प्राकृतिक दृश्यों के बीच हम उन न्यूड्स की एकल और सामूहिक उपस्थितियों को याद कर सकते हैं, मानो वे कभी दृश्यों को मानवीय बना रही हों, कभी स्वयं प्रकृति दृश्य का एक हिस्सा बन जाती हों। 'गॉड वॉक्स बैकवर्ड्स' में यान्चो ने उजाड़ दृश्य के लिए एक उजड़ी हुई पुलिस अकादमी को चुना है, जिसमें कई लोगों के बीच एकल न्यूड की उपस्थिति उस सचाई की तरह खुलकर दिखाई गई है, मानो वह नहीं, वे नंगे हैं जो अपनी नग्नता को किसी-न-किसी झूठ से ढँके हैं। यान्चो के गहरे मानवीय सरोकार उन्हें अत्यन्त विशिष्ट अर्थों में मानवतावाद की क्लासिकल परम्परा में रखते हैं।

स्त्री को समाज में बराबर की जगह मिले, उसका व्यावसायिक और पारिवारिक स्तर पर शोषण न हो, इस बात को लेकर एक बहुत ही ज़िम्मेदार क़िस्म के सिनेमा की ज़रूरत पर बल देते हुए हॉलीवुड के जेम्स आइवरी (1928) की 'हावर्ड्स एंड' (1992) में मार्गरेट श्लेगेल की भूमिका निभाने वाली कुशल ब्रिटिश अभिनेत्री एम्मा थॉम्पसन का कहना है, 'सिनेमा का आठवाँ दशक नैतिक दृष्टि से बिल्कुल दिवालिया था। मुनाफ़ा ही उसका प्रमुख उद्‌देश्य था, जिसका सीधा सम्बन्ध उन भूमिकाओं से रहा है, जो फ़िल्मों में स्त्री को दी जाती रहीं। महँगी फ़िल्मों के अपने अलग नुस्ख़े होते हैं। स्त्री का मतलब या तो भली और भोली-भाली गृहिणी या फिर पुरुषों को लुभाने वाली चंचला। हमें नये लेखकों की ज़रूरत है, जो ऐसा कथानक तैयार कर सकें, जिनमें स्त्री की भूमिका नैतिक दृष्टि से केन्द्रीय हो। मार्लन ब्रांडो की सहचरी वाली नायिकाओं के ज़माने लद गए। अब वक्त आ गया है कि नये मिथक बनें।' दृष्टव्य है कि एम्मा थॉम्पसन इधर जेन ऑस्टेन की 'सेन्स एंड सेंसिबिलिटी' उपन्यास पर आधारित एक स्क्रिप्ट तैयार कर रही हैं तथा जेम्स आइवरी की एक और फ़िल्म 'द रिमेन्स ऑफ़ द डे' (1993) में काम करने के लिए अनुबंधित हैं, जो कज़ुओ इशिगुरो के उपन्यास पर आधारित है। सिनेमा में स्त्री की छवि का मात्र एक यौनवस्तु की तरह शोषण न हो, इसके लिए एक सशक्त संकेत स्त्री-निर्देशकों और अभिनेत्रियों की ओर से भी आना बहुत ज़रूरी है और आ भी रहा है।

शैक्षिक और न्यायिक दृष्टि से पिछड़े हुए समाजों में ज़ाहिर है कि स्त्री को सम्मान और जायज़ मानवीय अधिकारों से वंचित रहना पड़ता है। यह न केवल उसे,

बल्कि पूरे समाज को सुखी और गौरवान्वित होने से वंचित करता है। 1992 में बनी ग्रीस की फ़िल्मकार आन्जेलिकी अन्तोनिऊ (Angeliki Antoniou, 1956) की फ़िल्म 'दोनूसा', एशियन सागर में स्थित किसी टापू पर पिछड़े लोगों की बस्ती में रह रही एलेनी की आत्महत्या में उस सुपरिचित घटना को दर्शाती है, जिसके अनेक उदाहरण हम विभिन्न समाजों में आज भी देख सकते हैं। एलिनी को पिता के साथ अस्वाभाविक यौन सम्बन्धों के लिए मजबूर होना पड़ता है, जिसके कारण वह आत्महत्या कर लेती है। हांगकांग के युवा फ़िल्मकार येह हुँग वाई (1963) की चर्चित फ़िल्म 'फाइव गर्ल्स एंड अ रोप' (1990) में पाँच लड़कियाँ सामूहिक आत्महत्या करती हैं, क्योंकि उन पाँचों को उनके मौजूदा समाज में स्त्रियों की दुर्दशा के अनुभव हताश नतीजे पर पहुँचाते हैं कि स्त्री के लिए अगर सुख कहीं है, तो इस दुनिया में नहीं, दूसरी दुनिया में शायद हो। शायद इस तरह की सामूहिक आत्महत्या पर विश्वास कठिन होता, यदि अभी हाल में कानपुर में घटी इसी प्रकार की तीन लड़कियों की सामूहिक आत्महत्या हमारे दिमाग़ में ताज़ा न होती। लगभग इसी प्रकार की त्रासदी स्विट्ज़रलैंड की फ़िल्म निर्देशिका गेरट्रूड पिन्कस (1944) की फ़िल्म 'अन्ना गोल्डिन : द लास्ट विच' (1991) में दिखाई गई है, जिसमें एक भ्रष्ट न्यायिक व्यवस्था अन्ना को एक विच या चुड़ैल क़रार देकर मृत्यदंड दे देती है। इन सभी फ़िल्मों में विषम सामाजिक व्यवस्थाओं में स्त्री की दयनीय अवस्थाओं का सीधा विवरण है।

इनसे बिल्कुल भिन्न प्रकार की फ़िल्में इस्तवान साबो की 'स्वीट एम्मा, डियर बोबे' और बेल्जियम की फ़िल्मकार मैरिओन हान्सेल (1949) की 'ऑन अर्थ लाइक इन हैवन' (1992) फ़िल्में थीं। साबो की 'स्वीट एम्मा' में भी एम्मा की मित्र बोबे आत्महत्या कर लेती है—एक कलंकित जीवन न सह पाने की व्यथा से भागकर, पर उसकी सहेली एम्मा इस भागने को स्वीकार करने के लिए तैयार नहीं। जब वह मरती हुई बोबे से बिलखकर कहती है कि 'नहीं बोबे, जीवन से सामना करने का यह तरीक़ा हरगिज़ नहीं', तो मानो स्वयं एम्मा की सम्पूर्ण जिजीविषा एक नये संकल्प के साथ उठ खड़ी होती है।

जिस बात को साबो अत्यन्त मार्मिक स्तर पर कहते हैं, हान्सेल की 'ऑन अर्थ लाइक इन हैवन' बारीक़ बौद्धिक स्तर पर एक दिलचस्प प्रतीक द्वारा कहती है। गर्भस्थ एक बच्चा अपनी माँ मारिया से बातचीत करता है कि वह इस दुखी और अभागी दुनिया में पैदा नहीं होना चाहता। उसे पैदा होने के लिए मजबूर न किया जाए, वह गर्भ में ही अपने आप को नष्ट कर लेने में सक्षम है, पर यदि उसकी माँ सहमत हो, तभी। केवल माँ उसकी बात को सुन पाती है और सब इसे माँ की उत्कंठा और घबराहट की बीमारी समझते हैं। माँ बच्चे को समझाती रहती है कि बिना दुखों का सामना किए दुनिया सुधर नहीं सकती। इतना साहस हो, तो वह स्वेच्छा से जन्म

ले, अन्यथा वह उसे मजबूर नहीं करेगी। गर्भ में बच्चा सब कुछ जानता है, बाहर आते ही सब कुछ भूल जाता है—इस विश्वास का बहुत कलापूर्ण और कल्पनापूर्ण इस्तेमाल इस फ़िल्म में हुआ है। अन्त में बच्चे का जन्म लेने को राज़ी होना, जीवन के प्रति पुनः आस्था को पुष्ट रखने का संकल्प है। माँ अगर चाहती, तो बच्चे का जन्म डॉक्टरी मदद से भी हो सकता था, पर बच्चे की इच्छा का पूरा आदर करते हुए वह इस जन्म को बच्चे के निर्णय पर ही छोड़ देती है। एक दिन वह सागर के किनारे टहलते हुए लगभग निराश होकर अचेत हो जाती है और बच्चे का जन्म होता है। अन्तिम दृश्य में हम केवल कुछ आवाज़ें सुनते हैं—एक ख़ुश माँ की अपने बेटे को दुलारती आवाज़।

फ़िल्म कला है और व्यवसाय भी। बात यों भी कही जा सकती है कि फ़िल्म व्यवसाय भी है और कला भी। पर सबसे पहले वह एक सामाजिक ज़िम्मेदारी है, क्योंकि एक सशक्त चाक्षुष माध्यम के रूप में वह आज सबसे अधिक प्रभावशाली है। स्त्री के प्रति हमारे दृष्टिकोण को बनाने में उसकी आज महत्त्वपूर्ण भूमिका साबित हो रही है। एक समाज में स्त्री की स्थिति का सवाल कहीं हमारी सभ्यता और संस्कृति से भी जुड़ा है। इसीलिए इस बार की उन्हीं फ़िल्मों ने हम पर सबसे गहरा असर डाला, जो स्त्री की मानवीय पहचान को पूरी प्रतिबद्धता, सतर्कता और ईमानदारी से चित्रित कर सकीं।

# पूरब का सिनेमा[1]

विश्व सिनेमा में जापान ने अपनी एक अलग जगह और सशक्त पहचान बनाई है। अकीरा कुरोसावा के नाम से हम 'रोशोमन' (1950) और 'सेवेन समुराई' (1954) के दिनों से ही परिचित हैं। इन दोनों फ़िल्मों का विश्वव्यापी प्रभाव रहा है। अपेक्षाकृत केंजी मीज़ोगुची (1898–1956) जिनकी 'लाइफ़ ऑफ़ ओहारू' (1952) तथा 'उगेस्तु मोनोगंटारी' विश्वस्तरीय फ़िल्में रही हैं, नागीसा ओशिमा ('डेथ बाय हैंगिंग' और 'मैरी क्रिसमस मिस्टर लॉरेंस') तथा यासुजिरो ओज़ू (1903–63) आदि फ़िल्मकारों के नाम भारत में कम जाने जाते हैं। फ़िल्मी दुनिया में ये सभी नाम आज आदर से लिए जाते हैं।

वर्ष 1996 के दिल्ली फ़िल्मोत्सव में जो जापानी फ़िल्में विशेष चर्चित रहीं, उनमें मासाहीरो शिनोडा (1931) की 'शराकू' (1995) और केई कुमाई की 'डीप रिवर' (1995) जिसमें गंगा का सन्दर्भ है, उल्लेखनीय हैं। शिनोडा नई धारा के फ़िल्मकारों में से हैं तथा ओज़ू के साथ भी काम कर चुके हैं।

'शराकू' की पटकथा 18वीं सदी के एक व्यंग्य चित्रकार तोशूसाई शराकू की जीवनी पर आधारित है। काबुकी नाटकों के अत्यन्त प्रसिद्ध अभिनेताओं के वास्तविक चरित्रों को व्यंग्य मिश्रित यथार्थवादी शैली में चित्रित करने के लिए विख्यात शराकू को धीरे-धीरे समाज के कोप का भी शिकार होना पड़ा था। फ्रैन्की सताई के उपन्यास 'शराकू मिचीयूकी' में (जिस पर यह पूरी फ़िल्म आधारित है) वह पूरा प्रसंग है कि कैसे शराकू अपने समय में शीघ्र ही भुला दिया गया था, पर बीसवीं सदी में अचानक तोक्यो के ईडो इलाके में उसकी कृतियाँ फिर सामने आईं। चित्र छापने का धंधा करने वाला एक प्रकाशक, जिससे उतामारो चित्रकार ने सम्बन्ध विच्छेद कर लिया था, शराकू के चित्रों के माध्यम से अपने को पुन: स्थापित करता है और इस तरह शराकू को भी एक नई ख्याति मिलती है।

निर्देशक शिनोडा के अनुसार, मेरी दृष्टि उस समय के सामाजिक यथार्थ पर, और मुख्यत: उस कालखंड के वातावरण के पुनर्निर्माण पर थी।

---

1. स्वतंत्र भारत, 28 दिसम्बर, 1996

जापान की ऐतिहासिक पृष्ठभूमि पर बनी फ़िल्मों को देखना एक बिल्कुल अलग तरह का अनुभव है। इतिहास जापानी फ़िल्मों में जिस तरह भरपूर सजीव हो उठता है, अपने सारे रंगों, आकृतियों, वेशभूषाओं और चारित्रिक अनोखेपन में, उस परम्परा का एक सफल और उत्कृष्ट उदाहरण शिनोडा की फ़िल्म है। फ़िल्म का प्रत्येक फ्रेम मानो किसी कुशल जापानी चित्रकार की रचना है। अभिनय में यदि काबुकी नाट्यशैली की तीव्रता है, तो वेशभूषा और मंच-सज्जा सामग्री में रंग-रेखाओं की चटक ताज़गी और संयमित कूची का प्रयोग। सारी फ़िल्म को लगभग एक चित्र की तरह देखा और समझा जा सकता है। उसके किसी भी फ्रेम को कहीं भी फ्रीज करके उसे जापान के पारम्परिक शैली में बने एक चित्र की तरह हम देख और व्याख्यायित कर सकते हैं।

सिनेमा के माध्यम से अपने विशिष्ट इतिहास, संस्कृति, समाज और कलाओं को कहती हुई फ़िल्में (जिसका अगर एक क्लासिकल उदाहरण कुरोसावा की फ़िल्में हैं, तो नवीनतम उदाहरण शिनोडा की 'शराकू' को माना जा सकता है) अपने शिल्प में हर घड़ी इतनी सावधान, जैसे तनी हुई रस्सी पर चलता हुआ नट कि अगर ज़रा भी चूके, तो पूरी फ़िल्म ज़मीन पर आ जाएगी। यह सतर्कता और संयम हमें बरबस 'ज़ेन' (भारतीय मूल के 'ध्यान' शब्द से निकला हुआ जापानी शब्द, जो बौद्ध प्रभावों के साथ भारत से जापान गया) अनुशासन की याद दिलाता है, जो न केवल जापान, बल्कि बौद्ध प्रभावों में आए पूर्व-एशिया के कई देशों के आचार-विचार की स्वाभाविक संस्कृति बन चुका है।

गंगा का सन्दर्भ लेकर इसी समारोह में प्रदर्शित केई कुमाई की 'डीप रिवर' में भी इस ऐतिहासिक तथ्य का आभास है। कम्युनिस्ट प्रभावों के अन्तर्गत चीन की

**झांग यीमू की फ़िल्म 'रेज़ द रेड लैंटर्न' ( 1991 ) के एक दृश्य में गोंग ली**

फ़िल्में काफी समय तक दबी हुई-सी रहीं, पर इधर उनमें भी एक नया जीवन और ताज़गी आई है। ख़ासतौर पर, झांग यीमू (1951) की फ़िल्मों ने सिनेमा जगत का ध्यान अपनी ओर खींचा है। उनकी प्रसिद्ध फ़िल्म 'रेड सोरघम' (1987) पिछले समारोह में दिखाई जा चुकी है—इस बार 'रेज़ द रेड लैंटर्न' (1991), 'शंघाई ट्रायड' (1995) और 'स्टोरी ऑफ़ क्यू जू' (1992) दिखाई जा रही है। यीमू की एक विशिष्ट संवेदना और क्राफ्ट को हम आसानी से, बिल्कुल अलग पहचान सकते हैं, जिसके बीज कहीं न कहीं उसी सांस्कृतिक विरासत में हैं, जिसका उल्लेख मैंने अभी ऊपर किया। कोरिया और हांगकांग की फ़िल्मों में भी पाश्चात्य प्रभावों के बावजूद वह मूल अनुभूति स्रोत सूखने नहीं पाया है—भले ही उनकी व्यावसायिक और फ़ॉर्मूला फ़िल्में उसी तरह की पाश्चात्य फ़िल्मों की भरपूर चपेट में हैं या शायद हर उद्योग की तरह इस उद्योग में भी उनसे एक कदम आगे ही हैं।

लेकिन जो उस होड़ में नहीं हैं, जैसे हे जियानजून (1960) की सुन्दर और अत्यन्त संवेदनशील स्तर पर धीमी गति से चलने वाली फ़िल्म 'पोस्टमैन' (1995) और शियाओ येन वाँग (1960) की 'मन्की किड' (1995) हमें पूरी तरह आश्वस्त करते हैं कि एशियाई सिनेमा, फ़िल्मों की दुनिया में आज किसी भी दृष्टि से पीछे नहीं और उनका एक वापसी प्रभाव पश्चिम की फ़िल्मों पर पड़ रहा है।

# दो फ़िल्मों के बीच का सन्देश[1]

हम सब मानो एक ग़लत दुनिया में ग़लत जीने के तीव्र अनाचार बोध से ग्रसित और अभिशप्त लोग हैं। हमारे 'स्वर्ग' और 'नरक', और दोनों से 'मुक्ति' की परिकल्पना मानो एक 'शहर' में सीमित हो गई है। इस शहर से दूर क्या कहीं कोई 'मुक्ति' या 'नन्दनवन' है? या हो सकता है? यह सवाल एक सवाल से ज़्यादा यथार्थ से पलायन का रास्ता जान पड़ता है ।

हम बहुत तेज़ी से आगे बढ़ रहे हैं, पर कहाँ जा रहे हैं, इसका कोई स्पष्ट उत्तर हमारे पास नहीं है। सिर्फ़ इस तेज़ी को एक रॉकेट की तेज़ से तेज़तर होती जा रही रफ़्तार की तरह घबराहट के साथ महसूस कर रहे हैं। वह हमें जिस चाँद की ओर ले जा रही है, वह किसी चाँदनी या चन्दामामा की कहानियों का देश है, या महज़ एक उजाड़ और मृत उपग्रह है, इस यथार्थ को भी हम एक दहशत के साथ जान चुके हैं। फिर भी दौड़ जारी है, उम्मीद नहीं टूटती कि कहीं कोई और ऐसी एक पृथ्वी, एक दुनिया हो सकती है, जहाँ वह सब प्रचुरता से हो, जो हमारे अपने-अपने स्वर्गों की परिकल्पना में है, पर जीवन में नहीं।

जिस शरीर/देह द्वारा हम अपने मनपसन्द स्वर्ग का भरपूर उपभोग करना चाहते हैं, वह सब सामग्री अगर हमें मिल भी जाए, तो क्या एक मानव शरीर उस सबका उपभोग कर सकने में सक्षम है? ढेरों नशे, ढेरों लड़कियाँ, ढेरों सेक्स, खानपान, उड़नखटोले, यातायात, तेज़ सवारियाँ, कॉल सेंटर्स, आरामदेह शयनकक्ष वगैरह—लो, सबकुछ दिया एक भव्य नगर में : भोगो, इन्हें जितना भोग सकते हो, जिस-जिस तरह भोग सकते हो अपने पाँच-छह फुट शरीर द्वारा। लेकिन इस स्वर्ग के बावजूद यह थकान, यह निराशा, असह्य उदासी कैसी, जो तुम्हें निरन्तर आत्महत्या की ओर ढकेल रही है? क्या तुम्हारी सारी प्रगति वासनाओं की किसी अंधी गली में जाकर समाप्त हो जाती है? और उसके सीमांत पर फटे-चिटे काग़ज़ की चिंदियों की तरह एक निष्प्राण, निर्जीव शरीर की जीवन-गाथा तक नहीं बचती—मेरे न रहने से दुनिया के लिए कोई फ़र्क़ नहीं पड़ता—एक पराजित मन की हताश आत्मस्वीकृति।

1. जनसत्ता, 27 जुलाई, 2008

ताइवान की एक सामान्य-सी फ़िल्म है—'हेल्प मी इरोज़' (2007, मेरी मदद करो, ओ प्रेम की देवियो)। देवियाँ—कॉल सेंटर की देवियाँ—मदद करने में कोई क़सर नहीं रखतीं। पर शरीर तो आख़िर शरीर और मन तो आख़िर मन—दोनों ही टूट जाते हैं। शहर में आसाइशें द्रुत गति से बढ़ती जाती हैं—एक टूटते हुए आदमी की बेहाली की तरफ से बिल्कुल बेख़बर और उदासीन।

भारत आए फ़िल्म के युवा निर्देशक ली कांग शेंग (1968, स्क्रिप्ट और मुख्य अभिनय भी इन्हीं का) से फ़िल्म के बाद एक सवाल पूछा गया, 'शहर की यह ज़िन्दगी क्या केवल ताइवान का सच है या... ?' 'नहीं, सभी बड़े शहरों का यही हाल है।' उनका संक्षिप्त उत्तर था। सेक्स, नशा, हिंसा, अपराध, बेकारी की ख़बरों से भरी दिल्ली तेज़ी से दिमाग में घूम गई। तेज़ी से बदल रही है दुनिया, लेकिन यह तेज़ी और बदलाव हमें कहाँ ले जा रहा है? या सबकुछ एक झोंक में आया-गया हो जाने की कगार पर है? चाक्षुक बिम्बों की प्रखर तेज़ी में इस सम्भावना को आत्मसात करना विचलित करता था। मैने सोचा, क्यों न भारतीय परिदृश्य को, उदय प्रकाश की कहानी 'मोहनदास' (2008) पर आधारित निर्देशक मज़हर कामरान की फ़िल्म में देखा जाए। फ़िल्मों की खिड़कियों से आज की और आज से पहले की भी दुनियाओं को देखना एक बड़े जीवन-परिवेश से जुड़कर उसे पढ़ने का एक दिलचस्प मौक़ा देता है। उदय प्रकाश हमारे अत्यन्त सफल और चर्चित कहानीकारों में से हैं। फ़िल्म निर्माण से भी जुड़े रहे हैं। उनके लेखन में फ़िल्म निर्माण की विधियों की सूक्ष्म झलकें हैं।

'मोहनदास' फ़िल्म हमें दिल्ली शहर से दूर एक भारतीय गाँव में ले जाती है। खानों की खुदाई से त्रस्त यह गाँव उजड़ रहा है। खान चलाने वाले मालिक का अपना छल-छद्म और ऑफिस माफिया तंत्र है। इसमें बुरी तरह फँसा मोहनदास—गाँव का एक ग़रीब ईमानदार, परिश्रमी और योग्य छात्र गांधी के आदर्शों की याद दिलाता है। खान में प्रबन्धक की नौकरी के लिए अपने मूल काग़ज़ात के साथ अर्जी देता है, पर उन्हीं काग़ज़ात को आधार बनाकर किसी नक़ली मोहनदास की नियुक्ति कर दी जाती है, जो कम्पनी के सारे घपला-तंत्र में हिस्सेदार है। असली मोहनदास (गांधी) की पहचान गुम हो जाती है। यह गाँव की नहीं, सारे देश की त्रासदी है, जिसे कहानी में कुशलता और तीव्रता से दर्शाया गया है। फ़िल्म प्रदर्शन के दौरान उदय प्रकाश कहीं दिखाई नहीं दिए। निर्देशक और अभिनेता वग़ैरह बाक़ायदा मौजूद थे। सुना, उदय दिल्ली से बाहर मध्य प्रदेश में कहीं थे। या, शायद, उन तक निमंत्रण नहीं पहुँचा था...अद्‌भुत संयोग!

देर तक सोचता रहा, वैश्वीकरण के इस ज़माने में शहरों और गाँवों की ज़िन्दगी में आती ये तब्दीलियाँ, कि दोनों में ही अगर कुछ बुरी तरह पिस रहा है, तो शायद वह आपस का मानवीय रिश्ता, जिसमें वास्तविक जीवन-शक्ति के बीज होते हैं। 'हेल्प मी इरोज़' कई जगह बाइबल की एक पंक्ति दुहराती है—'एक बीज मरता है, असंख्य बीज पैदा हो जाते हैं।' 'मोहनदास' भी एक संकेत है कि आदमियत की इस पहचान को कहीं मशीनी प्रगति का दैत्य चबा न जाए।

# मिकलोश यान्चो की फ़िल्मों की बनावट

हंगरी के फ़िल्मकार मिकलोश यान्चो की फ़िल्मों में एक खगोली ज्यामिति है : सरल रेखाओं और बिल्कुल बुनियादी आकारों की ज्यामिति, जिनसे वे अनोखे पैटर्न्स बनाते हैं, वक्र, जटिल और उलझे हुए। खुले निस्तेज आकाश के नीचे अन्तहीन सपाट मैदानों में दौड़ते हुए घुड़सवारों की क़तारें, पंक्तिबद्ध सिपाही, एकल या समूह में निर्वसनाएँ, लगभग एक-सी दिखने वाली सादी इमारतें, और प्रकृति की अटूट ख़ामोशी को अचानक कँपा देने वाली मनुष्य की आवाज़ें, गोलियाँ, चीखें...इन्हें आपस में गूँथकर यान्चो लगभग एक क्यूबिस्ट की तरह की फ़िल्म हमारे सामने रखते हैं : उनमें एक आतंकित करने वाले स्थापत्य की-सी दृढ़ता और कठोरता को वे अद्‌भुत कौशल से रचते हैं, जो अगर एक ओर हमें काफ़्का के लोमहर्षक क़िलों और गलियारों की याद दिलाता है, तो दूसरी ओर उनकी फ़िल्मों में खुली जगहों का वह बेलौस विस्तार, सन्नाटा और आतंक है, जिसे हम मुक्तिबोध की कविताओं में जगह-जगह पाते हैं।

खुले मैदानों को यान्चो एक विशाल आडम्बरहीन स्टेज की तरह रखते हैं—स्टेज प्रॉपर्टी का न्यूनतम इस्तेमाल करते हुए। मुख्य प्रभाव वे चेहरों के अध्ययन, फिर शरीरों की गतियों से उत्पन्न कराते हैं। इसलिए यान्चो की फ़िल्मों में क्लोज़ अप्स और लॉन्ग शॉट्स दोनों का ही इतना संकुल प्रयोग है। इस माने में ध्यान जाता है कि अभिनय नहीं, अभिनयहीनता को वह एक ख़ास तरह के फोकस में रखते हैं, मानो अभिनय की व्यक्तिपरकता से ध्यान हटाकर समूहों की सामाजिकता या असामाजिकता के पहलुओं पर उसे केन्द्रित करना चाहते हों। यह हम पर एक अनोखा प्रभाव डालता है—समूह या पंक्ति में एक मनुष्य और तमाम मनुष्यों की स्थिति को लेकर। मनुष्य या तो समूह में रहा है या फिर पंक्ति में और दोनों ही स्थितियों में वह उन्हीं ताक़तों द्वारा सुरक्षित भी रहा, जिनसे आतंकित। यान्चो व्यक्ति और समष्टि को एक-दूसरे के ख़िलाफ़ रखकर नहीं देखते, एक दूसरे में वेष्ठित देखते हैं। उनकी फ़िल्मों में उस तीसरी स्थिति का कोई निरूपण और व्याख्या नहीं, जिसमें मनुष्य बिलकुल अकेला है और इसीलिए बिल्कुल अलग और असुरक्षित।

**हंगरी के फ़िल्मकार मिकलोश यान्चो**

यान्चो की फ़िल्में इस नियति से हमें कोई छुटकारा दिलाती नहीं दिखतीं। इस माने में यान्चो की दुनिया समस्यामूलक और जटिल है, सिद्धान्तवादी आसान और समाधानमूलक नहीं। उनकी कला का आधार यथार्थ की निस्तेज और खुरदुरी ज़मीन है, जिसमें रोमांटिक और भविष्यवादी आश्वासनों की चमक-दमक और फिसलन नहीं। इसलिए उनकी फ़िल्मों में लगातार हमला, संघर्ष और गति है—ठहराव, विश्राम या राहत नहीं। पर इससे यह अर्थ लगाना कि यान्चो की फ़िल्में आतंकवादी या निराशावादी हैं, उनकी फ़िल्मों के गहरे अभिप्रायों को बिल्कुल ग़लत या बिल्कुल न समझना होगा। यान्चो उस बहुत ज़रूरी मानवता और सामाजिक ज़िम्मेदारी को महत्त्व देते हैं, जिसका स्रोत हमारे मनुष्य होने की बुनियादी नियति में है। इसलिए शायद उनकी फ़िल्मों में आकाश, बड़े-बड़े सपाट मैदान, बेचेहरा मानव-आकृतियों के समूह या क़तारें, बिल्कुल एक-से लगते घर, पानी की छवियाँ आदि मिल-जुलकर एक विराट मानवीय ब्रह्मांड का स्वरूप लगते हैं, अलग-अलग स्थानीयताओं वाले घरों, गाँवों, शहरों या देशों में बँटी हुई इकाइयाँ नहीं। यान्चो की कला का किसी भी महान कला की तरह, शायद सबसे सशक्त पक्ष यही है कि अत्यन्त सावधान गतियों के संयोजन द्वारा (कैमरा की गतियों और चीज़ों को निराले कोण और परिप्रेक्ष्य में रखकर देखने का उनका तरीक़ा अद्‌भुत है—एक उदाहरण 'होपलेस वन्स' में वह दृश्य है, जब निर्वसन लड़की को बेंतों से पीटकर मार डाला जाता है और एक ऊँची छत से, सिर के बल कूदकर, प्रतिशोध में तीन बन्दी आत्महत्या कर लेते हैं। ऊँचाई से नीचे गिरने का, पतन का, इतना प्रतीकात्मक और साथ ही यथार्थ की-सी तीव्रता रखनेवाला दृश्य कम ही देखने में आया है) कभी वे आम को ख़ास में केन्द्रित और कभी ख़ास को आम में विस्तृत करते हैं।

# खंड : दो

# साहित्य और सिनेमा : कुछ विचार बिन्दु

यह दिलचस्प संयोग है कि सिनेमा की शुरुआत शब्द-रहित फ़िल्मों से हुई और चार्ली चैपलिन उस युग के ही नहीं, पूरे सिनेमा के इतिहास में बेजोड़ प्रतिभा माने जाते हैं। यह एक विचारणीय तथ्य है कि सिनेमा में जब ध्वनि और रंग आए, तो बिम्बों की भाषा के इस अप्रतिम आविष्कारक के लिए उन नए माध्यमों के साथ अच्छा तालमेल बिठा पाना मुश्किल हो गया था। उनकी 'मस्ये वर्दू' तथा 'डचेस ऑफ़ हांगकांग' उत्कृष्ट फ़िल्में होते हुए भी उस ऊँचाई तक नहीं पहुँचतीं, जिसका एक अविस्मरणीय उदाहरण उन्हीं की 'मॉडर्न टाइम्स' और 'ग्रेट डिक्टेटर' फ़िल्में हैं। चलते-फिरते कार्टूनों की तरह ये फ़िल्में हास्य के माध्यम से जीवन पर गम्भीर टिप्पणियाँ करती हैं।

बाद के वर्षों में दो ऐसे फ़िल्मकार हैं, जिन्होंने शब्दों को अपनी फ़िल्मों में न्यूनतम जगह देते हुए बिम्बों और संगीत को भाषा की तरह इस्तेमाल किया है—जापान के सुप्रसिद्ध फ़िल्मकार अकीरा कुरोसावा और मैक्सिको के गॉडफ्रे रेग्गियो। कुरोसावा ने शेक्सपियर के नाटकों पर भी फ़िल्में बनाई हैं। 'मैकबेथ' पर उनकी 'थ्रोन ऑफ़ ब्लड' एक विख्यात सिनेमाई रचना है। शेक्सपियर तक के शब्दों को लगभग हाशिए पर रखकर जापानी मार्शल आर्ट्स, इतिहास और स्थानीय दृश्यावली से निर्मित वह सशक्त बिम्बों की भाषा विश्व-सिनेमा के इतिहास में एक बड़ी घटना थी। रेग्गियो के काम के बारे में कम लोगों को पता है, किंतु उनकी 'पोवाक्कात्सी' सीरिज़ की फ़िल्में अपने ढंग की अनूठी हैं। वृत्त फ़िल्मों की शैली में, शब्द-रहित फ़िल्में, पूरी तरह फिलिप ग्लास के संगीत को पृष्ठभूमि में रखकर चलती हैं—मानो बिम्बों के बिखराव को संगीत की लय में पिरोती हुई।

साहित्य, भाषा और सिनेमा के भी कई स्तर हैं। मोटे तौर पर उन्हें हम व्यावसायिक और अव्यावसायिक कोटि में रख सकते हैं। इनसे बॉलीवुड के सिनेमा और नये, प्रयोगशील, समानांतर आदि नामों से जाने जाने वाले सिनेमा को अलग से पहचाना जा सकेगा।

अभी हाल ही में न्यूयॉर्क में हो रहे आठवें विश्व हिन्दी सम्मेलन में गुलज़ार साहब ने कहा था कि हिन्दी भाषा को फैलाने में सिनेमा का सबसे बड़ा योगदान रहा है। बात सही है, लेकिन अधूरी है। सिर्फ़ व्यावसायिक या बॉलीवुडियन सिनेमा की बात नहीं है, उस समानांतर सिनेमा की भी है, जिसमें उच्च-स्तरीय साहित्यिक गरिमा का आभास है। मेरा मतलब ऋत्विक घटक, सत्यजित राय, मृणाल सेन, श्याम बेनेगल, अडूर गोपालकृष्णन, अरविन्दन, गौतम घोष, ऋतुपर्ण घोष, गिरीश कासरवल्ली, मणि कौल, कुमार शाहनी, गोविन्द निहलानी, मीरा नायर, मणि रत्नम, अपर्णा सेन आदि की फ़िल्मों से भी है। हिंसा और सेक्स से लदी-फँदी व्यावसायिक फ़िल्मों को लेकर उनकी नैतिक और सामाजिक ज़िम्मेदारी के सवाल को दरगुज़र नहीं किया जा सकता है। फ़िल्मों ने भाषा को फैलाया, लेकिन भाषा के साथ-साथ जिस अप-संस्कृति को भी फैलाया, वह सिनेमा की सामाजिक ज़िम्मेदारी को ज़्यादा बड़े सवालों के साथ उठाती है।

इस समय हिन्दी संसार की चार प्रमुख भाषाओं में से एक है, लेकिन विश्व-साहित्य में उसकी जगह प्राचीन साहित्य से लेकर रवीन्द्रनाथ टैगोर तक ही ठहरी हुई लगती है। अपेक्षाकृत संसार की अनेक छोटी भाषाओं ने विश्व-स्तरीय साहित्य दिया है। बड़ी भाषा और बड़े साहित्य के बीच कोई बहुत सीधा या अनिवार्य रिश्ता नज़र नहीं आता। अवधी और ब्रज जैसे छोटे-छोटे क्षेत्रों में बोली जाने वाली लोक-भाषाओं ने भी बड़ा साहित्य दिया है। शेक्सपियर ने जब लिखा, तब अंग्रेज़ी भी योरप की सबसे विकसित और बड़ी भाषा न थी। अक्सर छोटे देश या प्रदेश अपनी भाषा, संस्कृति और जीवनशैली को लेकर अधिक सावधान और रचनाशील दिखाई देते हैं। भाषा के प्रसार और विस्तार में अक्सर उसकी वह बारीक़ चारित्रिक पहचान धूमिल पड़ने लगती है, जो रचनात्मक साहित्य और कलाओं में विशेष महत्त्व रखती है।

संक्षेप में, आज का जो वैश्विक समाज बन रहा है, उसकी बुनियाद मूलतः आर्थिक और व्यावसायिक है। उसके व्यवहार में नीतियाँ प्रमुख हैं, नैतिकता नहीं। इसका भरपूर असर हमारे आपसी सम्बन्धों और मानवीय सरोकारों पर पड़ रहा है। स्थानीय भाषाएँ, साहित्य, कलाएँ और संस्कृतियाँ इसका सबसे संवेदनशील दर्पण होती हैं। उन पर लेन-देन की एकछत्र भाषा भी छा जाती है, तो भाषा के सबसे नाज़ुक तंतु अप्रभावी होने लगते हैं। वोंग कार-वाई (1958) की अनेक फ़िल्में याद आती हैं, जिनमें उन्होंने मानवीय सम्बन्धों और व्यवहार पर बढ़ती हुई व्यावसायिकता के हृदयहीन दबावों को बहुत ही कुशलता से चित्रित किया है। सवाल सिर्फ़ दो तरह की सभ्यताओं की टकराहट का नहीं है : उस पर वृहत्तर सांस्कृतिक संकट का है, जो किसी भी सभ्य समाज के लिए प्राथमिक महत्त्व रखता है।

ऊपर से देखने पर लग सकता है कि कविता और फ़िल्मों के बीच कोई ख़ास रिश्ता नहीं है। ऐसा नहीं है। दोनों की रचना-विधियों में गहरी और पैनी समानताएँ हैं। मोन्ताज़ या सम्पादन कविता में भी उतना ही निर्णायक महत्त्व रखता है, जितना एक फ़िल्म के निर्माण में। दूसरी बात—बिम्बों और चित्रों की भाषा में भी जीवन को उसी तरह पढ़ा और सोचा जा सकता है, जैसे शब्दों में। दोनों विधाओं के बीच इस बुनियादी सम्बन्ध को दुनिया के लगभग सभी बड़े फ़िल्मकारों ने परिलक्षित किया है—खासकर ज्हां कॉक्तो (Jean Cocteau, 1889-1963) और ऑर्सन वेल्स (Orson Welles, 1915-1985) ने इसे अतिरिक्त महत्त्व दिया है। शायद इस सम्बन्ध की सबसे मुखर अभिव्यक्ति के लिए हम तारकोव्स्की और पोलैंड के किश्लोव्स्की की फ़िल्मों को याद कर सकते हैं। तारकोव्स्की की फ़िल्में सेल्युलाइड पर लिखी कविताओं की तरह हैं—आत्मसजग और चिन्तनशील, तथा एक सन्त की-सी सादगी को ओढ़े हुए । बाहरी आडम्बर न्यूनतम। किश्लोव्स्की की फ़िल्में जीवन की अनेक विषम परिस्थितियों का सामना करती हैं, पर भीतर से कुछ इस तरह अनासक्त, मानो कि वे जो कुछ भी हमें दिखा रही हैं, उसके पीछे एक अनुभवी प्रदर्शक मात्र हो। सवाल सिर्फ़ काव्य-संवेदना या भावुकता का नहीं है, उस दृष्टि का है, जो जीवन को खंडों में देखती और अनुभव करती है और फिर उसके मार्मिक और महत्त्वपूर्ण खंडों को जोड़कर एक अनूठा कला-रूप दे पाती है।

अपने शुरुआती दिनों में सिनेमा साहित्य के अधिक निकट रहा है। अकेले मूक फ़िल्मों के ज़माने में ही शेक्सपियर के नाटकों पर 400 से भी अधिक छोटी-बड़ी फ़िल्में बन चुकी थीं। यह सिलसिला अब भी जारी है। शरतचन्द्र के 'देवदास' पर अब तक कई फ़िल्में बन चुकी हैं—उस कड़ी में भंसाली की नवीनतम फ़िल्म है। एक क्लासिक का बार-बार रचनात्मकता के केन्द्र में रहना, या आना, सिर्फ़ पिछले समयों को ही नहीं, अपने समय को भी बेहतर समझने में मदद कर सकता है। फ़िल्मों के सन्दर्भ में जगह, समय, घटनाओं और चरित्रों—सभी को इस तरह नियोजित किया जा सकता है कि वे पुरानी कृति को भी बिल्कुल नई तरह सन्दर्भ-गर्भित कर सकें। 'मैकबेथ' पर आधारित कुरोसावा की 'थ्रोन ऑफ़ ब्लड' और हिन्दी फ़िल्म 'मक़बूल' बिल्कुल अलग-अलग तरह अपने समय के अनुसार सन्दर्भ देते हैं—पुराने पाठ की नई व्याख्या करके।

जिस समय सत्यजित राय लखनऊ में 'शतरंज के खिलाड़ी' की शूटिंग के सिलसिले में आए हुए थे, मुझे उनके निकट सम्पर्क में आने का मौक़ा मिला था। उनसे लम्बी-लम्बी बातचीतें होती रहती थीं। एक क्लासिक की व्याख्या को

लेकर भी कुछ बातें उठी थीं। एक स्थल पर मुझे लगा था कि 'शतरंज के खिलाड़ी' के फ़िल्मी संस्करण में उन्होंने जो परिवर्तन या संवर्धन किए, उन्हें प्रेमचन्द की कहानी ज़्यादा बर्दाश्त नहीं कर पा रही : फ़िल्म पर प्रेमचन्द से अधिक शायद शरर का 'गुज़िश्ता लखनऊ' जगह घेरता जा रहा था। प्रेमचन्द की कहानियों की गठन इतनी चुस्त होती है कि उनमें अन्य सूचनाओं या सन्देशों का प्रवेश ज़रा मुश्किल ही होता है। उनके लिए वर्णनात्मक या विवरणात्मक तकनीक ही शायद बेहतर हो। राय काफी हद तक सहमत थे, लेकिन हो चुके व्यय को देखते हुए समझौतों की मजबूरी को नज़रअन्दाज़ नहीं कर पा रहे थे। 'सद्‌गति' में उन्होंने सीधे नैरेशन की तकनीक को ही अपनाया। बाद में एक पत्र में उन्होंने उन मजबूरियों की चर्चा भी की, जिनके कारण उन्हें न चाहते हुए भी 'शतरंज के खिलाड़ी' को पूरा करना पड़ा था।

'ओका ओरी कथा' में मृणाल सेन ने मूल 'कफ़न' कहानी में अधिक छेड़छाड़ न करके, जो भी पैडिंग्स दीं, वे कहानी के बाहर से। 'कफ़न' की कई नाटकीय और टीवी प्रस्तुतियों को देखने का मुझे मौक़ा मिला है। कहानी का अन्त अपनी सूक्ष्मता और संक्षिप्तता में मार्मिक है। प्रेमचन्द की कहानी उसे कुछ ही पंक्तियाँ देती है—उसे विस्तृत नहीं करती। अक्सर प्रेमचन्द के कथा-शिल्प की इस बारीक़ी को समझे बिना जब अन्तिम दृश्य को विस्तृत कर दिया जाता है—शायद नाटकीय प्रभाव पैदा करने के लिए—तब उसका असर बिल्कुल उलटा पड़ता है। वह कहानी के पूर्वांश को, जिसे कहानीकार इतनी कुशलता से बुनता है, नष्ट कर देता है। प्रस्तुति का दबाव जब पूर्वांश पर न पड़कर अन्त पर डाल दिया जाता है, तो कहानी बेजान और असन्तुलित हो जाती है। कोई साहित्यिक कृति जितनी सशक्त होगी, उसमें परिवर्तन उतना ही मुश्किल। 'यूँ भी कहानी को जहाँ फ़िल्म के लिए विस्तृत करना पड़ता है, आकार में बड़े उपन्यास को छोटा करना पड़ता है। उपन्यास लेखन का जो आकार-प्रकार 18वीं और 19वीं सदी में विकसित हुआ, वह बीसवीं सदी में आते-आते प्रकार में तो बदला, लेकिन आकार फिर भी वही रहा। 'अन्ना कैरेनिना', 'वार एंड पीस' (टॉलस्टॉय), 'ब्रदर्स करमाज़ोव' (दोस्तोयेव्स्की), 'डॉ. ज़िवागो' (पास्तरनाक), स्वान्स वे (प्रूस्त), टिन ड्रम (गुंटर ग्रास), लोअर डेप्थ (मैक्सिम गोर्की), मदाम बावेरी (फ्लॉबेअर) जैसे उपन्यासों का फ़िल्मी रूपान्तरण सामान्यत: मूल रचना के प्रति पूरी वफ़ादारी बरतते हुए किया गया। इस रूपान्तरण में एक श्रेष्ठ साहित्यिक कृति को क्षति पहुँचना अनिवार्य है, इसे ध्यान में रखते हुए मारकेस ने अपने सबसे प्रसिद्ध उपन्यास 'वन हंड्रेड ईयर्स ऑफ़ सॉलीट्यूड' के फ़िल्मीकरण से हमेशा परहेज़ किया। अपेक्षाकृत छोटे उपन्यासों, जैसे काफ़्का का 'ट्रायल', पर बेहतर फ़िल्में बन सकीं। फ़िल्म के क्राफ्ट की दृष्टि से भी जॉयस या काफ्का के उपन्यास

कई तरह की रचनात्मक चुनौतियाँ सामने रखते हैं। साथ ही यह कहना भी अतिशयोक्ति न होगी कि आज की अनेक फ़िल्मों ने मनुष्य के अन्तर्मन में होने वाली उथल-पुथल के औपन्यासिक आयामों को छुआ है। पिछली सदी के शुरुआती दशकों में सुर्रियलिज़्म से जुड़े लुई बुनुएल की फ़िल्मों को इस सिलसिले में याद किया जा सकता है।

*(इन्हीं बिन्दुओं के आधार पर जामिया मिलिया इस्लामिया, दिल्ली में 25 जुलाई, 2007 को एक व्याख्यान दिया गया। उसके लिए तैयार नोट्स में से ये अंश।)*

नेमाई घोष द्वारा खींची गई सत्यजित राय की तस्वीर, 1970

# सत्यजित राय का सिनेमा और साहित्य

सत्यजित राय की फ़िल्मों में साहित्य की गरिमा, चित्रकला का सन्तुलन और संगीत की सुबद्ध लयात्मकता है। समग्रता में उनकी फ़िल्मों का संसार एक बड़ी प्रबन्ध रचना की तरह विविध और विशद है। चरित्रों की इतनी सूक्ष्म, गहरी और पारदर्शी दृष्टि उनके पास है कि उनके पात्रों का एक अच्छा-ख़ासा चरित्र-कोश बन सकता है। जीवन के विभिन्न पक्षों को अत्यन्त मार्मिक ढंग से देखने वाली इस दृष्टि में एक सहजता, संयम और गहरा धीरज है। धीमी लय से क्रमशः अपने को उद्घाटित करती उनकी फ़िल्मों को देखना, श्रेष्ठ साहित्य को भी पढ़ने जैसा है। राय की फ़िल्में जीवन की गति को लय में बाँधने की अद्भुत क्षमता रखती हैं। मुख्यतः पेचीदगी और जटिलता के कलाकार वे नहीं हैं। सरलता और क्लासिकल अनुशासन उनकी बुनियादी भाषा है, जिसके द्वारा वे हमारे मन की जटिल से जटिल गुत्थियों को चित्रित और उद्घाटित करते हैं। राय की फ़िल्में इसलिए महान नहीं हैं कि वे साहित्य की स्पर्धा में अपनी एक अलग दुनिया रचती हों, वे विशिष्ट हैं क्योंकि वे उच्च कोटि के साहित्य के स्तर पर हमारे मन और चिन्तन को आन्दोलित करती हैं।

उनके काम करने का तरीक़ा भी कई मानों में बहुत हद तक साहित्यिक है। लगभग पूरी फ़िल्म पहले वे अपने अध्ययन-कक्ष में ही एक नोटबुक पर बना चुके होते हैं—फिर उसका फ़िल्मांकन करते हैं। नोटबुक पर यह मात्र शब्दरचना नहीं, सचित्र शब्द-रचना होती है, उनके रेखांकनों से पुष्ट। नेपोलियन कहा करता था कि पूरा युद्ध पहले अपने मस्तिष्क में ही मैं जीत चुका होता हूँ—युद्धभूमि पर तो उसे केवल चरितार्थ करता हूँ। कुछ-कुछ उसी तरह सत्यजित राय की फ़िल्में पहले उनकी नोटबुकों पर बनती हैं, फिर वे फ़िल्मों में परिवर्तित होती हैं।

शब्दों और भाषा के प्रति यह गहरा लगाव उनकी किसी भी फ़िल्म में आन्तरिक महत्त्व रखते हैं और उसकी समग्र संरचना का बुनियादी हिस्सा हैं। अन्तिम कुछ वर्षों में अस्वस्थता के कारण जब उनके लिए बाहर निकलना सीमित हो गया, भाषा और शब्दों पर यह निर्भरता कुछ ज़्यादा बढ़ गई। 'गणशत्रु', 'शाखा-प्रशाखा' और

अन्तिम फ़िल्म 'आगंतुक' इस बात का सबूत हैं कि अगर भाषा में सत्यजित राय की इतनी दृढ़ नींवें न होतीं, तो उनके अन्तिम वर्षों की फ़िल्मों में उनकी कला का ढाँचा हिल गया होता। 'गणशत्रु' या 'आगंतुक' जैसी फ़िल्मों की 'शाब्दिकता' को समझने के लिए उनकी फ़िल्मों के विन्यास में शब्द के उस अर्थ को समझना होगा, जिस अर्थ में राय की फ़िल्में साहित्यिकता के अभिप्राय को फ़िल्म में बुनती हैं। इसका मतलब यह कदापि नहीं कि फ़िल्म-भाषा में राय ने बिम्ब के महत्त्व को गौण माना। उनका यहाँ तक मानना था कि फ़िल्मों में बिम्ब-भाषा को विकसित करने में मूक फ़िल्मों का युग, फ़िल्मों का स्वर्णयुग था, जब शब्द और ध्वनि पर फ़िल्मों की निर्भरता न्यूनतम थी : उस समय विकसित बिम्ब-भाषा के अनेक मुहावरों को आज तक इस्तेमाल किया जाता है। उन्होंने अपनी वयस्क फ़िल्मों को कभी भी मनोरंजन का साधन नहीं बनाया। शुद्ध मनोरंजन देना हुआ, तो उन्होंने उच्च कोटि की बच्चों की फ़िल्में बनाईं जैसे 'गोपी गायन बाघा बाएन', 'शोनार केल्ला' या 'हीरक राजार देशे'। श्रेय और प्रेय को लेकर उनमें कोई द्विविधा नहीं है, क्योंकि श्रेय ही उनके लिए हर बड़ी कला का उद्देश्य होता है। उथली व्यावसायिकता के साथ उन्होंने कभी समझौता नहीं किया. सामाजिक ज़िम्मेदारी को उन्होंने मानवीयता के उस बृहत्तम सन्दर्भ से जोड़े रखा, जो न तो पाश्चात्य उपभोक्तावाद से आक्रान्त हुई, न ही संकीर्ण राजनीतिक नारों से।

यह बात बहुत गहराई और उदारता से सोचने की है कि सत्यजित राय ने फ़िल्म जैसी विधा में काम करते हुए भी—जिसका सारा विकास पाश्चात्य टेक्नोलॉजी की देन है—पाश्चात्य देशों से क्या ग्रहण किया और किन भारतीय जीवन-मूल्यों को उन तक पहुँचाया। जो कुछ उन्होंने चैपलिन, दे सीका या रेनुआ जैसे फ़िल्मकारों से सीखा, वह विश्व-फ़िल्म-संस्कृति की एक अमूल्य धरोहर है। बड़ी उपलब्धियाँ किसी एक देश, व्यक्ति या विधा तक सीमित नहीं रहतीं : दुनिया की कला-चेतना में हलचल पैदा करती हैं। एक बड़ी प्रतिभा प्रभावों को ग्रहण करती है, पर उनमें बह नहीं जाती, उन्हें अपनी तरह इस्तेमाल करते हुए विस्तृत और विकसित करती है। जो व्यक्ति लन्दन में रहते हुए लगभग सौ विदेशी फ़िल्में देखने के बाद यह तय करता है कि अब उसे भविष्य में फ़िल्में ही बनाना है, और घर लौटकर 'पॉथेर पाँचाली' जैसी पहली फ़िल्म बनाकर दुनिया को चकित कर देता है, वह इस प्रचलित मिथक को भी पूरी तरह ध्वस्त करता है कि विदेशी प्रभाव मौलिक रचनाशीलता को कुन्द करते हैं।

साहित्यिक कृतियों पर बनी फ़िल्मों और फ़िल्मों की साहित्यिकता के बीच फ़र्क़ करना ज़रूरी है। फ़िल्मों की साहित्यिकता की बात न्यू वेव सिनेमा के साथ फ्रांस में उठी और उसने दुनिया-भर की फ़िल्म-कला पर असर डाला। सत्यजित राय साहित्यिकता को अपनी फ़िल्मों का पहला गुण मानकर नहीं चलते, एक

श्रेष्ठ फ़िल्म की गुणवत्ता का महत्त्वपूर्ण तत्त्व मानते हैं। वे साहित्यिकता को अपनी तरह फ़िल्मों के लिए परिभाषित करते हैं, जिसका अर्थ है फ़िल्म को साहित्य के दर्जे की गरिमा प्रदान कर सकना। यह बड़ा काम था। अन्य कलाओं की अपनी भाषा की तरह फ़िल्म भाषा की बात भी शिद्दत से उठ रही थी—ख़ासतौर पर आइजेंस्ताइन के बाद से मोन्ताज़, फ्रैगमेंटेशन, मेटॉनिमी, फ़िल्म टेक्स्ट, सेमियॉटिक्स जैसे अनेक शब्द फ़िल्म-समीक्षा की भाषा में प्रविष्ट हो चुके थे। इनमें से अधिकांश शब्दों या पदों की जड़ें भाषा-शास्त्र में हैं तथा फ़िल्म-भाषा के अलग व्याकरण की खोज से सम्बन्धित हैं। लेकिन किसी भी विधा की भाषा अन्य कलाओं से सर्वथा निरपेक्ष नहीं होती। कविता में भी जब हम लय या बिम्ब या ध्वनि की बात करते हैं, तो संगीत या चित्र या फ़िल्म के विभिन्न सन्दर्भ हमारे दिमाग में रहते हैं। 'पॉथेर पाँचाली' फ़िल्म केवल इसी अर्थ में साहित्यिक नहीं है कि वह विभूति भूषण वंद्योपाध्याय के उपन्यास पर आधारित है—उसकी मूल संरचना भी औपन्यासिक है। यह उपन्यास-वस्तु का फ़िल्म-वस्तु में कुशल रूपान्तरण है, पर उस अर्थ में नहीं, जिसमें पीटर ब्रुक (1925) का 'महाभारत' (1989) या कुरोसावा का 'थ्रोन ऑफ़ ब्लड' (मैकबेथ पर आधारित) या 'रॉन' (किंग लिअर पर आधारित) हैं। इन दोनों निर्देशकों ने एक एपिक या शेक्सपियर के नाटकों के पाठ या टेक्स्ट को एक नई फ़िल्म-स्क्रिप्ट में तब्दील करके अत्यन्त मौलिक ढंग से प्रस्तुत किया है। किसी साहित्यिक कृति को फ़िल्मी भाषा में पेश करने का यह भी एक जायज़ तरीक़ा है। लेकिन सत्यजित राय मूल रचना की बुनियादी पहचान को लगभग अक्षुण्ण रखते हैं, तथा मूल टेक्स्ट के साथ एक सीधा और सरल रिश्ता बनाते हैं। दूसरे देशों की कृतियों पर फ़िल्म बनाते समय भी राय की कोशिश यही रहती थी कि फ़िल्मांकन की ज़रूरतों के बावजूद जहाँ तक सम्भव हो, मूल कृति की पहचान भी बरक़रार रखी जाए। क्लासिक्स के फ़िल्मांकन का यह प्रचलित तरीक़ा रहा है और इस तरीक़े से भी हमारे समय में कुछ अत्यन्त सफल फ़िल्में बनी हैं। विवरणात्मक शैली (नैरेटिव स्ट्रक्चर) में ये कुछ बहुत ही उत्कृष्ट फ़िल्में मानी गई हैं। राय की अधिकांश फ़िल्में इसी तरह की फ़िल्मों के निकट पड़ती हैं।

राय ने इस पद्धति को तोड़ा भी है, जैसे 'शतरंज के खिलाड़ी' में, और मूल कथा-वस्तु को अपनी तरह विस्तृत और परिवर्धित किया, पर नतीजे से वह स्वयं भी बहुत सन्तुष्ट नहीं थे। इसीलिए शायद वह 'सद्गति' में पुनः अपने पुराने तरीक़े की ओर लौटे और एक बेहतर प्रेमचन्द हमें दे सके। यह सही है कि 'शतरंज के खिलाड़ी' भी पश्चिम में पसन्द की गई, पर इसमें कोई सन्देह नहीं कि प्रेमचन्द की कहानी के बारीक़ रेशे फ़िल्म की इतिहास-सामग्री की दंद-फंद के नीचे बहुत कुछ दब भी गए। पुरानी लखनवी तहज़ीब के प्रति सत्यजित राय

के मन में किंचित भावुक-सा लगाव था। अब्दुल हलीम शरर के 'गुज़िश्ता लखनऊ' के वह प्रशंसक थे। कहते थे कि हमें शरर से सीखना चाहिए कि एक गुज़रे हुए ज़माने का सांस्कृतिक इतिहास किस तरह लिखा जाए। शरर में अद्‌भुत सर्वांगीणता है : पूरी तरह सन्तुष्ट करती है उनकी किताब। लेकिन प्रेमचन्द से अधिक लखनऊ के नवाबी अतीत पर नज़र रखने का एक दुष्परिणाम यह हुआ कि 'शतरंज के खिलाड़ी' का मुख्य साहित्यिक आशय अपनी धुरी से थोड़ा खिसक गया।

बड़े बजट की फ़िल्मों की अपनी व्यावसायिक मजबूरियाँ और दबाव होते हैं। राय की प्रतिभा इन दबावों में काम करना स्वीकार नहीं करती । छोटे बजट की फ़िल्मों में वह ज़्यादा आज़ादी से काम कर पाते हैं। यह भी एक सचाई है कि न तो प्रेमचन्द, न ही राय की मानसिकता उस प्रकार के ग्लैमर के अनुकूल ठहरती थी, जिसे 'शतरंज के खिलाड़ी' के बाद राय ने फिर नहीं दुहराया। राय की कला की शर्तें और उनका स्वभाव दोनों ही बम्बइया लकदक और हॉलीवुड के विशाल फ़िल्म-तंत्र को कभी भी अपना न सके। हिन्दी भाषा को लेकर भी सत्यजित राय काफी अटपटा महसूस करते हैं। प्रेमचन्द की कहानियों और भाषा का वे स्वयं बांग्ला में उस प्रकार रूपान्तरण नहीं कर सके, जैसे इब्सन के 'एनेमी ऑफ़ द पीपुल' का 'गणशत्रु' में या टैगोर के उपन्यासों का। यह भी एक कारण है कि बाद में प्रेमचन्द की 'सद्‌गति' के मूल कथानक में अधिक परिवर्तन न करके उसे ज्यों का त्यों चित्रित करना उन्होंने बेहतर समझा।

चेहरों के निकट अध्ययन द्वारा सूक्ष्म मनोभावों को अंकित करने और उन्हें बाहरी दृश्यों की अनुकूल छवियों में बाँधने में सत्यजित राय बेजोड़ हैं, लेकिन इस सन्दर्भ में एक महत्त्वपूर्ण अन्तर की ओर भी ध्यान जाता है। प्रेमचन्द की कहानियों में प्राकृतिक दृश्यों की भाषा का इस्तेमाल न्यूनतम है—चरित्र और स्थितियाँ उनकी कहानियों की मूल सामग्री हैं। राय की कला में जगहों और पृष्ठभूमि का आत्यंतिक महत्त्व रहता है। प्रेमचन्द सहायक दृश्यों को ज़्यादा नहीं बोलने देते। वे दृश्य मूक या सपाट रहते हैं। जहाँ वे बोलते हैं, जैसे 'पूस की रात' का अँधेरा और ठंड, वहाँ वे लगभग एक पात्र की तरह सजीव होकर कहानी में उभरते हैं। प्रेमचन्द कहानी के हाशियों और बीच की जगहों को क़रीब-क़रीब सादा छोड़ देने की तकनीक अपनाते हैं, ताकि प्रमुख कथा-वस्तु का बारीक़ से बारीक़ रेशा भी उभरकर साफ़ दिखाई दे। राय पृष्ठभूमि को ख़ाली नहीं छोड़ते। उसे एक निश्चित पहचान देते और पात्रों के साथ संश्लिष्ट रखते हैं। 'पॉथेर पाँचाली' का गाँव एक सम्पूर्ण रंगमंच है। 'गोदान' या 'कफ़न' का गाँव केवल एक मंच है, जिस पर अनेक पात्र आलोकित होते हैं। इस माने में राय की तकनीक प्रेमचन्द से थोड़ा भिन्न है, जबकि राय की 'सद्‌गति' प्रेमचन्द की तकनीक पर बनी एक फ़िल्म मानी जा सकती है।

प्रसंगवश, कहना चाहूँगा कि प्रेमचन्द के विशाल मानवीय फलक को अगर मार्क्सवादी पूर्वग्रहों से परिसीमित करके न देखा जाता, तो सम्भव है, 'कफ़न' पर आधारित मृणाल सेन की 'ओका ओरी कथा' एक बहुत ही सशक्त फ़िल्म बनती। फिर भी, 'कफ़न' की मूल कथावस्तु को ज्यों का त्यों रखते हुए और अपने आग्रहों और व्याख्याओं को उसके इर्द-गिर्द बाहर से ही चिपकाकर, मृणाल सेन ने प्रेमचन्द को नुकसान नहीं पहुँचाया : सिर्फ उनकी कुछ बारीकियों पर मोटी क़लम फेर दी। 'ओका ओरी कथा' में अगर 'शतरंज के खिलाड़ी' की बोझिलता नहीं है, तो 'सद्गति' जैसी सफाई और सादगी भी नहीं है।

राय की दृष्टि मूलतः लिरिकल है, जबकि प्रेमचन्द अपनी बात बेबाकी और दो टूक ढंग से कहते हैं : उसमें लाग-लपेट नहीं, ज़िन्दगी की बेतक़ल्लुफ़ मौजूदगी है। उनकी कला इस हद तक ज़िन्दगी से घुली-मिली रहती है कि वह अलग से दिखाई नहीं देती। जबकि राय की कला अपने होने को छिपाती नहीं, यथार्थ के साथ-साथ अपनी भी एक स्पष्ट पहचान बनाती चलती है।

मुझे ऐसा लगता है कि बांग्ला उपन्यासों के चरित्रों और वातावरण को राय की फ़िल्में जिस ख़ूबी और विश्वास से पकड़ती हैं, अ-बांग्ला कृतियों के साथ उतनी सहज नहीं हो पातीं—या शायद उतनी आत्मीय नहीं हो पातीं। टैगोर की कृतियों पर बनी 'चारुलता' या 'तीन कन्या' जैसी उनकी उत्कृष्ट फ़िल्मों में बराबर यह लगता है कि वह अपनी ज़मीन पर हैं। प्रेमचन्द या इब्सन भिन्न प्रकार की प्रतिभाएँ हैं। प्रेमचन्द की कहानियों का कलेवर उत्तर प्रदेश के किसान की तरह बाहर से चिमड़ा, सख़्त और खुरदुरा है। राय की दृष्टि मूलतः काव्यात्मक है। प्रेमचन्द का यथार्थ अगर कड़ी चिलकती धूप में तपता हुआ भूखंड है, तो राय के यथार्थ में राहत देती कोमल छायाएँ भी हैं।

अन्त में थोड़ा विचार राय की उन फ़िल्मों को लेकर, जो उनकी अपनी कहानियों पर बनी हैं। जैसे 'कंचनजंघा', 'नायक' या उनकी एक कम विदित फ़िल्म 'पिक्कूज़ डे'। 1962 में बनी 'कंचनजंघा' उनकी पहली रंगीन फ़िल्म है। रंगों के इस्तेमाल को लेकर मैंने एक बार उनसे 'अशनि संकेत' का ज़िक्र किया था कि उसके विषय को देखते हुए शायद रंगों का इस्तेमाल कहीं-कहीं कुछ ज़्यादा चटक हो गया है। यह बात भी उठी थी कि काली-सफेद फ़िल्मों के उत्कृष्टतम फ़िल्मकारों के लिए अक्सर रंगों के माध्यम में काम करना उसी प्रकार मुश्किल रहा, जैसे मूक युग के फ़िल्मकारों के लिए ध्वनि के माध्यम में। चार्ली चैपलिन की 'गोल्ड रश' से 'डचेस इन हांगकांग' तक की फ़िल्म-यात्रा में इस तथ्य को बख़ूबी देखा जा सकता है।

राय अंशतः सहमत थे, पर 'कंचनजंघा' को इसका अपवाद मानते थे। इधर हाल ही में मुझे टीवी पर यह फ़िल्म देखने को मिली। टीवी प्रस्तुति को देखकर रंगों के बारे में कोई पक्का फ़ैसला नहीं दिया जा सकता, फिर भी इतना मुझे ज़रूर लगा कि इस फ़िल्म में रंगों का बहुत ही सधा हुआ इस्तेमाल हुआ है। विषय की गरिमा को रंगों ने सही तरह उभारा है। शायद इससे यह बात भी सिद्ध होती है कि बहुत भड़कीले रंगों का इस्तेमाल फ़िल्मों के ग्लैमर उद्योग से ज़्यादा जुड़ा है। गम्भीर विषयों या साहित्यिक गुणों वाली फ़िल्में, रंगों के मामले में अतिरिक्त संयम बरतती रही हैं।

राय के सिनेमा और साहित्य के बीच सम्बन्ध इतने सरल नहीं हैं कि उसके विभिन्न पक्षों पर एक सामान्य लेख की सीमा में पूरी बहस अँट सके। मैंने यहाँ प्रेमचन्द और राय को ही मुख्य सन्दर्भ में रखकर अपनी कुछ प्रतिक्रियाएँ दी हैं। इनसे मतभेद सम्भव है। एक बड़े कलाकार के बड़प्पन की पहचान यह भी है कि उनकी रचनाओं की अनेक व्याख्याएँ सम्भव होती हैं। राय की फ़िल्में जीवन के तमाम पक्षों को हमारे सामने रखती हैं और कई तरह के प्रश्न उठाती हैं। इस सवाल का उत्तर कि राय की फ़िल्में हमारे सामने केवल समस्याएँ रखती हैं या किसी प्रकार की बौद्धिक चुनौती भी, शायद हमें उनकी समग्र जीवन-दृष्टि में खोजना होगा। राय की फ़िल्मों में परिवार की केन्द्रीय भूमिका रहती है। उनकी भारतीयता और जीवनमूल्यों की गहरी जड़ें बंगाल में, तथा उन संस्कारों में थीं, जिसकी मूल इकाई भारतीय परिवार को माना जा सकता है। राय ने फ़िल्मों में ही नहीं, निजी व्यवहार में भी इस पक्ष को अतिरिक्त महत्त्व दिया, तथा इसके अर्थ को विस्तृत किया। इसे उन्होंने शक्ति दी भी, और उसी से शक्ति ग्रहण भी की। 'कंचनजंघा' की बनावट में परिवारों का संयोजन महत्त्वपूर्ण है। 'आगंतुक' में पाश्चात्य मूल्यों के विघटन के पीछे राय उसी संत्रास को देखते हैं, जिसका एक समाधान नायक मनमोहन एक सरल और सहज मध्यवर्गीय परिवार के सान्निध्य में भरपूर महसूस करता है। राय के लिए परिवार का अर्थ, निजी व्यवहार में भी, केवल उनके अपने घर तक ही सीमित नहीं था : उनके मित्रों, परिचितों, सहयोगियों और सहधर्मियों का एक वृहत्तर पारिवारिक दायरा बनता था—मानो 'वसुधैव कुटुंबकम' के उदात्त आदर्श को चरितार्थ करता हुआ। जो भी उनके निकट सम्पर्क में आया, उनके उदार व्यक्तित्व के इस पक्ष से प्रभावित हुए बिना नहीं रह सका। आज भी मेरे लिए यह तय करना मुश्किल होगा कि मानिक दा से जुड़ाव का मूलाधार कहाँ तक फ़िल्में थीं, कहाँ तक साहित्य था और कहाँ तक पारिवारिक था । राय अगर शरतचन्द्र जैसे उपन्यासकार की ओर बहुत आकृष्ट नहीं हुए, तो हो सकता है, कहीं इसके लिए शरत के नायकों का वह उखड़ापन और फक्कड़ स्वभाव हो, जो पारिवारिक जीवन का लगभग निषेध जान पड़ता है। उनके साथ काम करने वाले

कलाकारों और टेक्नीशियन्स का एक ग्रुप-सा बन गया था, जिसके साथ काम करना राय अन्त तक पसन्द करते रहे। अनायास स्नेह में बाँधे रखने वाला उनका अपनत्व हर एक ने महसूस किया होगा। सत्यजीत राय उन विरल कलाकारों में से थे, जिन्होंने जिजीविषा के सही अर्थ को समझा और उसे अपने काम से जोड़े रखकर दोनों को गौरवान्वित किया।

# सत्यजित राय : एक संस्मरण

मेरे लिए सत्यजित राय को उनके कामों के द्वारा जानना इस युग के अत्यन्त प्रतिभा-सम्पन्न, कुशल और संवेदनशील फ़िल्मकार को जानना था। उन्हें व्यक्तिगत स्तर पर निकट से जानना एक बहुत ही उदार, सुहृद, स्नेही और सुसंस्कृत इंसान को जानना था।

उनसे मेरी पहली भेंट लखनऊ में हुई, जब वे 'शतरंज के खिलाड़ी' के फ़िल्मांकन के सिलसिले में यहाँ आए हुए थे। उनके अत्यन्त व्यस्त कार्यक्रम के बावजूद मुझे बातचीत का काफ़ी मौक़ा उनकी ओर से मिलता रहता था। कभी-कभी मुझे संकोच भी होता कि मेरे कारण कहीं उनका ज़रूरी समय मेरे साथ बातचीत करने में नाहक़ नष्ट तो नहीं हो रहा—पर बहुत ही सहज और स्नेहपूर्ण ढंग से वह मुझे आश्वस्त कर देते कि यह बातचीत भी उनके लिए ज़रूरी है।

पुरानी लखनवी संस्कृति के प्रति उनके मन में भावुक लगाव था। इस तरह के लगाव का एक दूसरा रूप हम उनकी 'जलसाघर' फ़िल्म में देखते हैं। पुराने लखनऊ के गली-कूचों में उनके साथ घूमते हुए मैंने कई बार अनुभव किया कि वे एक गुज़िश्ता लखनऊ को सिर्फ़ फ़िल्मकार की निगाहों से नहीं देख रहे थे, एक साहित्यकार और कवि की संवेदनशीलता से भी देख रहे थे। इतिहास और साहित्य के वह मर्मज्ञ पाठक थे, जिसने उनकी फ़िल्म-कला को एक अतिरिक्त आयाम दिया है। मुझे आश्चर्य तब होता, जब वह फ्रांकफुर्त स्कूल के विचार, बेन्यामिन या एडॉर्नो पर भी उतनी ही गहराई से बातचीत करते, जितनी गहराई से किसी फ़िल्म, संगीत या साहित्य पर।

लखनऊ के बाद भी उनसे कई मुलाकातें हुईं—आम तौर पर फ़िल्म समारोहों में। कभी-कभी उनके साथ भी फ़िल्म देखने का मौक़ा मिला। तारकोव्स्की की 'सैक्रीफाइस' ऐसी ही एक फ़िल्म थी। फ़िल्म के बाद फ़िल्म पर बातचीत का एक अलग ही लाभ होता था।

अपनी विभिन्न प्रकार की व्यस्तताओं के बावजूद वे पत्रों का उत्तर देने के मामले में अत्यन्त सतर्क थे : बीमारी के दिनों में भी वे हाथ से ही पत्र लिखते थे

और अन्त तक उनकी लिखावट आश्चर्यजनक रूप से दृढ़ और सधी हुई थी। मृत्यु से कुछ ही समय पहले लिखा उनका एक पत्र इस बात का प्रमाण है कि अस्वस्थता के बावजूद उन्होंने पत्र लिखना कभी ग़ैर-ज़रूरी नहीं समझा। आज थोड़ी शर्मिन्दगी भी महसूस होती है कि उनकी उस उदारता का पूरा लाभ नहीं उठा सका और उत्तर देने में मेरी ओर से अक्षम्य चूक होती रही। कुछ तो मेरे मन में उनके स्वास्थ्य और व्यस्त समय दोनों को लेकर यह संकोच भी रहता था कि उन पर उत्तर देने का अतिरिक्त बोझ न पड़े, लेकिन यह सही है कि यदि पत्र लिखने में मेरी ओर से अधिक तत्परता रहती, तो निश्चय ही हमारे पास आज एक अमूल्य धरोहर होती।

साहित्य पर भी मानिक दा की पकड़ उतनी ही पक्की और संवेदनशील थी जितनी सिनेमा पर : उनका सिनेमा साहित्य के साथ इस अन्तरंग विनिमय का अनोखा दस्तावेज़ है। हमारे बीच भी संवाद का जो दुर्लभ सम्बन्ध बन सका, उसका पूरा श्रेय मानिक दा को है, जिन्होंने इस सम्बन्ध को महत्व दिया : उस अमूल्य समय को आज मैं बहुत ही स्नेह और आदर से याद करता हूँ, जो वे उदारतापूर्वक मुझे देते रहे—ख़ासकर उन लम्बी, विविध और बहुत ही रोचक बातचीतों को, जो लखनऊ में अक्सर मेरे घर पर होती थीं।

'शतरंज के खिलाड़ी' की शूटिंग के दौरान अक्सर उनके साथ साइट पर या डबिंग के समय भी उनके साथ रहूँ, इसका पूरा अवसर वे देते थे। एक दिलचस्प प्रसंग याद है, जिसका सन्दर्भ उनके पत्र में भी है। क्लार्क्स होटल में सईद जाफ़री ने ज़ोर दिया कि डबिंग के दौरान उनके और मानिक दा के अलावा कमरे में और कोई न रहे। कुछ लोगों के साथ मैं भी कमरे से बाहर आ गया। मानिक दा को यह अच्छा नहीं लगा। कलकत्ता पहुँचकर उन्होंने मुझे एक पत्र लिखा, जिसमें इस प्रसंग पर अपना क्षोभ प्रकट किया। बहुत ही साधारण-सी घटना थी—पर साहित्य को लेकर तथा दूसरों के प्रति, उनके मन में जैसा आदर-भाव था, वैसा मैंने कम ही लोगों में पाया है। उनकी फ़िल्मों को याद करें, तो हम एक ऐसी विनम्र मानव-संस्कृति के सम्मुख होते हैं, जिसके वह स्वयं एक जीता-जागता स्रोत और सार थे। सहानुभूति (सिम्पैथी) और समानुभूति (एम्पैथी) उनके व्यक्तित्व का सहज गुण था। जिस निरन्तर संवेदनशीलता को हम उनकी फ़िल्मों में प्रवाहित देखते हैं, उसके साकार उत्स को इतने निकट से जानना मेरे जीवन का एक विरल अनुभव था।

'शतरंज के खिलाड़ी' के फ़िल्म रूपान्तरण तथा प्रेमचन्द की कहानी में किए गए परिवर्तनों को लेकर मैं उनसे बहुत सहमत न था, इसे वे भली-भाँति जानते थे। इस पर उनसे कई बार बातें भी हुईं। लखनऊ की नवाबी ज़मानों की पुरानी रौनक़ को वह इस फ़िल्म में दर्शाना चाहते थे—रंगों, लिबासों, जगहों, संगीत, नृत्य आदि के चित्रण द्वारा। मेरे मन में उनके 'जलसाघर' की सादगी की छवि प्रमुख थी। मैं नहीं सोचता था कि 'शतरंज के खिलाड़ी' प्रेमचन्द की कहानी के मिज़ाज के

अनुकूल ठहरेगी। इस बात को वह भी समझ रहे थे, पर तब तक फ़िल्म इतना आगे बढ़ चुकी थी कि उसमें आमूल कोई फेरबदल करना सम्भव नहीं था। अपने एक पत्र (5-5-78) में मानिक दा ने 'शतरंज के खिलाड़ी' पर अपनी जो बेबाक प्रतिक्रिया व्यक्त की है, वह आत्मालोचना का एक अद्भुत उदाहरण है। 'सद्गति' में हम एक बार फिर उन्हें 'जलसाघर' की सादगी की ओर लौटते देखते हैं—और मेरे विचार से एक ज़्यादा प्रामाणिक प्रेमचन्द की ओर भी। निर्भीक आत्मालोचना के बिना अच्छा कलाकार तो क्या, अच्छा इंसान भी बन पाना मुश्किल है—इस अनुभूति के लिए उनके प्रति हृदय से कृतज्ञ अनुभव करता हूँ।

उनका क्रिसमस 1991 का पत्र जितना संक्षिप्त है, उतना ही मर्मस्पर्शी भी। अपने काम के प्रति पूर्ण आस्था, प्यार और समर्पण का अविस्मरणीय उदाहरण—'बस, इतनी शक्ति चाहता हूँ कि प्रतिवर्ष एक फ़िल्म बना सकूँ।' यह एक अद्भुत सन्देश भी है। मेरे पास यह उनका अन्तिम पत्र है। इसके बाद वह गम्भीर रूप से बीमार हो गए थे और दुर्भाग्यवश अप्रैल 1992 में उनका निधन हो गया।

उनके पत्र भी उनके आत्मान्वेषण और जिजीविषा का जो आभास देते हैं, वह सिर्फ़ उन्हें और उनकी फ़िल्मों को ही नहीं, हमें ख़ुद को समझने में भी दूर तक मदद कर सकते हैं।

सत्यजित राय आज हमारे बीच में नहीं हैं, पर अपनी फ़िल्मों का जो बड़ा संसार उन्होंने धरोहर के रूप में हमारे लिए छोड़ा है, वह अभूतपूर्व है। उनके काम करने के तरीक़े में जो एक गहरी लगन, सौष्ठव, संयम और सलीका था, वह अपने आप में एक बड़ी शिक्षा थी।

# डायरी के पन्ने

**20 मार्च, 1976**

आज सत्यजित राय और सुरेश ज़िन्दल (फ़िल्म 'रजनीगंधा' के निर्माता) से मुलाकात हुई। राय मिलनसार, भले और वार्तातुर व्यक्ति हैं। साहित्य में उनकी गहरी दिलचस्पी है और सिनेमा में मेरी, इसी नाते हम दोनों एक ही स्तर पर एक-दूसरे से बातचीत कर सके, जो कि कम से कम मेरे लिए ख़ासी रोमांचक और ज्ञानवर्धक रही।

ज़िन्दल से मेरी मुलाकात आज सुबह ही भाभी के घर हो गई थी । वह बेहद परहेज़ के साथ खाना खा रहे थे, वह हाल ही में एक गम्भीर बीमारी से उबरे हैं। उन्होंने कुछ समय पहले एक ख़त में मुझे लिखा था कि सत्यजित राय उनके साथ एक फ़िल्म बनाना चाहते हैं। इसके लिए उन्होंने जो कहानी चुनी है या जिस कहानी से प्रधान विचार चुना है, वह है प्रेमचन्द की 'शतरंज के खिलाड़ी।' उसमें वह पुराने लखनऊ की पृष्ठभूमि रखेंगे।

'मुझे ख़ुशी है कि आप सत्यजित राय को हिन्दी में फ़िल्म बनाने के लिए राज़ी कर सके'। मुझे आभास हुआ कि जब से 'स्टारडस्ट' में यह ख़बर छपी है, तब से शायद यही वाक्य ज़िन्दल के सामने सबसे ज़्यादा बार आया हो।

ज़िन्दल मेरे दूर के रिश्तेदार हैं, लेकिन इससे ज़्यादा मेरी यह जानने में दिलचस्पी थी कि सिनेमा से उनका कितना गहरा सम्बन्ध है। वह बेहद सख़्त और दृढ़-संकल्पवान व्यक्ति हैं। उनकी पहली उपलब्धि थी 'रजनीगंधा' और सत्यजित राय के साथ उनकी दूसरी योजना...यही दो तथ्य भली-भाँति उनका परिचय दे देते हैं। राय फ़रवरी में आने वाले थे। बाद में उन्होंने मुझे बताया कि वह उस दौरान दक्षिण भारतीय नर्तकी बाला सरस्वती पर एक छोटी फीचर फ़िल्म में व्यस्त थे।

ज़िन्दल ने मुझसे कहा कि राय शाम चार बजे वाली फ्लाइट से कलकत्ता से आएँगे। वह सही समय पहुँच गए और थोड़ी देर बाद ही मेरे पास ज़िन्दल का फोन आया कि वे दोनों अगले एक घंटे में मेरे यहाँ पहुँच जाएँगे।

जब सत्यजीत राय कार से बाहर निकले और मुस्कराते हुए हाथ मिलाया, तो यह यक़ीन करना मुश्किल हो गया कि हम पहली बार मिल रहे थे।

मुझे पता था कि राय को हिन्दी बहुत कम आती है, हिन्दी साहित्य के बारे में उनका ज्ञान उससे भी कम है और मेरे साहित्य के बारे में तो वह कुछ भी नहीं जानते। ज़िन्दल, जिनका ख़ुद का हिन्दी साहित्य–ज्ञान बेहद दुर्बल था, ने सम्भवत: राय को बताया था कि मैं शायद हिन्दी का कोई कवि या साहित्यकार हूँ। जब हम मिले, तो अगर राय ने अपने मन के भीतर मेरी छवि किसी खाँटी हिन्दीवाला जैसी बना रखी हो, तो इसके लिए मैं उन्हें कोई दोष नहीं दूँगा। मैं सिर्फ अन्दाज़ा ही लगा सकता हूँ कि जब वह यहाँ से लौटे होंगे, उन्होंने मेरे बारे में क्या सोच रखा होगा और वह ख़ास हिन्दीवालों से कितना अलग रहा होगा। यह मैं इस तथ्य के बावजूद कह रहा हूँ कि उन्हें अमृतलाल नागर से काफी 'हैवी डोज़' मिला था, जो कि लखनऊ से भी ज़्यादा लखनऊ हैं। नागर जी से हमारी मुलाक़ात उसी रोज़ होनी थी। मैंने समय लेने के लिए उन्हें फ़ोन किया। तुनकमिज़ाज बुज़ुर्गवार पर्याप्त कुपित हो गए, क्योंकि पहले उन्हें यह लगा, मैं उन्हें राय से मिलने के लिए अपने घर बुला रहा हूँ। मेरी मंशा यह क़तई नहीं थी, लेकिन दुर्भाग्य से, और पता नहीं क्यों, उन्होंने यही समझ लिया और राय के मुक़ाबले अपनी महत्ता के दावे दाग़ते हुए मुझ बेचारे पर बरस पड़े। मैंने उनके सारे प्रहार बर्दाश्त किए, जो कि भयानक होने से ज़्यादा मनोरंजक थे। मैंने उनसे आग्रह किया कि आप अपने क़िले में ही बने रहें, राय अभी थोड़ी देर में आपको सजदा करने पहुँचेंगे। मुझे लगता है कि राय, जिनमें पुराने की पड़ताल करने की बेहद सूक्ष्म दृष्टि है, जो कि कम लोगों में होती है, उन्हें लखनऊ का प्रामाणिक पुरातात्विक–दृष्टान्त अवश्य ही प्रशंसनीय लगा होगा।

कुछ बातचीत जो हमारे बीच हुई :

**आपने हिन्दी फ़िल्म बनाने का विचार कैसे किया? ज़िन्दल ने आपको राज़ी कैसे कर लिया?**

मैं पहले से ही, आधे से ज़्यादा, ख़ुद ही राज़ी था कि प्रेमचन्द की 'शतरंज के खिलाड़ी' पर फ़िल्म बनाऊँगा। ज़िन्दल ने उस प्रक्रिया को पूरी करने में मेरी मदद की।

**शतरंज के खिलाड़ी की ऐसी कौन–सी ख़ासियत ने आपको आकर्षित किया?**

पुराने लखनऊ की पृष्ठभूमि। अवध को जीतने के लिए ब्रिटिशों द्वारा शतरंज जैसी चालों ने। दो नवाबों का शतरंज के खेल में मुब्तिला रहने का प्रतीक। जीतने की दोनों की अति–व्याकुलता, जबकि असली खेल तो वे चालाक ब्रिटिशों से हार रहे थे । यही बुनियादी ढाँचा है, जिस पर मैं काम कर रहा हूँ।

(जब मैंने कहा कि यह कथातत्व तो बेहद छरहरा है और उस पर फ़िल्म बनाने के लिए आपको इसमें सिनेमाई पैडिंग्स करनी होंगी और अगर ऐसा करेंगे, तो यह

कहानी महज़ कहानी के एक विचार में तब्दील हो सकती है, उन्होंने ज़ोर देकर कहा कि उनकी दिलचस्पी प्रथमतः उसी विचार-मात्र में है।)

**आप कहानी के ढाँचे में जो बदलाव कर रहे हैं, उसमें क्या दिक़्क़तें आ रही हैं?**

पृष्ठभूमि की मूल कथा में जोड़ने के लिए सही बिन्दुओं की तलाश—पतनशील नवाब बनाम महत्त्वाकांक्षी ब्रिटिश—और वह अग्रभूमि, यानी कि दो शतरंज के खिलाड़ी—इन सबको खोजना। आप जानते ही हैं, यह सब मैं अपनी सिनेमाई शर्तों पर करना चाहता हूँ।

**यह सब प्रेमचन्द की कहानी के साथ कोई हिंसा नहीं होगी, बल्कि एक अलग कला-विधा में कहानी के मूल अर्थ का विस्तार करना ही होगा?**

बिल्कुल, बिल्कुल। मेरी उम्मीद है कि यह ऐसे ही होगा।

**और पटकथा तथा हिन्दी भाषा? हिन्दी आपको कुछ ख़ास समस्या दे रही?**

अभी तो नहीं कह सकता, लेकिन ज़ाहिर-सी बात है, जब आप किसी ऐसी भाषा में फ़िल्म बनाने जाते हैं, जिसे आप बेहद कम जानते हैं, जैसे कि मैं हिन्दी कम जानता हूँ, तो कई क़िस्म की समस्याएँ तो आएँगी ही। मैं अपनी पटकथाएँ ख़ुद तैयार करता हूँ। मुझे किसी ऐसे की मदद लेनी होगी, जो मुझे सटीक शब्द और भाषा दे सके।

(वह इस वाक्य में यह ज़रूर जोड़ना चाहते होंगे कि उस व्यक्ति में इतनी प्रतिभा और धैर्य भी हो कि वह सत्यजित राय के साथ काम कर सके।)

**मेरा अनुमान है कि आप इस फ़िल्म पर काफ़ी समय से काम कर रहे हैं?**

मैं उस दौर के कई पुराने रिकॉर्ड्स टटोल रहा हूँ और कलकत्ता नेशनल लाइब्रेरी में जो किताबें उपलब्ध हैं, उन्हें पढ़ रहा हूँ। मुझे लगता है कि पृष्ठभूमि के बारे में मैं बहुत हद तक स्पष्ट हूँ, बस, अग्रभूमि की कथा के साथ चीज़ों को बेहद बारीक़ी से जोड़ना है।

**कोई ऐसी किताब, जिसे आपने बेहद उपयोगी पाया हो?**

उन्होंने शरर की किताब का नाम लिया। विलक्षण तफ़्सीलें हैं, उस दौर की लगभग सम्पूर्ण पुनर्रचना है उस पुस्तक में। उसे पढ़ने के बाद जैसे किसी और किताब की ज़रूरत ही न पड़े।

**वह उर्दू में थी।**

अब उसका बहुत सुन्दर बांग्ला अनुवाद उपलब्ध है। मेरी ख़ुशक़िस्मती है। मैं उसमें डूबा हुआ हूँ।

**आपको वैसे भी इतिहास में दिलचस्पी है?**

बेहद।

**आपने 'जलसाघर' में भी जीवन के पतनशील पहलू को छुआ है। इस बार भी आप लगभग मिलता-जुलता अतीत चुन रहे हैं। कोई ख़ास कारण?**

'शतरंज के खिलाड़ी' की थीम अलग है। आप कह सकते हैं कि उसकी पृष्ठभूमि में भी पतन का चित्रण है। वह एक पतनशील सामन्ती समाज था और उसका ख़त्म होना वैसे भी तय था। (एक क्षण के लिए वह रुके और अपनी बात में जोड़ा) कभी-कभी यह नहीं लगता कि अंग्रेज़ों ने उस ख़त्म होने की प्रक्रिया को थोड़ा तेज़ कर दिया था?

**लेकिन उन्होंने नहीं किया था। उन्होंने सामन्तवाद की जगह उससे भी बुरे उपनिवेशवाद को खड़ा कर दिया। वे नवाबों की ही जगह पर बैठ गए और नवाबों से भी बुरा शासन किया, उन्होंने यहाँ की जीवनशैली, जिसकी समझ उन्हें बेहद कम थी, को भ्रष्ट और अश्लील बनाया। वे भारत को सभ्य बनाने की कोशिश करने लगे, जबकि वे यह भूल गए कि भारत उनकी अपनी सभ्यता से बहुत पुरानी है और ये जगह पहले से सभ्य थी।**

सच है, बहुत सच है, पर उस सभ्यता के अवशेष कम ही बचे थे, ख़ासकर नवाब के दरबारों में। हो सकता है, उस सभ्यता को खोजने की वह सही जगह न रही हो। अगर वे ब्रिटिश शासक भारत को समझने की थोड़ा और कोशिश करते, जैसा कि उन्हीं के बीच के कई प्राच्य विद्वानों ने किया था, तो वे यहाँ के लोगों के साथ सार्थक व उपयोगी संवाद स्थापित कर सकते थे, लेकिन वे तो यहाँ के लोगों को आदिवासी या नेटिव्स जैसा दर्जा देकर बस उनका शोषण करना चाहते थे।

**वह बहुत रोचक दौर था—खासकर यूरोपियन्स का एक महान देश के सम्पर्क में आना, इसकी भौतिक व सांस्कृतिक सम्पदा से जुड़ना। आप क्या सोचते हैं इसके बारे में?**

हां, उनके बीच जातीय संवाद तो था, लेकिन यूरोपीय संस्कृति यहाँ असफल हो गई। यदि वह सफल हुई होती, तो यहाँ भी ईरान, ग्रीक या फारस जैसा परिणाम मिलता। वह पूरा समय खांटी विक्टोरियन उपनिवेशवादी दृष्टिकोण का था, जिसमें स्थानीय लोगों को समान अधिकार देने को कोई तैयार ही नहीं था।

# जन अरण्य

एक अच्छी फ़िल्म का आइडिया कमज़ोर साहित्य से भी पाया जा सकता है, बशर्ते फ़िल्म उसका विकास करने के लिए अपनी निजी भाषा, तकनीक व संसाधनों का प्रयोग करे। फ़िल्म के लिए किसी विषय के साथ निबाह कर सकने के लिए ज़रूरी है कि निर्देशक साहित्य का उपयोग करे, न कि साहित्य द्वारा उपयोग हो जाए। अगर राय की जगह बम्बई फ़िल्मोद्योग का कोई कमतर निर्देशक इसका प्रयोग करता, तो यक़ीनन यह क्लीशे से भरी हुई एक निहायत फ़ॉर्मूला फ़िल्म बनकर रह जाती। 'जन अरण्य' में गुणवत्ता है, तो निश्चित ही उसका कारण कहानी या थीम में नहीं, क्योंकि साहित्य में इस तरह की कहानी का बहुत प्रयोग हो चुका है। ऐसी कहानी की आर्थिक व सामाजिक प्रासंगिकता तो अब भी है, लेकिन उपन्यास में, इसे जिस फ़ॉर्म में चित्रित किया गया है, वह शायद बहुत प्रासंगिक नहीं, और फ़िल्म का मूल विचार वहीं से लिया गया है। 'जन अरण्य' में विषय का चित्रण पुराने साहित्यिक फ़ॉर्म में किया गया है और यह फ़िल्म ख़ासकर राय के जीनियस की ऊँचाई को नहीं छू पाई है। बेशक, पूरी फ़िल्म में राय के हुनर की गुणवत्ता ज़रूर दिखाई देती है।

राय की फ़िल्मों की अनिवार्यत: आख्यानात्मक संरचना, सामान्य तौर पर, उनकी अपनी संवेदनशीलता पर विशेष साहित्यिक प्रभाव के कारण बनती है। 'पॉथेर पाँचाली' का गीतात्मक विवरण राय की अगली फ़िल्मों में बदल जाता है, लेकिन उसका रुझानात्मक गुण तो अब भी वही है। यथार्थ के साथ उनका सम्बन्ध काव्यात्मक या साहित्यिक बना हुआ है। यहाँ सवाल, फ़िल्म की थीम के आर्थिक-सामाजिक तौर पर वैध होने से जुड़ा हुआ नहीं है, बल्कि उस फ़ॉर्म का है, जिसमें वह थीम, फ़िल्म में चित्रित की जाती है।

बहुत पहले 'टाइम' ने राय की फ़िल्मों के बारे में कहा था : 'राय की फ़िल्में अपना जीवन जीने के लिए समय लेती हैं, वे घटित हो जाने की जल्दबाज़ी में नहीं रहतीं।' यह पंक्ति आम तौर पर राय की फ़िल्मों को संक्षिप्त रूप से परिभाषित करती है, किंतु ठीक उन्हीं फ़िल्मों को नहीं, जो 'पॉथेर पाँचाली' के बाद विकसित

हुई हैं। यह टिप्पणी मेरे मन में एक यातनाजनक प्रश्न पैदा करती है कि जब मैं ढाई घंटे की फ़िल्म देखता हूँ, तो आख़िर मैं उससे चाहता क्या हूँ? क्या उस फ़िल्म को अपना पूरा समय लेना चाहिए? या उस फ़िल्म में घटित हो जाने की एक जल्दबाज़ी होनी चाहिए? पश्चिम में जहाँ चीज़ें बहुत तेज़ रफ्तार से बदल रही हैं, वहाँ के दर्शक को यह अच्छा लगता है कि राय की फ़िल्में अपना जीवन जीने के लिए पूरा समय लेती हैं, लेकिन मेरे लिए पश्चिम की फ़िल्मों व कला में दिलचस्पी का एक संक्षिप्त कारण यह भी है कि वे घटित हो जाने की जल्दबाज़ी में रहती हैं। आधुनिकतावाद का एक महत्त्वपूर्ण पहलू यह भी है कि वह हमें ऐसी नज़र देता है, जहाँ पर साधारण गति की चीज़ों को भी हम घटित होने की गति से देखें। यह अपने परिवेश में एक ख़ास क़िस्म की शिरकत के सवाल से जुड़ा हुआ है। महान कलाकार महान अपेक्षाएँ पैदा करता है और महान आलोचनाओं को निमंत्रित करता है। जब हम राय का मूल्यांकन करते हैं, तब हम उन्हें समकालीन विश्व-सिनेमा की श्रेष्ठतम प्रतिभाओं से कहीं से भी कमतर नहीं आँकते। यदि 'जन अरण्य' हमारी कसौटी पर खरी नहीं उतरती, तो इसलिए कि वह हमारी अपेक्षाओं की पूर्ति के उस स्तर तक नहीं पहुँच पाती, जिसके नाते हम उसे कम से कम राय की सर्वश्रेष्ठ कृतियों में रख सकें, भले विश्व-सिनेमा की श्रेष्ठतम कृतियों में न रख पाएँ।

**सत्यजित राय की 'जन अरण्य'**

'टाइम' और 'साइट एंड साउंड' की लगभग उदासीन-सी प्रतिक्रियाओं से हमें पश्चिम के मूड का अन्दाज़ा मिल जाता है। वे सामाजिक-आर्थिक समस्याओं को

केन्द्र में रखकर बनाई गई राय की फ़िल्मों की सराहना करने में अनिच्छुक जान पड़ते हैं। प्रसंगतः यहाँ 'साइट एंड साउंड' में श्याम बेनेगल की 'अंकुर' फ़िल्म पर की गई टिप्पणी से हमें अहसास होता है कि वे इस तरह के रुझान को कमोबेश मान्य करते हैं, भले ही 'अंकुर' तकनीकी रूप से उतनी परिष्कृत न हो। अपनी कलात्मकता में 'अंकुर' जहाँ कमज़ोर पड़ती है, अपने विषयगत चुनाव में वह उसका मुआवज़ा कर देती है, किंतु 'जन अरण्य' के साथ ऐसा नहीं है। जीवन के विविध दृश्यों व उनकी गीतात्मकता का चित्रण करने में उनकी तकनीक जहाँ सुघड़ व सफल है, वहीं विसंगतियों का चित्रण करते समय वही तकनीक कमज़ोर दिखाई पड़ती है।

राय जीवन के प्रति सत्यनिष्ठ बने रहना चाहते हैं बजाय सिर्फ़ विचार या विचारधारा के, और यह एक नाज़ुक चयन है। उनके यहाँ प्रासंगिक रूपों व अभिव्यक्ति की प्रभावकारी तकनीकों की खोज करना कहीं ज़्यादा ज़रूरी चीज़ लगती है। 'अपना सम्प्रेषण कैसे करे', यह बात ज़्यादा महत्त्वपूर्ण हो जाती है बजाय इसके कि 'वह क्या सम्प्रेषित करे'। सम्प्रेषण का यह तरीक़ा जीवन के बारे में एक पूरा फ़लसफ़ा और तेवर बयान कर सकता है। ऐसा उपन्यासकारों के साथ हुआ है। जेम्स जॉयस और काफ़्का जैसे लेखकों ने जीवन तथा उसके प्रति अपने फ़लसफ़े को स्वयं द्वारा विकसित उपादानों के ज़रिए अभिव्यक्त किया है।

सिनेमा सबसे नया है और प्रभावकारी व प्रासंगिक अभिव्यक्तियों को पाने की दिशा में सबसे अधिक ऊर्जावान भी है। यह प्रासंगिकता सामाजिक भी हो सकती है और निरी कलात्मक भी और ऐसी भी हो सकती है, जो इन दोनों से जुड़ी हुई हो। देखने लायक़ यह भी है कि सिनेमा अपना विकास इनकी उपेक्षा किए बिना कर रहा है। क्योंकि वह अपने विभिन्न दर्शकों की उपेक्षा नहीं कर सकता। उसकी भाषा छवियों से बनी होती है और समय के सूक्ष्म अन्तराल में हमें उन छवियों को पढ़ लेना होता है। लिखे हुए शब्दों को आसानी से पढ़कर, बाद में मनन किया जा सकता है। इसीलिए उनमें प्रतीकात्मक प्रयोग न केवल सम्भव होते हैं, बल्कि एक तरह से नत्थी ही होते हैं। शब्द छवियों का आह्वान करते हैं, जबकि सिनेमा में प्रयुक्त होने वाली छवियाँ अनिवार्यतः मेटॉनिमिक (एक छवि का प्रयोग कर दूसरी छवि-अर्थ का संकेत देना) होती हैं। वह यथार्थ की सीधी छवियों का प्रयोग करके सीधे या संकेत में, यथार्थ के ही एक दूसरे अर्थ को दिखाती हैं। ब्रेसां की यह प्रिय तकनीक थी। वह दृश्यों या छवियों को विखंडित कर देते थे। उनके ऐसा करने से हमें यह अच्छी तरह आभास हो जाता है कि इन छवियों का दर्शक के मन पर क्या असर पड़ता होगा। दरअसल, हमारे मन के भीतर छवियों से ठसाठस भरी इस चाक्षुष दुनिया को हम इसी तरह देखते हैं। असल जीवन में हम इन दृश्यों-छवियों का चयन, अ-चयन या पकड़ना-छोड़ना

नहीं करते, लेकिन एक फ़िल्म हमारे लिए यह काम करती है। वह हमारे लिए छवियों–दृश्यों का संयोजन इस तरह कर सकती है कि ढाई घंटे का समय हमें सम्पूर्ण जीवन जैसा सुदीर्घ जान पड़े अथवा एक स्वप्न जितना छोटा महसूस होने लगे। यह इसी बात पर निर्भर करता है कि उस ढाई घंटे के दौरान हमारे दिमाग़ को किस प्रकार छवियों की विविधता, उनके क्रम, उनकी लम्बाई या उनके प्रभावोत्पादी विलोमों के साथ निविष्ट किया गया है।

'पॉथेर पाँचाली' या 'अपूर संसार' में राय के गुण जितने विलक्षण जान पड़े हैं, दूसरी फ़िल्मों में जहाँ फ़िल्म का विषय एक अलग क़िस्म की छवियों की आक्रामकता की माँग करता हो, वहाँ वह उतना सफल नहीं हो पाते। छवियों व दृश्यों का क्रम आपस में टकराता नहीं, उनमें कोई विस्फोट नहीं होता, बल्कि यह क्रम सिर्फ़ प्रतीक्षा करता है। 'अशनि संकेत' और 'जन अरण्य' में भी, राय उस सटीक फ़ॉर्म की खोज नहीं कर पाए हैं, जो उनके विषय के लिए अनिवार्य था।

# शोनार केल्ला

एक बच्चा अपने पिछले जन्म को याद करता है, या ऐसा सोचता है कि वह याद कर रहा है, कि तब उसका घर राजस्थान के किसी क़िलेनुमा शहर में था, जिसका नाम शोनार केल्ला या सोने का क़िला है। बाद में हमें पता चलता है कि यह नाम इसलिए है कि वह क़िला जैसलमेर में पीले पत्थरों से बना हुआ था। उस जन्म में उसका व उसके पिता का पेशा पत्थरों को तराशने का था। वह बार-बार अपनी स्मृतियाँ बताता है, जो कि अख़बारों में सुर्ख़ियाँ बनकर छपती हैं। उन्हें पढ़कर दो बदमाश क़िस्म के लोगों को लगता है कि उस सुनहरे क़िले में शायद कोई ख़ज़ाना छिपा हुआ है। यहाँ से अलग तरह कहानी शुरू होती है। दोनों बदमाश उस बच्चे को किडनैप कर लेते हैं, लेकिन पता चलता है कि यह वह मुकुल नाम का बच्चा नहीं है, बल्कि उसी का हमनाम कोई और है। उस बच्चे को लौटा दिया जाता है। फिर असली बच्चे का अपहरण किया जाता है। असली बच्चा अपने परामनोवैज्ञानिक, दार्शनिक व मार्गदर्शक मित्र डॉ. हजरा के साथ है। बदमाश उसे लगभग छीनकर वहाँ से ले जाते हैं। एक प्राइवेट डिटेक्टिव जो कि डॉ. हजरा के लिए काम करता है, वह बच्चे को वापस पा लेता है। खज़ाने की खोज और जासूसी-कथा, इस फ़िल्म का मुख्य ताना-बाना बुनती हैं और इस थीम का इस्तेमाल मुख्यत: मनुष्य के लोभ का चित्रण करने के लिए किया जाता है। इसी लालच के कारण मनुष्य अपराध की अनगिनत हरकतें करता है, संघर्ष, युद्ध, अमानवीयता, कुंठा और अन्तत: सत्ता के साथ एक निर्णायक मोहभंग की स्थिति में पहुँचता है। अगर कोई इस तरह से देखना चाहे, तो यह फ़िल्म यह सन्देश भी देती है, अन्यथा फ़िल्म को पूरी तरह मात्र मनोरंजन के लिए भी देखा जा सकता है, जो कि आधुनिक सिनेमा के मास्टर द्वारा बनाई गई है।

फ़िल्म का पूरा ताना-बाना किसी बच्चे के स्वप्न की ही तरह बेहद नाज़ुक है। मुकुल के रेखांकनों और उसकी असम्बद्ध बातों के ज़रिए इसे उभारा जाता है। और खलनायक समेत लगभग सभी किरदार किसी चित्रकथा से निकलकर आए लगते हैं। चाहे अच्छे लोग हों या बुरे लोग, ऐसा लगता है कि इनमें से कोई भी असली

नहीं है, बल्कि वे एक बच्चे की कल्पना से निकलकर आए हैं और उसी बच्चे की सुखांत-कथा में घुल जा रहे हैं। 'शोनार केल्ला' को किसी गम्भीर अपराध-कथा या हत्या-आधारित फ़िल्म से जोड़कर देखना एक चूक होगी। भले ही इसमें जगह-जगह पर हिचकॉक का स्पर्श दिख जाए या हॉलीवुड की किसी चालू सस्पेंस-थ्रिलर गैंगस्टर फ़िल्म का प्रभाव दिख जाए। अन्त बहुत तेज़ रफ्तार या खूनी प्रवाह के साथ नहीं होता, बल्कि बेचैनी के धीमे विस्थापन, एक मृदु जागृति या एक भयावह स्वप्न के बाद के विरेचन के साथ होता है। आमतौर पर राय की फ़िल्में तेज़ रफ्तार से नहीं चलतीं। हर गतिविधि अपनी पूरी तफ़सील में फ़िल्माई जाती है। इससे दर्शक को यह आभास होता है कि वह इसे चलचित्र की तरह नहीं देख रहा, बल्कि चलते-फिरते चित्रों की तरह पढ़ रहा है। हमारी अनुभूतियों तथा परिवेशगत विवरणों के प्रति राय की दृष्टि बेहद साहित्यिक है।

# सद्गति

सत्यजित राय की 'सद्गति' (1981) के बारे में किसी भी क़िस्म की चर्चा करने से पहले हमें प्रेमचन्द की 'सद्गति' पर आज के परिदृश्य में चर्चा कर लेनी चाहिए।

प्रेमचन्द द्वारा चित्रित कई सामाजिक बुराइयाँ अब समाज से बाहर हो चुकी हैं। वे पुरानी पड़ चुकी हैं, इसी बात से यह ज़ाहिर हो जाता है कि जिस समय प्रेमचन्द ने 'सद्गति' लिखी थी, तब से अब सामाजिक जागरूकता एक क़दम आगे बढ़ चुकी है। किसी भी कहानी को परदे पर परोक्ष रूप से भी पुनर्सृजित किया जा सकता है। साथ ही, बहुत प्रत्यक्ष रूप से उसे परदे पर दिखाया और व्याख्यायित किया जा सकता है।

जातिवाद अब भी भारत में एक बड़ी समस्या है और इससे इंकार नहीं किया जा सकता कि इस समय भी उसके अतिवाद कई बार 'सद्गति से भी ज़्यादा

'सद्गति' ( 1981 ) का एक दृश्य

नाटकीय, धक्कादायक व वीभत्स हो जाते हैं। हमारे राजनीतिक व सामाजिक रूप से विभाजित जीवन में इस समस्या की इतनी विविध व बनैली जटिलताएँ विद्यमान हैं कि उनके सामने 'सद्गति' एकायामी लगती है। जातिवाद आज भी सत्य है, लेकिन उस तरह नहीं, जैसा 'सद्गति' में दिखाया गया है। यथार्थ के साथ व्यवहार का हर कलाकार का एक तरीक़ा होता है और प्रेमचन्द की रचनाओं में भी इस व्यवहार को खोजने के लिए ज़्यादा दूर नहीं जाना पड़ता। और ऐसा ही सत्यजित राय में भी है, जो विशिष्ट तरीक़ों से प्रभाव उत्पन्न करने के लिए यथार्थ का प्रयोग करते हैं। उन दोनों के ही श्रेष्ठ उदाहरणों को ध्यान में रखा जाए, तो उनके मुक़ाबले 'सद्गति' कुछ लाउड और नाटकीय है। ख़ासकर तब, जब वह सत्यजित राय जैसा संवेदनशील हो। प्रेमचन्द की कहानी एक इशारे पर समाप्त होती है, जो कि सत्यजित राय की फ़िल्म में आते-आते एक विस्तृत दृश्य बन गया है।

बड़ी सहूलियत से अछूत की लाश को त्याग दिया जाता है, भले पत्नी द्वारा ही, और उसे अन्त में पुजारी द्वारा खींचा जाता है और अति-नाटकीय लगने लगता है। ख़ासकर पुजारी और पत्नी के बीच संवाद की सूक्ष्मता से इसकी तुलना करते समय। इस समय हमें 'पॉथेर पाँचाली' के अत्यन्त संवेदनशील निर्देशक की याद आना लाज़िमी है।

गहरी भावनाओं के चित्रण में राय लगभग सटीक हैं और उन्हें चरित्रों व चेहरों को पढ़ने में अचूक महारत हासिल है। सूक्ष्म प्रयास से वह इतिहास के किसी भी दौर को जीवित कर सकते हैं : जैसे कि 'जलसाघर' और 'शतरंज के खिलाड़ी' में उन्होंने आश्चर्यजनक अचूकता से किया है, लेकिन जहाँ जीवन के कच्चे माल को मानवीय और तार्किक तरह से रखने की बात है, उनका तरीक़ा बहुत ज़्यादा गीतात्मक और रूपकाधारित हो जाता है।

'सद्गति' भी अपेक्षाओं पर पूरी खरी नहीं उतर पाती, इसलिए नहीं कि यह समस्या अब यथार्थ जीवन में नहीं रही, बल्कि इसलिए कि समस्या जितनी बड़ी होगी, उसे गल्प या किंवदन्ती में तब्दील हो जाने से बचाने की कोशिशें भी उतनी बड़ी होनी चाहिए।

कई फ़िल्मकारों के लिए प्रेमचन्द, पराभव की भूमि साबित हुए हैं, शायद इसलिए कि एक साहित्यिक महाकृति दूसरे कला-माध्यम में पहुँचने के प्रति थोड़ा कम सहनशील होती है। यह एक महाकृति को एक दूसरी भाषा की एक दूसरी कला में अनुवाद करने जैसा है। मूल जितना मज़बूत होगा, उसका अनुवाद या पुनर्सृजन उतना ही मुश्किल होगा।

# प्रेमचन्द और सत्यजित राय

सत्यजित राय ने हिन्दी में दो फ़िल्में बनाई हैं—'शतरंज के खिलाड़ी' और टीवी के लिए 'सद्गति'। दोनों ही फ़िल्में प्रेमचन्द की दो बिल्कुल अलग ही तरह की कहानियों पर आधारित हैं। नवाबी ज़माने के पतनोन्मुखी लखनऊ ने इन दोनों के कलाकारों को, जो बिल्कुल भिन्न माध्यमों में काम करते रहे, एक ख़ास तरह से आकृष्ट किया है। शायद कहा जा सकता है कि एक ख़ास बिन्दु पर लगभग एक ही तरह आकृष्ट किया है। एक कमज़ोर संस्कृति नज़ाकत और नफ़ासत की उस हद तक पहुँची हुई, जहाँ उसके लिए अपनी रक्षा तक कर सकने का पौरुष बाक़ी नहीं रह गया था। अब्दुल हलीम शरर की 'गुजिश्ता लखनऊ' का दूसरा शीर्षक 'मशरिक़ी तमद्दुन का आख़िरी नमूना' एक महत्त्वपूर्ण नज़रिए की ओर संकेत करता है : इसी नज़रिए को कमोबेश हम मिर्ज़ा हादी रुसवा के 'उमराव जान अदा' और रतननाथ सरशार के 'फ़सानाए-आज़ाद' में भी पाते हैं। प्रेमचन्द द्वारा 'फ़सानाए-आज़ाद' का हिन्दी रूपान्तरण 'आज़ाद-कथा', सरशार द्वारा चित्रित लखनवी तहज़ीब को बहुत नज़दीक से देखने-समझने की भी कोशिश है, और उनकी कहानी 'शतरंज के खिलाड़ी' इस लड़खड़ाती हुई नवाबी दुनिया की एक बहुत ही नाजुक और दुखती हुई रग पर उँगली रखती है। ''नवाब वाजिद अली शाह पकड़ लिए गए थे...शहर में न कोई हलचल थी, न मारकाट। एक बूँद भी ख़ून नहीं गिरा था। आज तक किसी स्वाधीन देश के राजा की पराजय इतनी शान्ति से, इस तरह ख़ून बहे बिना नहीं हुई होगी। यहाँ वह अहिंसा न थी, जिस पर देवगण प्रसन्न होते हैं। यह वह कायरपन था, जिस पर बड़े-बड़े कायर भी आँसू बहाते हैं। अवध के विशाल देश का नवाब बन्दी होकर चला जाता था और लखनऊ ऐश की नींद में मस्त था। यह राजनीति के अध:पतन की सीमा थी।'' ('शतरंज के खिलाड़ी' में प्रेमचन्द।)

'राजनीतिक' और 'व्यक्तिगत' : मनुष्य की बाहरी और भीतरी दुनिया को लेकर प्रेमचन्द बराबर सचेत रहते हैं। 'गोदान' में होरी का व्यक्तिगत चरित्र उतना ही महत्त्वपूर्ण है जितना उसके चारों तरफ़ का समाज। प्रेमचन्द एक की

अपेक्षा दूसरे को कम महत्त्वपूर्ण नहीं मानते : बाहरी और भीतरी के बीच जटिल अन्तर्सम्बन्धों को बारीक़ी से टटोलते और चित्रित करते हैं। दोनों के बीच कभी तनाव, कभी अनबन, कभी समझौता, कभी सन्तुलन उनके कथानकों का वह मूलाधार है जो हमें ग्रीक और भारतीय क्लासिकल ढाँचों की याद दिलाता है। प्रेमचन्द यह मानते नहीं दिखते कि मनुष्य की सारी त्रासदी का कारण उसके अन्दर भी नहीं है—उसके बाहर ही बाहर है जिसका वह परिणाम है। इसीलिए प्रेमचन्द के कथानकों में इतने बड़े सामाजिक फलक के साथ-साथ इतने स्मरणीय और सशक्त पात्रों का जमघट है और दोनों के बीच प्रेम-घृणा-सम्बन्ध का जटिल ताना-बाना ही उनसे पैदा होने वाली तीव्र नाटकीयता का आधार है। प्रेमचन्द अक्सर इस नाटकीयता को किसी नतीजे पर पहुँचाकर हल कर देने को आतुर नहीं दिखते : उनकी कहानियों और उपन्यासों के इस पक्ष की ओर कम लोगों का ध्यान गया है कि पारम्परिक कहानियों की तरह न तो वे शुरू होती हैं न उनकी तरह समाप्त होती हैं : वे ज़िन्दगी के यथार्थ की तरह कहीं से भी शुरू होकर कहीं भी समाप्त हो जाती हैं। इसीलिए उनकी कहानियों के शुरू से पहले, या उनके अन्त के बाद भी, कहानियों को इस तरह बढ़ाया जा सकता है कि उनकी मूल कहानी सुरक्षित रहे।

प्रेमचन्द जैसे बड़े कथाकार को लेते समय यह सावधानी बहुत ज़रूरी है कि किसी दूसरे माध्यम में प्रस्तुत करते समय मूल के साथ ज़बर्दस्ती न हो जाए। अपने

**'शतरंज के खिलाड़ी' में सईद जाफरी और संजीव कुमार**

माध्यम विशेष में एक क्लासिक अपने आप में एक सम्पूर्ण सफल रचना होती है जो आसानी से किसी दूसरे माध्यम की शर्तों को स्वीकार नहीं करती। एक शाब्दिक या साहित्यिक रचना पाठक की कल्पना और मनन-शक्तियों द्वारा काम करती है : शब्दों के संकेत लेकर वह कथानक और पात्रों को अपनी तरह पुन: रचता है : यह पुर्नरचना जहाँ शब्दों की सांकेतिकता को अधिक मूर्त रूप देती है वहीं शब्दों के अभिप्राय को सीमित भी करती है—स्थान विशेष, वस्तु विशेष और अभिनेता विशेष की ठोस निश्चितता में।

सिनेमा की अपेक्षा नाटकों की प्रस्तुति में यह स्थूलीकरण (कॉन्क्रीटाइज़ेशन) और भी ज़्यादा होता है क्योंकि व न तो समय-परे होता लगता है न स्थान-परे। लेवी स्त्रॉस का कहना था, ''मैं नाटकों को अधिक पसन्द नहीं कर पाता क्योंकि वे मुझे बहुत स्थूल लगते हैं : उन्हें देखते समय मुझे हमेशा यह लगता है कि मैं एक कला का अनुभव नहीं पा रहा, पड़ोसी के घर में झाँक रहा हूँ।'' इस कथन में अतिशयोक्ति है, पर यह भी सही है कि यथार्थ से बिना एक दूरी बनाए (डिस्टैंसिंग) कोई भी कला अपना काम पूरी तरह नहीं कर सकती। हमारी स्मृति में श्रेष्ठ मंचन और अभिनय के उदाहरण भी वही हैं जहाँ हम 'तत्काल' को लगभग पूरी तरह भूल जाते हैं। एक श्रेष्ठ साहित्यिक रचना का इसीलिए फ़िल्म की भाषा में पुनर्निर्माण तो हो सकता है, लेकिन मूल कृति का पूर्णानुभव शायद वह नहीं करा पाता। यहाँ 'श्रेष्ठ साहित्य रचना' को रेखांकित करना ज़रूरी है क्योंकि अक्सर एक साधारण साहित्य रचना को इस्तेमाल करके उससे एक बेहतर फ़िल्म बनाना तो सम्भव रहा है, पर एक 'क्लासिक' इस तरह के हस्तक्षेप को आसानी से स्वीकार नहीं कर पाता।

शेक्सपियर के नाटक मंच के लिए लिखा गया 'श्रेष्ठ साहित्य' हैं : उनका यह साहित्य पक्ष इतना प्रबल है कि उनके किसी भी नाटक का मंचन केवल उनके नाटक की कहानी-भर की प्रस्तुति नहीं हो सकती। अगर हम 'मैकबेथ' पर आधारित कुरोसावा की 'थ्रोन ऑफ़ ब्लड' को याद करें, तो वह मैकबेथ की कहानी से कहीं अधिक शेक्सपियर की साहित्यिक संवेदना का विशुद्ध फ़िल्म की भाषा में अद्‌भुत व्याख्या और विस्तार है। ख़ास बात है कि किसी भी माध्यम में काम कर रहे रचनाकार की अपनी दृष्टि किस हद तक साहित्यिक है, और किस तरह के साहित्य से प्रेरित होती है। एक फ़िल्मकार का किसी कहानी या उपन्यास के कथा-पक्ष पर अतिरिक्त दबाव डालना ग़लत नहीं, लेकिन उस दृष्टि से एक साहित्यिक 'क्लासिक' की अपेक्षा शायद एक अच्छे सामान्य उपन्यास में फ़िल्मी 'छूटें' लेने की ज़्यादा गुंजाइश रहती है। जैसे, 'गॉन विद द विंड' : एक साधारण उपन्यास पर एक उत्कृष्ट फ़िल्म बन सकी : फ़िल्म देखते हुए हम मार्गरेट मिचेल के उपन्यास को याद नहीं करते क्योंकि उस उपन्यास की कोई प्रसिद्ध छवि हमारे दिमाग़ में नहीं होती। जब हम एक विश्वविख्यात साहित्यिक क्लासिक की यादों से घिरे रहकर उसे देखते हैं,

और हमारे अन्दर दोनों को लेकर एक द्वन्द्व की-सी स्थिति बनी रहती है कि फ़िल्म कहाँ तक मूल के साथ न्याय कर सकी है।

सत्यजित राय की मूल संवेदनाएँ साहित्यिक थीं जिन्हें वह कुशलता से फ़िल्मों में लाए। इसी कोटि में हम कुरोसावा और तारकोव्स्की जैसे फ़िल्मकारों में संवेदनाओं को भी सोच सकते हैं। पर यहाँ साहित्यिक रुचियों में अन्तर को भी ध्यान में रखना ज़रूरी है। तारकोव्स्की का फ़िल्मकार लगभग एक कवि है : कुरोसावा की प्रतिभा लगभग उन्हीं अर्थों में नाटकीय है जिन अर्थों में शेक्सपियर नाटकीय होते हुए भी अत्यन्त काव्यात्मक भी हैं : सत्यजित राय का सशक्ततम पक्ष औपन्यासिक है और चरित्रों पर उनकी अचूक पकड़ उनकी फ़िल्मों को यह विशेष आलोक देती है जिसे हम बड़े उपन्यासकारों में पाते हैं—दृश्यांकन, विवरण और चरित्र-चित्रण उनकी फ़िल्मों के विशेष गुण हैं जो एक उपन्यास की संरचना में प्राथमिक महत्त्व रखते हैं। सरलीकरण पर न जाएँ तो सत्यजित राय जिस तरह विभूतिभूषण बंद्योपाध्याय के साथ (पॉथेर पाँचाली) तादात्म्य अनुभव कर सके, वैसा प्रेमचन्द के साथ नहीं, यद्यपि उनकी टीवी के लिए बनाई गई 'सद्‌गति' बड़े पर्दे के लिए बनाई गई 'शतरंज के खिलाड़ी' से कहीं अधिक प्रेमचन्द की मूल संवेदना के निकट है, और मेरी नज़र में एक बेहतर फ़िल्म भी है। प्रेमचन्द की कहानियाँ ऊपर से सरल दिखती हैं और पर अन्दर से उनमें अर्थों और अर्थ-ध्वनियों की जो कई तहें डोलती रहती हैं उन्हें फ़िल्म जैसे चाक्षुष माध्यम से पकड़ना आसान नहीं : ऐसे में कहानियों को भरसक ज्यों का त्यों प्रस्तुत करना शायद उनके मूल तत्त्वों तक पहुँचा सकने में ज़्यादा मददगार हो।

सत्यजित राय जब लखनऊ में 'शतरंज के खिलाड़ी' के कुछ अंशों को फ़िल्मा रहे थे, तब मुझे उनके निकट सम्पर्क में आने का मौक़ा मिला। 'शतरंज के खिलाड़ी' में सत्यजित राय ने बाहरी और भीतरी कई परिवर्तन किए, तो मुझे लगा कि मूल कहानी की संरचना इसे बर्दाश्त नहीं कर पा रही। बाद में सत्यजित राय भी इससे सहमत हुए, जैसा कि एक पत्र में उन्होंने मुझे लिखा भी था। 'शतरंज के खिलाड़ी' फ़िल्म को देखते हुए वह ख़ास तरह का रचनात्मक टेंशन बराबर महसूस होता है, जो दो भिन्न प्रकार के कला-माध्यमों की टकराहट से उत्पन्न लगता है, उनके आदर्श समझौते से नहीं। इसके बरक्स 'सद्‌गति' फ़िल्म ज़्यादा समतल गति से आगे बढ़ती है और उसमें प्रेमचन्द मानो ज़्यादा सुरक्षित, इसलिए ज़्यादा आश्वस्त, लगते हैं। 'सद्‌गति' में सत्यजित राय, प्रेमचन्द के साथ-साथ चलते हैं, जबकि 'शतरंज के खिलाड़ी' में उनसे थोड़ा अलग हटकर भी। प्रेमचन्द यदि एक स्तर पर पूर्णत: विवरणात्मक हैं तो दूसरे स्तरों पर अत्यन्त सांकेतिक भी। सत्यजित राय के लिए हिन्दी भाषा की दिक़्क़त तो थी ही, पर उस तरह चरित्रों और दृश्यों को एक-दूसरे में सटीक ढंग से पढ़ सकने में भी दिक़्क़त थी जो बंगाल और उत्तर प्रदेश के

सांस्कृतिक परिवेश को एक-दूसरे से अलग करते हैं। अवध की नवाबी संस्कृति को लेकर सत्यजित राय किंचित भावुक भी थे : इस भावुकता की एक झलक हमें उनके 'जलसाघर' में भी मिलती है—उसके कुछ रेशे अगर सत्यजित राय के अपने कला-संस्कारों में भी यदा-कदा दिखाई दे जाएँ, तो आश्चर्य नहीं। लेकिन प्रेमचन्द उस निख़ालिस मिट्टी से बने हैं जिससे उत्तर प्रदेश का किसान और उसकी सख़्त ज़िन्दगी बनी है। सत्यजित राय जब नवाबी ज़मानों में घुसते हैं, तो उस ज़माने की तहज़ीब और वैभव पर पूरा ध्यान रखते हुए : प्रेमचन्द एक ठेठ अक्खड़ किसान की नज़रों से उसके खँडहरों को देखते हैं। दोनों की दृष्टियों में यह बुनियादी असमानता ही हमें बिल्कुल दो भिन्न तरह की कलाएँ देती है। दोनों के बीच समानता भी उतनी ही महत्त्वपूर्ण है जितनी अ-समानता—वे फ़ासले जिन्हें वे अपनी-अपनी तरह भरते हैं, या खुला छोड़ देते हैं।

'शतरंज के खिलाड़ी' फ़िल्म में नवाबी ज़मानों की लकदक है, पर उसके बीच शायद उस गहरी मानवीय त्रासदी को भी पढ़ सकना मुश्किल नहीं, जिसे सत्यजित राय केवल राजनीतिक-सामाजिक ढाँचे में ही नहीं ढालते, मनुष्य की चारित्रिक ख़ूबियों और ख़ामियों में भी चित्रित करते हैं। 'शतरंज के खिलाड़ी' न तो पूरी तरह प्रेमचन्द की कहानी है, न ही पूरी तरह सत्यजित राय की फ़िल्म है : यह दो भिन्न तरह की कलाओं, और उन कलाओं की दो बेजोड़ प्रतिभाओं, के बीच एक दिलचस्प संवाद है।

# प्रमुख फ़िल्मकारों की सूची

## पुस्तक में आये नामों के क्रमानुसार

**फ्रांस्वा त्रूफ़ो** (François Truffaut, 1932–1984), महान फ्रांसीसी फ़िल्म निर्देशक, फ़िल्म समीक्षाओं से शुरुआत की। विश्व सिनेमा के महत्त्वपूर्ण स्तम्भ। उनकी फ़िल्म '400 ब्लोज़' ने फ्रेंच नई लहर के सिनेमा के साथ विश्व-भर के सिनेमा को गहरे तक प्रभावित किया। **प्रमुख फ़िल्में :** 400 ब्लोज़, शूट द पियानो प्लेयर, जूल्स एट जिम, द वाइल्ड चाइल्ड, डे फॉर नाइट।

**ज्याँ-लुक गोदार** (Jean-Luc Godard, 1930), आरम्भ में फ़िल्म-समीक्षक, लेकिन समकालीन फ़िल्मों से असन्तुष्ट होकर ख़ुद फ़िल्म निर्देशन करने लगे। फ्रेंच नई लहर के प्रमुख स्तम्भ। गोदार की कला का प्रभाव उनके बाद के फ़िल्मकारों पर स्पष्ट दिखता है। **प्रमुख फ़िल्में :** ब्रेथलेस, कंटेम्प्ट, माय लाइफ़ टु लिव, बैंड ऑफ़ आउटसाइडर्स, गुडबाय टु लैंग्वेज, इन प्रेज़ ऑफ़ लव।

**कोस्ता-गावरास** (Costa-Gavras, 1933), ग्रीक मूल के फ्रेंच फ़िल्मकार, राजनीतिक सिनेमा के लिए बेहद चर्चित। 'ज़ेड' के लिए 1969 में सर्वश्रेष्ठ विदेशी फ़िल्म का ऑस्कर। **प्रमुख फ़िल्में :** द स्लीपिंग कार मार्डर्स, ज़ेड, हाना के, मैड सिटी, आमेन।

**बरत्रां तावर्निए** (Bertrand Tavernier, 1941) : महत्त्वपूर्ण फ्रेंच निर्देशक, नाज़ी-विरोधी विचारधारा और 1968 की फ्रांसीसी आम हड़ताल से गहरे प्रभावित। उनके सिनेमा में रहस्य और सामाजिक टिप्पणियाँ अधिक मुखर होती हैं। **प्रमुख फ़िल्में :** द क्लॉकमेकर, द जज एंड द असैसिन, द बेट, इट ऑल स्टार्ट्स टुडे।

**आन्द्रे तारकोव्स्की** (Andrei Tarkovsky, 1932–1986) : महान रूसी निर्देशक। सिनेमा में बिम्बों की एक नई भाषा का आविष्कार, जिसका व्यापक प्रभाव पड़ा। अपने 'लॉन्ग टेक्स' के लिए प्रख्यात। छात्र-जीवन से ही फ़िल्मों के बारे में चिन्तन। फ़िल्मों के अलावा उनकी डायरी 'टाइम विदिन टाइम' ने भी विश्व-सिनेमा को प्रभावित किया। **प्रमुख फ़िल्में :** इवान्स चाइल्डहुड, आन्द्रे रुबलेव, सोलारिस, स्टॉकर, सैक्रीफाइस।

**मिकलोश यान्चो** (Miklós Jancsó, 1921–2014) : हंगरी के फ़िल्मकार। सुन्दर निर्जन दृश्य, लम्बे शॉट्स, ऐतिहासिक सन्दर्भों में राजनीतिक टिप्पणियाँ और मनोविश्लेषण इनके सिनेमा की विशेषताएँ। बाद के बरसों में प्रतीकात्मक सिनेमा की ओर अधिक झुकाव। **प्रमुख फ़िल्में** : द राउंड अप, द रेड एंड द व्हाइट, कन्फ्रन्टेशन, आग्नुस देई, रेड साम।

**ज़ोल्तान फाबरी** (Zoltán Fábri, 1917–1994) : हंगरी के फ़िल्मकार। चित्रकला की शिक्षा प्राप्त कर फ़िल्मों में आए। बहुत जल्द ही अन्तर्राष्ट्रीय सिनेमा में अपनी अलग पहचान बनाई। इतालवी नवयथार्थवाद से प्रभावित। वह साहित्यिक कृतियों पर आधारित सिनेमा बनाने के लिए प्रख्यात थे। **प्रमुख फ़िल्में** : द बॉयज़ ऑफ़ पॉल स्ट्रीट, हंगेरियन्स, वॉर एंड पीस, द टॉथ फैमिली, 141 मिनट्स फ्रॉम द अनफिनिश्ड सेन्टेन्स।

**इल्माज़ गुने** (Yilmaz Güney, 1937–1984) : तुर्की के अभिनेता–फ़िल्मकार. अपने देश की मेहनतकश अवाम को केन्द्र में रख कर फ़िल्में बनाईं। सरकार के साथ लगातार विवाद होता रहा। उन्हें देश छोड़ कर बाहर बसना पड़ा. 1982 में आई 'योल' उनकी सबसे चर्चित फ़िल्म।

**येर्ज़ी स्कोलीमोव्स्की** (Jerzy Skolimowski, 1938) : पोलिश फ़िल्मकार, कवि–कथाकार। इनकी कई फ़िल्में साहित्यिक कृतियों पर आधारित रहीं। बाद के बरसों में अमेरिका चले गए। **प्रमुख फ़िल्में** : शाउट, एसेंशियल किलिंग, डीप एंड, 11 मिनट्स।

**थियो ऐंजलोपुलोस** (Theo Angelopoulos, 1935–2012) : ग्रीक फ़िल्मकार। महान निर्देशकों में से एक। आधुनिक ग्रीस की राजनीतिक समस्याओं पर चर्चित फ़िल्में। धीमे कथानक, अध्यायों में विभक्त आख्यान, सम्मोहक व जटिल लम्बे दृश्यों की संरचना के लिए मशहूर। **प्रमुख फ़िल्में** : द ट्रैवलिंग प्लेयर्स, लैंडस्केप इन दि मिस्ट, इटर्निटी एंड अ डे।

**फेदेरीको फेलीनी** (Federico Fellini, 1920–1993) : इतालवी फ़िल्मकार। सिने–इतिहास के महानतम निर्देशकों में से एक। आधुनिकता और शास्त्रीयता के संगम से सिने–आख्यान की एक विशेष शैली विकसित की। इतालवी नययथार्थवादी सिनेमा से शुरुआत। स्मृति, राजनीति और यौनिकता विशेष थीम। सर्वश्रेष्ठ विदेशी फ़िल्म के लिए चार बार ऑस्कर पाया। **प्रमुख फ़िल्में** : एट एंड हाफ़, ला स्त्रादा, ला दोल्चे वीता, नाइट्स ऑफ़ कैबीरिया, अमारकॉर्ड।

**लुईजी कोमेनचिनी** (Luigi Comencini, 1916–2007) : इतालवी निर्देशक। इतालवी शैली के कॉमेडी के उस्तादों में से एक माने जाते हैं। उनकी आरंभिक फ़िल्में गुलाबी नवयथार्थवाद का उत्कृष्ट उदाहरण मानी जाती हैं। **प्रमुख फ़िल्में** : ब्रेड, लव एंड ड्रीम्स, द एम्पेरर ऑफ़ कैप्री, द साइंटिफिक कार्डप्लेयर।

**इंगमार बर्गमान** (Ingmar Bergman, 1918–2007) : महान स्वीडिश फ़िल्मकार। इतिहास के सबसे प्रभावशाली निर्देशकों में से एक। मृत्यु, रोग, आस्था, विश्वासघात और सनक, उनकी फ़िल्मों की मुख्य थीम थीं। आख्यान की शास्त्रीय शैली का आधुनिक प्रयोग उनकी विशिष्टता है। **प्रमुख फ़िल्में :** द सेवेन्थ सील, वाइल्ड स्ट्रॉबरीज़, पर्सोना, क्राइज़ एंड व्हिसपर्स, फानी एंड अलेक्ज़ेंडर।

**आन्द्रेई वायदा** (Andrzej Wajda, 1926–2016) : प्रभावशाली पोलिश फ़िल्मकार। पोलिश फ़िल्म शैली की रचना में महत्त्वपूर्ण योगदान। साठ व सत्तर के दशक में अन्तर्राष्ट्रीय पटल पर सबसे अधिक चमकते नामों में से एक रहे। **प्रमुख फ़िल्में :** जेनरेशन, कैनाल, ऐशेज़ एंड डायमंड्स, कंडक्टर।

**अलाँ रेने** (Alain Resnais, 1922–2014) : फ्रेंच निर्देशक। शुरुआत फ़िल्मों की एडिटिंग से की। नाज़ी कैम्पों पर बनाए वृत्तचित्रों से ख़ासी प्रसिद्धि मिली। उन्हें फ्रेंच नई लहर का हिस्सा माना जाता है, लेकिन वह ख़ुद को वामपन्थी फ़िल्मकार मानते रहे। अपनी पटकथाएँ उन्होंने प्रसिद्ध व ग़ैर–फ़िल्मी लेखकों से लिखवाईं। उनके काम में कला, सिनेमा, थिएटर व संगीत के अन्तर्सम्बन्धों को निपुणता से परिभाषित किया गया है। **प्रमुख फ़िल्में :** हिरोशिमा माय लव, माय अमेरिकन अंकल, लाइफ़ इज़ बेड ऑफ़ रोज़ेस, म्यूरिएल, लास्ट ईयर एट मैरीनबैड।

**अलेक्जेंडर क्लूगे** (Alexander Kluge, 1932) : जर्मन फ़िल्मकार, लेखक, कथाकार। सिनेमा की जर्मन नई लहर के संस्थापकों में से एक। उनका स्पष्ट मानना है कि किताब लिखना, टीवी सीरियल और फ़िल्म बनाना अलग–अलग काम नहीं हैं। सामाजिक टिप्पणियों के कारण भी चर्चित। **प्रमुख फ़िल्में :** द कैंडीडेट, आर्टिस्ट अंडर द बिग टॉप, यस्टरडेगर्ल, पार्ट टाइम वर्क ऑफ़ अ डोमेस्टिक स्लेव।

**स्टिग ब्योर्कमान** (Stig Björkman, 1938) : स्वीडिश लेखक और फ़िल्मकार। लेखन में प्रसिद्धि के बाद फ़िल्में बनाईं। प्रख्यात स्वीडिश अभिनेत्री इनग्रिड बर्गमान पर बनाए ताज़ा वृत्तचित्र की बेहद चर्चा। **प्रमुख फ़िल्में :** जॉर्जिया, द व्हाइट वॉल।

**अकीरा कुरोसावा** (Akira Kurosawa, 1910-1998) : जापानी फ़िल्मकार। सिने–इतिहास के सबसे प्रभावशाली और महानतम निर्देशकों में से एक। 57 साल के करियर में क़रीब 30 फ़िल्में बनाईं। एक्शन फ़िल्मों से शुरू कर मानवीय संबंधों की जटिलताओं को स्पर्श किया। कला–साहित्य–संस्कृति के क्षेत्र में 'एशियन ऑफ़ द सेंचुरी' माने गये। **प्रमुख फ़िल्में :** सेवेन समुराई, रोशोमान, योजिम्बो, थ्रोन ऑफ़ ब्लड, कागेमुशा।

**फ्रांसिस फोर्ड कोपोला** (Francis Ford Coppola, 1939) : अमेरिकी फ़िल्मकार। हॉलीवुड में नई लहर के संस्थापक। 1970 के दशक में अपनी फ़िल्मों से पूरी दुनिया पर छा गए। व्यावसायिकता और कलात्मकता का विरल संगम। **प्रमुख फ़िल्में** : द गॉडफादर (तीन भाग), अपोकैलिप्स नाऊ, द आउटसाइडर्स, न्यूयॉर्क स्टोरीज़।

**सैम्युअल फुलर** (Samuel Fuller, 1912–1997) : अमेरिकी फ़िल्मकार व उपन्यासकार। विवादास्पद विषयों पर कम बजट की फ़िल्में बनाने के लिए चर्चित। वेस्टर्न जॉनर में अधिक काम किया। **प्रमुख फ़िल्में** : द बिग रेड वन, द नेकेड किस, व्हाइट डॉग।

**क्लोद बर्नार्ड ओबेअर** (Claude Bernard-Aubert, 1930) : फ्रेंच फ़िल्मकार। दूसरे विश्वयुद्ध के दौरान रिपोर्टर का काम किया। उसके बाद फ़िल्में बनाईं। कई कलात्मक फ़िल्में बनाने के बाद छद्म नाम से पोर्न फ़िल्में बनाने लगे। **प्रमुख फ़िल्में** : द ईगल एंड द डव, चार्ली ब्रावो।

**मृणाल सेन** (Mrinal Sen, 1923) : चर्चित भारतीय निर्देशक। मुख्यतः बंगाली और हिन्दी में फ़िल्में बनाईं। सत्यजित राय और ऋत्विक घटक के साथ भारतीय समांतर सिनेमा के अन्तर्राष्ट्रीय नाम। आरम्भ में वामपन्थी विचारधारा से जुड़ाव, जिसका असर उनकी फ़िल्मों पर भी दिखता है। **प्रमुख फ़िल्में** : भुवन शोम, मृगया, एक दिन अचानक, एक दिन प्रतिदिन, अकालेर संधाने।

**श्याम बेनेगल** (Shyam Benegal,1934) : चर्चित भारतीय निर्देशक। सात बार फ़िल्मों के लिए राष्ट्रीय पुरस्कार विजेता। पहली फ़िल्म 'अंकुर' से ही सिनेमा की दुनिया पर छाप छोड़ी। अन्तर्राष्ट्रीय स्तर पर फ़िल्मों की सराहना हुई। **प्रमुख फ़िल्में** : अंकुर, निशांत, मंथन, भूमिका, सूरज का सातवाँ घोड़ा, मम्मो।

**इस्तवान साबो** (István Szabó, 1938) : हंगरी के फ़िल्मकार। मध्य यूरोप के राजनीतिक हालात पर चर्चित फ़िल्में। एक ही फ़िल्म में कई भाषाओं का प्रयोग इनकी ख़ासियत। वामपन्थी पुलिस से कथित सम्बन्धों के कारण विवादों में रहे। पूरी तरह यूरोपीय शैली में फ़िल्में बनाईं। एक साथ कई थीम्स पर काम। **प्रमुख फ़िल्में** : मेफिस्टो, सनशाइन, द डोर, कॉन्फीडेन्स, हानुसेन।

**रांगेल वल्चनेव** (Rangel Valchanov, 1928–2013) : बल्गारिया के अभिनेता व निर्देशक। आरंभिक बरसों में चेकोस्लोवाकिया में काम किया। बीसवीं सदी के सर्वश्रेष्ठ बल्गारियाई निर्देशक माने जाते हैं। **प्रमुख फ़िल्में** : व्हेयर आर यू गोइंग ?, अननोन सोल्जर्स पेटेंट लेदर बूट्स, जज एंड द फॉरेस्ट, फर्स्ट लेसन।

**कार्लोस साउरा** (Carlos Saura, 1932) : स्पेन के फ़िल्मकार। लुईस बुन्युएल और पेद्रो आल्मोदोवार के साथ इनका नाम सबसे मशहूर स्पैनिश फ़िल्मकारों में लिया जाता है। नवयथार्थवादी सिनेमा से आरम्भ कर प्रतीकवादी सिनेमा तक

पहुँचे। राजनीतिक परिस्थितियों के चित्रण के लिए ख्याति। **प्रमुख फ़िल्में :** द हंट, फ्लामेंको, ब्लड वेडिंग, कारमेन।

**क्रिश्तोफ़ ज़ानुसी** (Krzysztof Zanussi, 1939) : पोलिश निर्देशक व लेखक। उनकी फ़िल्मों व किताबों ने यूरोपीय सिनेमा को गहरे प्रभावित किया। जटिल ऐतिहासिक-राजनीतिक थीम के लिए विशेष ख्याति। **प्रमुख फ़िल्में :** फ्रॉम अ फार कंट्री, द सप्लीमेंट, एट फुल गैलप, लाइफ़ एज़ अ फैटल सेक्सुअली ट्रांसमिटेड डिसीज़।

**नागीसा ओशिमा** (Nagisa Oshima, 1932-2013) : जापानी फ़िल्मकार, उपन्यासों और राजनीतिक थीम पर बनाई फ़िल्मों के लिए विशेष चर्चित। शुरुआत में वामपन्थी रुझान, लेकिन जल्द ही मोहभंग हो गया। **प्रमुख फ़िल्में :** नाइट एंड फॉग इन जापान, मैरी क्रिसमस, मिस्टर लॉरेन्स, इन द रेल्म ऑफ़ द सेन्सेस।

**शोही इमामुरा** (Shohei Imamura, 1926-2006) : इकलौते जापानी फ़िल्मकार जिन्हें दो बार पाम डी'ओर मिला। जापानी समाज के हाशिए पर रहने वाली शक्तिशाली स्त्रियाँ उनकी फ़िल्मों का मुख्य विषय होती थीं। **प्रमुख फ़िल्में :** द बैलड ऑफ़ नारायामा, द इन्सेक्ट वुमन, ब्लैक रेन, द ईल।

**मणि कौल** (Mani Kaul, 1944-2011) : हिन्दी फ़िल्म निर्देशक। एफटीआईआई से पढ़े। अपनी कुछ फीचर फ़िल्मों को 'काव्यात्मक वृत्तचित्र' कहते थे। साहित्यिक कृतियों के फ़िल्मांकन के लिए विशेष ख्याति। **प्रमुख फ़िल्में :** उसकी रोटी, सतह से उठता आदमी, सिद्धेश्वरी।

**कुमार शाहनी** (Kumar Shahani, 1940) : हिन्दी फ़िल्म निर्देशक। एफटीआईआई से पढ़े। समांतर सिनेमा के दौरान बेहद चर्चित। **प्रमुख फ़िल्में :** मायादर्पण, कस्बा, तरंग, चार अध्याय।

**वर्नर हरज़ोग** (Werner Herzog, 1942) : जर्मन फ़िल्मकार। जर्मन नई लहर के महानतम नामों में से एक। असम्भव स्वप्नों के चितेरे। त्रूफ़ो ने उन्हें 'सबसे महत्त्वपूर्ण जीवित फ़िल्म निर्देशक' कहा था। **प्रमुख फ़िल्में :** फिट्ज़कारान्डो, व्हेयर द ग्रीन एंट्स ड्रीम, ईवन ड्वार्फ्स स्टार्टेड स्मॉल, आग्विरे—द रैथ ऑफ़ गॉड।

**क्लोद शाब्रोल** (Claude Chabrol, 1930-2010) : फ्रेंच फ़िल्म निर्देशक। नई लहर के प्रमुख स्तम्भ। गोदार, त्रूफ़ो और रीवेत की तरह आरम्भ में फ़िल्म-समीक्षक थे। थ्रिलर विधा के लिए विशेष ख्याति। **प्रमुख फ़िल्में :** द बुचर, द गुड टाइम गर्ल्स, मदाम बॉवेरी, द ब्रीच, दिस मैन मस्ट डाय।

**राइनेर वर्नर फासबाइंडर** (Rainer Werner Fassbinder, 1945-1982) : जर्मन सिनेमा के महान नामों में से एक। महज़ 37 की आयु में निधन। तब तक चालीस फ़ीचर फ़िल्में बना दी थीं और 37 में अभिनय किया था। उनके सिनेमा ने नए सिनेमा का ज्यों व्याकरण बना दिया। पूरी दुनिया के सिनेमा पर असर पड़ा।

**प्रमुख फ़िल्में :** द बिटर टीयर्स ऑफ़ पेट्रा फॉन ट्रॉट, द मैरिज ऑफ़ मारिया बारुन, अली : फियर ईट्स द सोल, लव इज़ कोल्डर देन डेथ।

**गॉडफ्रे रेग्गियो** (Godfrey Reggio, 1940) : इतालवी मूल के अमेरिकी फ़िल्मकार। अमेरिका में प्रगतिशील राजनीतिक गतिविधियों में लम्बी संलग्नता। प्रयोगधर्मी सिनेमा बनाया। प्रख्यात संगीतकार फिलिप ग्लास ने इनकी फ़िल्मों में बेहद चर्चित संगीत दिया। **प्रमुख फ़िल्में :** कोयानिसकात्सी, पोवाकात्सी, नाकोयकात्सी, अनीमामुंडी, विजिटर्स।

**क्रिश्तोफ किश्लोव्स्की** (Krzysztof Kieslowski, 1941–1996) : पोलिश फ़िल्मकार। अस्सी और नब्बे के दशक में अपने सिनेमा से अन्तर्राष्ट्रीय परिदृश्य पर बेहद प्रभावशाली उपस्थिति। एक मास्टर के रूप में ख्याति। समांतर आख्यानों की एक निजी शैली विकसित की। **प्रमुख फ़िल्में :** थ्री कलर्स : ब्लू, व्हाइट, रेड, डेकालॉग (दस फ़िल्में), द डबल लाइफ़ ऑफ़ वेरोनिके।

**वेरा हितिलोवा** (Věra Chytilová, 1929–2014) : चेक सिनेमा का प्रतिनिधि नाम। साठ के दशक में सरकार ने प्रतिबंधित कर दिया था। इसलिए कुछ व्यावसायिक काम अपने पति के नाम से किया। खंडित आख्यान और असम्बद्ध दृश्यों के लिए ख्याति। हमेशा विवादास्पद रहीं। **प्रमुख फ़िल्में :** डेजीज़, द एप्पल गेम, प्लेज़ेंट मेमरीज़।

**फ्रांचेस्को रोसी** (Francesco Rossi, 1922–2015) : इतालवी फ़िल्मकार। शुरुआत में राजनीतिक फ़िल्में बनाईं और बाद में साहित्यिक कृतियों पर आधारित। दोनों बार ही बेहद चर्चित। सत्ता के अवैध प्रयोग को अक्सर थीम की तरह लिया। नवयथार्थवाद के तौर–तरीक़े तय करने में महत्त्वपूर्ण। **प्रमुख फ़िल्में :** सल्वातोरे जिलियानो, हैंड्स ओवर द सिटी, क्राइस्ट स्टॉप्ड एट ईबोली, थ्री ब्रदर्स, क्रॉनिकल ऑफ़ अ डेथ फोरटोल्ड।

**ज़्हाक रीवेत** (Jacques Rivette, 1928–2016) : फ्रेंच नई लहर की पहली फ़िल्म रीवेत ने बनाई थी, लेकिन वह रिलीज़ बाद में हुई। लम्बी फ़िल्मों और खंडित आख्यानों के लिए ख्याति। सरकार से संघर्ष, नई शैलियों की तलाश और ख़राब स्वास्थ्य के कारण इनकी यात्रा बाधित रही। **प्रमुख फ़िल्में :** पेरिस बिलॉन्गस टु अस, सेलिन एंड जूली गो बोटिंग, आउट वन, द ब्यूटीफल ट्रबलमेकर।

**फोकर श्लौंडार्फ** (Volker Schlöndorff, 1939) : जर्मन फ़िल्मकार। उपन्यासों पर फ़िल्में बनाईं। नई लहर में महान उपस्थिति। बाद में फ्रांस और हॉलीवुड में भी काम किया। पत्नी और फ़िल्मकार–लेखिका मार्गरेट फॉन ट्रोटा के साथ मिलकर कई चर्चित फ़िल्में दीं। **प्रमुख फ़िल्में :** द टिन ड्रम, डिप्लोमेसी, द लास्ट ऑनर ऑफ़ कैटरीना ब्लम, डेथ ऑफ़ अ सेल्समैन, स्वान इन लव, अ फ्री वुमन।

**झांग यीमू** (Zhang Yimou, 1951) : नब्बे के बाद उभरे सबसे चर्चित चीनी निर्देशकों में से एक। अपने दृश्यों में रंगों का विविधतापूर्ण प्रयोग। काव्यात्मक दृश्यों और स्थानीय संगीत का प्रचुर इस्तेमाल। मार्शल आर्ट सिनेमा को भी कलात्मक सिनेमा की तरह प्रस्तुत किया। **प्रमुख फ़िल्में :** द रेड सोरघम, रेज़ द रेड लैंटर्न, हीरो, हाउस ऑफ़ फ्लाइंग डैगर्स, टु लिव, नॉट वन लेस, द रोड होम, हैप्पी टाइम्स, कर्स ऑफ़ द गोल्डन फ्लॉवर।

**सत्यजित राय** (Satyajit Ray, 1921–1992) : भारतीय फ़िल्मकार। बीसवीं सदी के महान निर्देशकों में से एक। फ्रेंच फ़िल्मकार ज्याँ रेनुआं से मिलने और वित्तोरियो दे सीका की फ़िल्म 'बायसिकल थीव्स' देखने के बाद फ़िल्म बनाने का निर्णय लिया और पहली फ़िल्म 'पॉथेर पांचाली' से अन्तर्राष्ट्रीय मान्यता व कीर्ति पाई। क़रीब छत्तीस फ़िल्में बनाईं। अनेक पुरस्कार पाए। 1992 में भारत रत्न से सम्मानित। **प्रमुख फ़िल्में :** पॉथेर पांचाली, अपराजितो, अपुर संसार, शतरंज के खिलाड़ी, गणशत्रु।

✪✪✪